TBC 中小企業診断士試験シリーズ

速修 2次 過去問題集

III

平成19～21年度

TBC受験研究会

山口 正浩［監修］ 竹永 亮 鳥島 朗広［編著］

早稲田出版
WASEDA PUBLISHING

はじめに

本書には、2次試験の受験生が過去問を攻略し、本試験で合格を勝ち取るために必要な出題年度別の知識と毎年高い合格率を誇るTBC受験研究会の解答作成のノウハウが盛り込まれています。2次試験は難問が多いため、「受験経験がある方」と「はじめて学習する方」で異なる学習の進め方を紹介します。次の学習の進め方を参考にしながら効率的な学習を心がけましょう。

● 学習の進め方（2次試験の受験経験のある方）

本書にある「3ヵ年分の本試験の過去問題」を、本試験と同じ制限時間80分で解答しましょう。できれば、事例Ⅰから事例Ⅳをバラバラに解答するのではなく、試験と同じように、1日で事例Ⅰから事例Ⅳまでの4つの事例を本試験の時間配分で解答し、事例Ⅰから事例Ⅳまでの解答で集中力を切らさない練習をしましょう。解答が終了したら、解答した答案を、解答例と解説にある【解答】を比較して、自分の答案の文章構成や不足しているキーワードを確認しましょう。本試験では、解答のキーワード不足やキーワードの意味を誤って使用した場合には大きく減点される可能性が高いため、正確に覚えておきましょう。【解説】の「解答導出の根拠」には、与件分の分析や必須知識に基づいた、設問毎のテーマや解答の方向性などが示されています。本試験の漠然とした問いかけに対して、どのように解答したら合格点を獲得できるのかがわかります。「解答導出の手順」には、解答の際に記述すべき論点や留意すべき知識、解答の切り口や必ず指摘すべきポイント、具体的な文章構造に至るまで、1点でも多く獲得するための解答作成のノウハウが示されています。【解説】のみの場合には、与件文章や設問文の制約条件に基づいた解答作成のストーリーが示されています。解答作成の一連のストーリーを理解することで、試験委員に対して説得力のある解答が作成できるようになります。

● 学習の進め方（はじめて2次試験を学習する方）

1次試験の学習が中心で、本書を用いて、はじめて2次試験の学習をする方は、初年度の事例（本書では平成19年度）のみ、本試験と同様の80分の制限時間で解答し、本試験問題の分量と時間配分を確認しましょう。本試験問題の分量と時間配分を確認することで、これからの学習の方向性や、2次試験の合格のために自分自身が向上させるべきスキルがわかります。次年度以降の問題は、制限時間を設けず、本試験よりも多くの時間をかけ、現在の知識で自分が納得できる解答を作成しましょう。焦らずに自分で考えてすべての問題を解答し、解答後に、自分に不足している文章構成力や必要知識を【解答】と【解説】を確認しながら洗い出しましょう。

本書を活用することで、2次試験の合格を勝ちとれることを心よりお祈りいたします。

2013年4月

TBC受験研究会 代表　中小企業診断士　山口　正浩

目　次

平成19年度

第2次試験

本試験問題	I	II	III	IV
解答例・解説	I	II	III	IV

A社は、首都圏、名古屋、大阪で店舗展開しているインポート・ブランドのアクセサリー販売業者である。現在展開している15店舗のうち1店舗は、東京都心のファッション情報の中心地ともいえる地区の直営路面店であり、それ以外の14店舗は、立地条件に恵まれた有名百貨店や大手ショッピングセンター内のインストアショップである。

資本金は2,000万円、2006年の売上高は約6億円、営業利益は約1,600万円である。従業員は66名であり、その内訳は、正社員15名、契約社員47名、アルバイト4名である。正社員のうち、2名は男性管理職で、それぞれ営業管理・総務業務と、商品企画・輸入業務を担当している。2つの部門には、正社員2名ずつが配置され、アルバイト2名ずつが業務補助者として配置されている。それ以外の従業員は、基本的に店舗で販売活動に従事している女性販売員であり、平均年齢は28.8歳で、ジュエリー業界やアクセサリー業界での販売員としての経験年数の平均はおよそ7年、社歴の平均は4年程度である。女性の正社員の多くは専門学校あるいは短大、4年制大学出身者である。彼女達は、契約社員に比べて学歴は高いが、年齢は相対的に低く、業界での経験年数も少ない。各店舗の店長は、正社員、契約社員に関係なく任命している。

A社が取り扱っているアクセサリーは、日本国内市場に関して独占販売契約を結んでいる2名の外国人デザイナーがデザインしたもので、A社はそれらを輸入し、Xブランド、Yブランドとして販売している。商品の仕入価格は、販売価格のおよそ40％を目標としている。2名のデザイナーのアクセサリーは、海外有名百貨店でも取り扱われており、デザイナーの知名度やブランドの認知度は日本市場よりも海外市場での方が高い。世界市場で売られている定番品以外の、シーズンごとに展開される商品の企画・デザインに関する打ち合わせは、基本的に創業者でオーナーの社長が担当している。

A社を創業する以前、社長は有名アパレルメーカーに勤務しており、バブル経済最中の1990年に退職して、インポート・ブランドの女性用服飾、ジュエリーやアクセサリー、雑貨品などを扱うセレクトショップを開業した。その後、インストアショップでの展開によって数店舗を開店するまでに事業を拡大した。1997年、取扱商品の中でも人気のあったXブランドだけを扱うジュエリー、アクセサリーの専門店に業態を変更した。その3年後にはYブランドの輸入販売も手がけるようになり、主要都市でインストアショップを次々に開店した。

現在、平均単価10万円を超える高級アクセサリーであるXブランドだけを取り扱う店舗は5店舗、平均単価3万円程度で若者をターゲットとしたYブランドだけを取り扱う店舗は6店舗、Xブランド、Yブランドの両ブランドを取り扱っている店舗は、直営路面店を加えて4店舗である。各店舗の従業員は、インストアショップで2〜3名、直営路面店で6名である。従業員の年齢、勤務経験は、Xブランドのみを取り扱っている店舗の従業員の平均年齢、業界経験年数でともに高く、Yブランドのみを扱っている店舗の従業員は平均年齢、業界経験年数ともに低い。

A社が事業展開しているジュエリー、アクセサリーを含めた宝飾品市場の近年の市場動向をみると、2000年を前後して縮小傾向にあったが、2004年を境にして好転しつつある。1990年代初頭のバブル経済崩壊直前の市場規模にまで復活するような好業績を期待することはできないものの、わずかながら拡大傾向にある。近年の日本経済の景気回復の追い風の中で、今後、業界全体の業績も改善していくことが期待されている。とりわけ、インポート・ブランドの市場拡大は顕著であり、その傾向がA社の業績改善にも好影響を及ぼしていると考えられる。

もっとも、A社が取り扱っている2つのブランドの国内での知名度は、有名インポート・ブランドのように高くなく、限定的な市場で知られているニッチ・ブランドである。その点でいうと、今後、A社がいかに2つのブランドの認知度を高めていくか、すなわち、いかにブランド力を高めていくことができるかが大きな経営課題である。とはいえ、企業規模の点からみても、ブランド認知度の向上と確立のため多額の販売促進費用を継続的に負担していくことは現実的ではないのも事実である。

こうした事業環境の下で、A社の業績の回復をさらに促進していくための施策を模索する中で、社長は2名の管理者と相談をして、従業員の意識や満足度の調査を実施することにした。その結果、従業員の多くがA社に対して相対的に高い満足度を示していることが判明した。全般的にみると、従業員は、「A社のブランド・イメージが高級」であり、「販売価格や品質に関しても適正である」と考えていた。また、給与や賞与などの労働条件、人事異動や昇進昇格などの制度に関する満足度も相対的に高く、社内の人間関係や職場の雰囲気に関しても自由闊達であるなど比較的良好であるとの回答が多く、全体的に従業員満足度には大きな問題がないと判断された。

しかし、さらに分析を進めると、いくつかの問題点が抽出された。ブランド別(Xブランド：Yブランド：両ブランド)、チャネル別(インストアショップ：直営店)に分類して分析すると、それぞれの間に統計的に有意な差を示す項目が存在していることが分かった。

ブランド別分析では、Xブランドのみを取り扱う店舗に勤務する従業員の労働条件に対する満足度が、それ以外のブランドを扱っている店舗に比べて低いことが判明した。特に、給与水準、業績への給与の反映度などの項目で、その差は顕著であった。また、チャネル別分析では、責任権限の委譲や部門間連携の円滑さ、意思決定の迅速性に関する項目で、直営店に比べてインストアショップで勤務する従業員の満足度が相対的に低いことが判明した。さらに、社歴別に従業員を分類して分析した結果、相対的に社歴の長い従業員の満足度が低いことが明らかになった。とりわけ、自らの将来像や能力改善に関する項目で満足度が顕著に低く、上司に対する項目でも不満を示す社員のポイントが高くなっていたのである。

A社では、ここで示された組織・人事に関わる問題を改善し、業績向上を実現するために中小企業診断士にアドバイスを求めることにした。

第1問(配点10点)

バブル経済崩壊後、10年以上にわたって続いた長期景気低迷も、2003年以降回復傾向にある。A社も、そうした景気回復を追い風に業績を改善しつつある。しかし、活況を取り戻しつつあるとはいえ、今日の消費市場は、以前にも増して不透明さや複雑さが高まっている。A社が事業を展開している宝飾品市場は、どのような不透明さや複雑性を抱えていると考えられるか。100字以内で答えよ。

第2問(配点15点)

A社は、主に百貨店やショッピングセンター内のインストアショップによる店舗展開を行ってきた。路面店と比較して、インストアショップによる店舗展開のメリットとデメリットについて150字以内で答えよ。

第3問(配点15点)

A社の唯一の直営路面店は、2005年に開店した。この店舗のA社の事業展開における戦略的位置づけと、それを達成するために必要だと思われる施策について、100字以内で述べよ。

第4問(配点45点)

A社が行った従業員の意識や満足度の調査結果について、以下の設問に答えよ。

(設問1)

一般的に、高級ブランドを取り扱っている店舗の従業員の満足度は、それよりも低い位置づけにあるブランドを扱っている店舗の従業員の満足度よりも高いと考えられる。しかし、A社では、高級アクセサリーのXブランドのみを取り扱っている店舗の従業員の満足度が相対的に低い傾向を示している。なぜ、そうした傾向がみられるのかについて、100字以内で説明せよ。

(設問2)

直営店に比べてインストアショップの従業員の満足度が、相対的に低い傾向を示している。なぜ、そうした傾向がみられるのかについて、100字以内で説明せよ。

(設問3)

社歴の長い従業員の満足度が社歴の短い従業員の満足度より低くなる大きな理由は、自分自身の将来像やキャリアに対する不満と、上司に対する不満である。中でも、上司に対する不満が、インストアショップで相対的に高いことが分かった。不満の原因とそれを解消するために取るべき施策について、中小企業診断士として、どのようなアドバイスをするか。100字以内で答えよ。

第5問(配点15点)

A社は、年間約6億円の売上げをあげているにもかかわらず、営業利益は1,600万円で、売上高営業利益率は3%以下である。今後、A社の収益構造を改善していくためには、どのような施策を講じていくべきか。中小企業診断士としてアドバイスする具体的施策について、100字以内で答えよ。

B社は、現在の経営者の祖父により建材・金物店として、首都圏の郊外にあるX市の駅前商店街で創業された。3代目である経営者は、郊外のバイパス道路沿いに、大型駐車場を十分確保できる店舗用に適した土地を所有していたため、今から30年前に会社を駅前商店街から移転し、駐車場併設、平屋店舗、素材の自己加工を特色とした本格的なホームセンターの経営を単独店舗で始めた。B社の資本金は5,000万円、昨年度売上高10億円、従業員数は正社員30名、パート・アルバイト20名という規模である。

B社は、祖父の代から長年取引のあった地元を中心とする大工、工務店、配管工事業者などの業務(プロ)用需要にも対応できる専門性重視の品揃えと、DIY(do it yourself)ブームの流れに乗って一般消費者の趣味の需要にも対応し、園芸用品、農業用資材などを加えて品揃えを拡大し、順調に業績を伸ばしていった。具体的に販売されている商品は、木材、電動工具、釘、配管材、水栓、ねじ、ボルト、ナット、建材(床材、建具、壁紙、断熱材)、工具、塗料、作業着、作業用品、園芸用品などである。ちなみにDIYとは、「日曜大工」と総称されるが、家庭の設備機器などの小修理や改造などを使用者自身が行うことである。

B社は、顧客のためにさまざまなイベントを企画している。土日開催の園芸教室においては季節に応じた草花の植え替え、寄せ植えなどの体験指導を行っている。また、同日開催の木工教室では木製家具(テーブル、椅子、本箱など)の製作指導を行っている。参加費は材料費程度の安価に設定している。なお、指導に当たるのは正社員である。

B社では、指導員の育成、知識・技術向上のために、積極的に社員を技術研修に参加させている。各種技能資格取得者に対しては、報奨制度を設け、特別昇給などを行い、社員のモチベーション向上に努めている。また、イベント開催日には、各日の顧客対応No.1社員を管理職が選出し、翌週の朝礼時に全従業員の前で表彰する。さらに、月間を通じての顧客対応No.1社員を「スター」として全従業員の投票で選び、報奨金とともに翌月のイベント開催日に「一日店長」を体験させる。その体験の中で、経営者の視点から顧客サービスを学び、今後の顧客対応に生かしてもらおうというのが狙いである。なお、この制度はパート、アルバイトにも適用され、優れた顧客対応を果たした者には、正社員としての採用の道が開かれている。

またB社では、各種工具(特に電動工具)の有料貸し出しを行っている一方で、それらの使い方を学ぶ体験型の講習会を企画している。このときの講師としては、長年顧客として付き合いのある既にリタイアした大工や工務店の社員を活用している。また、商品の販売だけではなく、各種リフォーム工事、造園工事、外溝工事、各種修理などの見積り、施工を請け負っている。これら工事の施工業者も、顧客として長年付き合いのある業者を活用している。

最近、業者に家の新築工事を依頼した施主が、取り付けられる電気・照明器具、洗面・浴室用器具、その他壁紙、床材などを自ら決定するケースが増えてきている。このときに、B社の建築士やインテリアコーディネーターの資格を持つ社員が、家の設計図を基に各種器具を選定し、顧客である施主にプランを提案するサービスを行っている。このサービスを開始してから、B社のプランをそのまま採用する施主が増えている。

歴史的に見ると、ホームセンターは、1970年代後半に入ると、大店法の運用強化によって店舗面積が厳しく規制されたことを背景にして、他の業態が切り捨てた分野を取り込んでバラエティストア化し、生鮮食料品、ファッション衣料品以外の分野への取扱商品の多様化が始まった。そして、郊外のロードサイドの工場跡地などへのチェーン展開による拡大が進み、さらに1990年代になってショッピングセンターへの出店が多くなり、大手ホームセンターへの集中や、小規模ホームセンターの廃業・業態転換が目立つようになってきた。

ここでいう大手ホームセンターは、積極的なチェーンオペレーションによる多店舗展開に加え、店舗の大型化を進めている。その競争は激化の一途である。大手ホームセンターは日常的な家庭生活に不可欠な日用品・雑貨に加え、レジャー用品、ペット関連商品までも取扱商品として取り込むようになってきている。中にはスーパーやGMSのように、ティッシュペーパーから食料品分野にまで商品分野を広げている店舗まである。

そうした中で、大店法の廃止により、都市近郊や郊外での他の業態との業態間競争が激化し、これに対処するために各企業ごとに違った戦略がとられるようになった。

近年、X市でも郊外のバイパス道路沿いには大手外食チェーンの出店が相次ぎ、また、小売の分野では、空洞化が進んでいる中心地を避けて、郊外に大型ショッピングセンターが建設され、その中に大手ホームセンターも出店し始めてきた。しかしながら、2007 年の 11 月を過ぎると、郊外への大型店の出店が規制されることになっている。さて、B 社の近隣はにぎやかになってきたが、ここ数年 B 社の売上高は少しずつ低下してきている。

第 1 問(配点 20 点)

B 社は近隣への大手ホームセンター進出に対抗するための戦略を模索している。それについて、以下の設問に答えよ。

(設問 1)

大手ホームセンターに対抗するためには、B 社の持つ経営資源の中で、どのような強みを生かせばよいか。30 字以内で 2 つ答えよ。

(設問 2)

大手ホームセンターに対抗するためには、どのような品揃え戦略を採用すべきか。80 字以内で述べよ。

第 2 問(配点 30 点)

B 社が店舗数と店舗面積を増やさずに、売り上げを拡大するには、どのような方法が B 社に適していると考えられるか。100 字以内で 2 つ答えよ。

第3問(配点30点)

B社と大手ホームセンターの流通活動について、以下の設問に答えよ。

(設問1)

B社と大手ホームセンターとの流通活動の違いは何か。80字以内で述べよ。

(設問2)

B社が流通活動で大手ホームセンターに対抗するためには、どのような手法が考えられるか。80字以内で述べよ。

第4問(配点20点)

B社が行っているインターナルマーケティングについて、以下の設問に答えよ。

(設問1)

B社はインターナルマーケティングとして具体的にどのような方策を行っているか。50字以内で2つ答えよ。

(設問2)

(設問1)で答えた方策は、B社の行うサービスにどのような効果があるのか。100字以内で具体的に説明せよ。

【C社の概要】

C社は年商13億円、従業者70人のカタログ、パンフレットなどの商業印刷業である。昭和初期の設立当初は活版印刷であったが、現在はすべてオフセット印刷である。昭和50年代中頃には、大都市の市街地立地であったこともあり夜間操業が難しくなり、地方に印刷工場を移した。工場は、本社から70 kmほど離れているが高速道路のインターチェンジに比較的近い。毎日、翌日の生産予定に必要な印刷用紙(材料)を、都心の紙問屋で調達し、夜間に工場に配送している。

現在、取引先は大手電機メーカーをはじめとする最終ユーザーと、最近増加傾向が著しい中堅の広告代理店などで300社ほどを数えている。売上高は比較的安定しているが、広告代理店からの受注が3割を超え利益率が低下し始めている。

一般に、印刷物の生産工程は、「組版」→「製版」→「印刷」→「製本」に分けられる。「組版」とは、文字や図などを配置し、紙面を構成することである。「製版」とは、印刷機にかける刷版の作成までのさまざまな版づくり工程をいう。今日の印刷技術のデジタル化においては、先の「組版」と「製版」をコンピュータ上で同時に行うDTPの採用が拡大している。C社の印刷紙面づくりは、このDTPを採用している。ただし、C社では、本社のDTP部門が「組版」と刷版を除く「製版」を、工場が刷版以後の工程を担当している。

現在、C社は組版から製本に至るすべての工程を社内に備えるという一貫生産体制を整えている。今日ではこうした一貫生産体制は、厳しさを増している短納期要請に応えるものになってきている。また、受注活動においては、顧客への「企画・デザイン提案」が重要性を増してきているが、現在、そうした企画営業による受注は3割程度であり、さらなる増強に向けた体制づくりを検討している。

C社の本社と工場の業務内容と人員構成は、次のとおりである。本社は、社長ほか、総務・経理部(8人)に加え、営業部(12人)、営業管理部(5人)、DTP部(11人)が置かれ、総勢37人である。工場は、工場長ほか、総務、生産管理などの管理部が5人、品質管理(3人)、刷版(3人)、印刷(10人)、製本(11人、パート6人を含む)の製造部が27人、総勢33人となっている。工場の平均年齢は38歳であるが、本社の平均年齢は46歳と高齢化している。

【受注から生産までの現状と課題】

受注活動の最前線に立つ営業は、最終ユーザーである大手電機メーカーなどから直接受注している場合には、C社が充実に努めている企画営業を展開し、受注から納期に至るさまざまな段階の情報を生産部門に流すことができた。ところが、広告代理店を経由する受注では、最終ユーザーとの打ち合わせの機会が減るだけでなく、広告代理店との打ち合わせにとどまるケースが増えてきている。

こうした広告代理店が介在する取引の増加は、C社の収益性に影響するだけでなく、次のような問題を引き起こしている。最終ユーザーと異なり、印刷企画を自ら手がける広告代理店からの受注では、ほぼ完成品に近いデータがC社に提供されるケースが増えてきている。それを印刷データに変換する際のトラブルの発生は、印刷予定の混乱要因になっている。また、最終ユーザーとのかかわりが薄ければ薄いほど、印刷時の色調上のトラブル発生が多くなる。ただし、こうした問題は、印刷物特有の手直し・修正などの仕様変更と、本社と工場間の連絡ミスなどの管理体制の遅れによって発生しているケースも少なくない。

これまでC社の営業は、たとえ生産予定に混乱をもたらそうとも、受注獲得を最優先して得意先からの短納期要請を受け入れてきた。その結果、工場では1年を通じて生産変更が毎日繰り返されるとともに、繁忙期には生産能力不足からくる深夜に及ぶ残業も余儀なくされている。このうち、生産能力不足の問題については、工場では最新印刷機の導入による生産力増強が最善の解決方法であると考えている。

この点、経営者は、設備投資の必要性を理解しているものの、直ちに実行する社内環境が整っているとは考えていない。経営者は、印刷技術のデジタル化の流れに対応すべく毎年5千万円ほどの減価償却費を計上するなど、決して設備投資に消極的ではない。しかし、最新印刷機の設備投資額が関連設備を含めて総額3億円近くになること、また連日の残業での生産対応はあくまでも年4～5カ月の繁忙期でのケースにすぎないことを、この投資に踏み切れない理由にあげている。

一方、コスト競争が一段と激化している印刷業界にあって、最新印刷機の導入はC社の内部事情のみで判断することが難しくなってきている。それは、C社よりも規模の大きい企業の多くが装備し、同規模の企業でも徐々に装備し始めているという競争環境の変化があげられる。ちなみに、C社の現有の印刷機4台はすべて片面刷りなのに対し、焦点になっている最新印刷機は両面刷りで、しかも印刷スピードが格段に速く、片面刷りの2台分を大きく超える生産性を備えている。

【新規事業について】

ところで、最近の印刷業界にあっては、印刷物を媒介にした新規事業の開拓に踏み出す企業が増えつつある。この点、C社が最近取り組み始めている、大手製品メーカーからの製品取扱説明書の印刷・在庫・配送といった一括受注も、そうした印刷業界における事業領域の拡大の流れと軌を一にしている。この事業は、従来のコア事業である印刷業務に、在庫業務と配送業務が加わったにすぎないともいえるが、業務内容としては顧客の生産計画に対応したきめ細かな配送体制の整備と、突発的な納品変更にも対応できる在庫管理や生産管理などの充実が条件づけられている。

C社では、こうした新規事業を強化するために、新たに名簿管理を基軸とした事業展開を検討している。たとえば、通信販売会社のカタログの製作から配送までを一括して受注する事業では、配送先の名簿データの更新だけでなく、名簿管理にかかわる個人情報に関する取り扱いと、管理体制の整備など繁雑な業務が加わることになる。こうした名簿管理を基軸とした一括受注については、このほか各種団体等の催し物の案内にかかわる印刷から配送、学会等の学会誌や各種会議案内の印刷から配送などが検討されている。

第1問(配点20点)

印刷業界におけるC社の強みを(a)欄に、弱みを(b)欄に、2つずつあげ、それぞれ20字以内で述べよ。

第2問(配点20点)

C社では、広告代理店が介在する受注の増加によって、収益面や生産面に影響を受けている。そうした広告代理店との取引増加をどのようにとらえ、どのような対策を講じる必要があるかについて120字以内で述べよ。

第3問(配点20点)

C社の営業と工場がこれまで以上に相互理解を深めて受注から生産に至るまでの業務を円滑に遂行していくには、どのような情報項目を管理する必要があるかを述べるとともに、その情報伝達のあり方について140字以内で説明せよ。

第4問(配点20点)

C社の工場では、繁忙期における生産能力不足の解決策として両面印刷機の導入が望ましいと考えているが、経営者は必ずしも投資環境が整っているとは考えていない。この設備投資問題に対して、C社の置かれている経営環境および生産体制上の諸問題を踏まえ、あなたは中小企業診断士としてどのようなアドバイスをするか。ただし、投資を実行するか、否かの立場を明確に示して160字以内で述べよ。

第5問(配点20点)

現在、C社は大手製品メーカーの製品取扱説明書の印刷、在庫、配送業務を一括受注しているが、そうした事業領域のさらなる拡大に向けて、名簿管理を基軸とした通信販売会社、各種団体、学会等を想定した事業実施の検討に入っている。こうした新規事業にC社が取り組むことについて、あなたはどのようにアドバイスするかを140字以内で述べよ。

D社は、資本金3億円、総資産約26億円、売上高約32億円、従業員150名の基礎化粧品(基礎化粧水、乳液、メイク落としなど)を製造する社歴20年を超える企業で、工場は大都市圏にあり、商圏はその全域にわたっている。先代社長からの経営政策によって、卸売企業を通さず、町の薬局を500店ほど「取扱薬局」とし、直接製品を卸している。D社の製品はナショナルブランドとしての知名度はないものの、薬局店員が常連客に対面販売のメリットを生かして、この製品の品質がよいこと(角質除去、安全性など)を十分に説明してサンプル品の提供も含めて、納得してから購入してもらっている。したがって、単価は他社製品と比較してやや高いものの、地域住民の中高年女性を固定客として安定的に確保している。各薬局にとってもD社の製品は利益率が高く、また、取扱薬局は1つの町や商店街、駅周辺に1つと限定されているので、その地域では独占的に販売できる状況であり、D社は好ましい仕入先として歓迎されてきた。

従来は基礎化粧品という性格上、比較的、製品のライフサイクルが長く、またそれゆえに設備投資の更新もそれほど行うことはなかった。しかし、近年では基礎化粧品といえども、より健康志向、安全志向が進み、大手メーカーが次々に新たな基礎化粧品を市場に投入しており、今後は早急に基礎化粧品に関する新製品開発を進めることが求められている。しかしながら、そのための新製品開発投資や設備投資の負担は、中小企業にとって決して軽いものではなく、より合理的な意思決定を行うための事前評価が望まれる。

また、近年の大手ドラッグストアの進出やナショナルブランド企業間の競争激化、あるいはインターネット販売の普及などによって、伝統的な町の薬局が次々と廃業に追い込まれ、その結果、D社製品の取扱薬局が減少しており、このままだと今後D社の売上高が減少する可能性が高まっている。D社では、このまま推移した場合の次年度の予想財務諸表を作成した。(平成18年度実績、平成19年度予想財務諸表参照)

こうした状況に対応するために、昨年度からその地位についた現社長は、新たな基礎化粧品の開発を模索しているが、開発投資負担の問題とともに取扱薬局が減少しているので、同時に新たな販売チャネルを開拓しなければならないとも考えている。その際に、これまでの販売チャネルである取扱薬局と同じ製品を従来の顧客層に対して、新たな販売チャネルで取り扱うこととなれば、取扱薬局との関係を損うことにもなりかねない。そこで、若年層をターゲットとする低価格製品のインターネット販売をビジネスプランとして検討している。この新製品は、肌の保湿性を高める新成分を配合することにより、他社製品との差別化を図ろうとするものである。

D社では、かねてより当該成分にかかわる基礎研究を進めてきたものの、製品の開発には至っていない。経営者は新製品開発投資および設備投資に関する意思決定に迫られている。

D社では直面しているさまざまな経営課題について、特に財務的な観点から中小企業診断士に診断・助言を依頼してきた。

貸　借　対　照　表

(単位：百万円)

	平成18年度実績	平成19年度予想		平成18年度実績	平成19年度予想
資産の部			負債の部		
流動資産	1,251	1,216	流動負債	717	693
現金等	281	259	支払手形・買掛金	317	307
受取手形・売掛金	315	308	短期借入金	400	386
有価証券	320	316	固定負債	954	921
棚卸資産	335	333	長期借入金	954	921
固定資産	1,400	1,385	負債合計	1,671	1,614
土地	400	400	純資産の部		
建物・機械装置	300	285	資本金	300	300
投資有価証券	700	700	利益準備金	50	52
			別途積立金	400	400
			繰越利益剰余金	230	235
			純資産合計	980	987
資産合計	2,651	2,601	負債・純資産合計	2,651	2,601

(単位：百万円)

	平成18年度実績	平成19年度予想
減価償却累計額	2,100	2,115

損益計算書

(単位：百万円)

	平成18年度実績	平成19年度予想
売上高	3,216	2,900
売上原価	2,403	2,262
売上総利益	813	638
販売費・一般管理費	480	464
営業利益	333	174
営業外収益	36	42
営業外費用	171	171
経常利益	198	45
特別利益	0	0
特別損失	0	0
税引前当期純利益	198	45
法人税等	79	18
当期純利益	119	27

(単位：人)

	平成18年度実績	平成19年度予想
従業員数	150	150

第1問(配点25点)

D社の平成18年度(実績)および19年度(予想)の財務諸表を用いて経営分析を行い、これまでの経営政策を続けた場合に生じると考えられる問題点のうち重要と思われるものを3つ取り上げ、問題点①、②、③ごとに、それぞれ問題点の根拠を最も的確に示す経営指標を1つだけあげて、その名称を(a)欄に示し、平成19年度分の経営指標値を(b)欄に計算(小数点第3位を四捨五入すること)した上で、その問題点の原因について(c)欄に60字以内で説明せよ。

第2問(配点25点)

2か年の財務諸表から、損益分岐点分析を営業利益レベルにおいて行う。なお、変動費率は一定と仮定する。以下の設問に答えよ。

(設問1)

変動費率を(a)欄に、固定費を(b)欄に求めよ。なお、変動費率は1パーセント未満を四捨五入し、固定費は百万円未満を四捨五入すること。

(設問2)

D社が現在の経営政策をこのまま取り続けるとしたら、どのような状況となるか、この損益分岐点分析に基づいて60字以内で説明せよ。

第3問(配点25点)

D社は、次のようなタイムスケジュールをもつ新製品開発プロジェクトを検討している。

現時点を平成19年度期首とする(1期首)。新製品の研究開発は平成19年度(1期)に行われ、投資額は4,000万円である。研究開発の結果によって、生産は製造方法Xまたは製造方法Yのどちらかによって行われる。製造方法X、製造方法Yの、いずれの結果になるかはそれぞれ確率1/2であると判断される。平成20年度期末(2期末)には、おのおのの製造方法に応じた設備投資が必要になる。製造方法Xの場合、設備投資額が5億円に抑えられるが、製造方法Yに必要な投資額は7億円となる。平成21年度(3期)より新製品の生産が開始され、トータル5年間にわたって確実な営業キャッシュフローが得られる。営業キャッシュフローの大きさは、製造方法Xの場合には毎期2億円、製造方法Yの場合には毎期1.6億円である(なお、運転資本の増減等、他の要因は無視できる大きさである)。経営者は研究開発への着手、および研究開発の結果によって選択される設備投資の実行可否の意思決定をしなければならない。必要な資金はともに保有する有価証券を売却して充当する。同業他社平均より資本コストrは10%とし、単純化のためすべてのキャッシュフローは期末に生じるものと仮定する。

なお、期間 $n=5$，$r=0.1$ の年金現価係数 $\sum_{i=1}^{n}\frac{1}{(1+r)^i}$ は 3.7908 である。

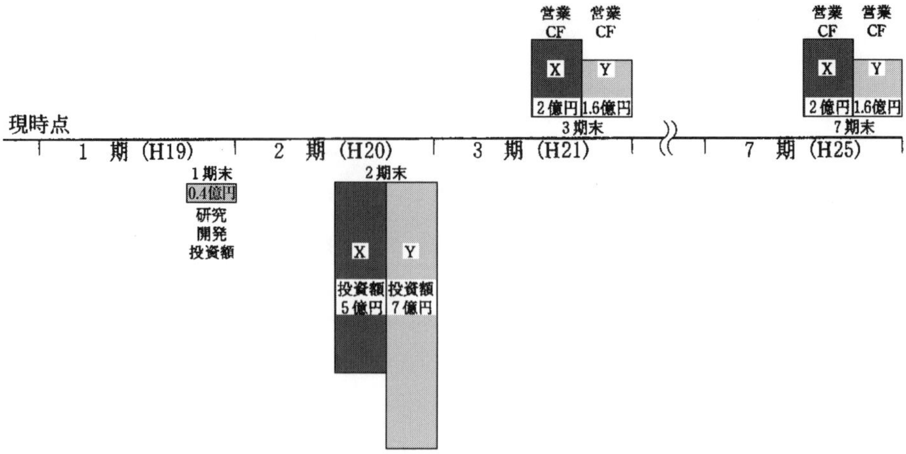

（注） X は製造方法 X を、Y は製造方法 Y を示す。

CF はキャッシュフローを示す。

（設問 1 ）

D 社の新製品開発プロジェクトの平成 19 年度期末（1 期末）での期待正味現在価値を求めよ（四捨五入により百万円単位まで求めること）。

（設問 2 ）

D 社は、研究開発への着手および設備投資について、それぞれどのような意思決定を行うべきか、50 字以内で説明せよ。

第4問(配点25点)

開発された新製品はインターネットを新たな販売チャネルとし、ウェブサイトの作成・運営は専門業者に委託する予定である。以下の設問に答えよ。

(設問1)

インターネット販売に進出したD社が、今後留意すべき点について、個人情報の観点から60字以内で指摘せよ。

(設問2)

D社の新製品開発プロジェクトが軌道に乗った場合には、この新製品によって獲得した顧客は将来的にもインターネット販売を利用すると予想される。したがって、販売の主力は対面販売からインターネット販売へと置き換えられて行くと考えられる。これにともなって、D社の資産と費用の構造は、どのように変化すると予想されるか。40字以内で説明せよ。

事例の分析

平成19年度の組織・人事戦略に関する事例企業は、首都圏・名古屋・大阪で店舗展開しているインポート・ブランドのアクセサリー販売業者である。与件は2ページ半に及び、例年に比べると量が多い。設問文が長く、与件を補足する情報が含まれている点にも注意する必要がある。

第1問は、外部環境分析に対する問題、第2問は、インストアショップのメリット・デメリットを問う問題、第3問は直営路面店の戦略に関する問題である。第2問・第3問は、経営戦略あるいはマーケティング戦略に属する問題であるが、事業ドメインを策定してから、組織・人事戦略について考えるという習慣があれば、困惑せずに答えることができたはずである。組織・人事についての直接的な出題は、従業員の意識や満足度の調査結果をもとにした第4問である。最終の第5問では、対象企業の収益構造改善策を問うている。さまざまな方向から答えられる問題であるが、組織・人事面における改善を中心にまとめるのが定石である。

解答形式は、例年同様、すべて字数制限論述形式をとっている。昨年はすべて100字で解答する問題であり、合計で700字であった。本年は100字問題中心だが、150字問題が一問用意されており、合計750字であった。

設問の解説に入る前に、A社の経営環境を分析し、A社の事業ドメインの方向性を明らかにする。事業ドメインが定まらなければ、個々の組織・人事戦略を構築することはできないからである。

はじめに、A社の環境分析を行う。【解答・解説】という性格上、丁寧にまとめるが、本試験の限られた時間と緊張感の中では、与件文にラインを引く、キーワードを抜き出すなど、簡易な方法にならざるを得ない。SWOT分析で重要なことは、S（強み）とW（弱み）、O（機会）とT（脅威）の区別の正否より、必要な項目をすべて拾い出すことである。

次ページ以降に、A社のSWOT分析の結果を示す。重要なのは、SWOT分析から経営上の問題点を集約できるかというプロセスである。

経営上の問題点を集約するときの基本ロジックは、「いくつかの強みと機会を結合することで、克服可能な弱み（時として脅威）のグループを見つけること」に他ならない。

SWOT分析は、最初のページで「SWOT分析Ⅰ　与件情報の仕分け結果」を示し、続いて「SWOT分析Ⅱ　経営上の問題点の集約①」「SWOT分析Ⅲ　経営上の問題点の集約②」を示している。

SWOT分析Ⅰ　与件情報の仕分け結果

S	W
●首都圏・名古屋・大阪において15店舗展開している（多店舗展開によるスケール・メリット） ●東京都心のファッション情報の中心地区に直営路面店を持つ（旗艦店の立地性） ●立地条件に恵まれた有名百貨店や大手ショッピングセンター内のインストアショップを展開している（インストアショップの立地性） ●正社員・契約社員・アルバイト合わせて66名の人的資源（従業員）を持つ ●取り扱っているアクセサリーは、2名の外国人デザイナーがデザインしたものであり、日本国内市場に関して独占販売契約を結んでいる（商品の排他性・独占性） ●シーズンごとに展開される商品の企画・デザインに関する打ち合わせは、基本的に創業者であるオーナーの社長が担当している（トップ・マネジメントによるマーチャンダイジング） ●社長には、有名メーカー勤務に始まるアパレル業界での経験がある ●女性販売員は、ジュエリー業界やアクセサリー業界での販売員としての経験を持つ者が多い ●従業員の多くが、相対的に高い満足度を示していることが判明した（全体的に従業員満足度には大きな問題がないと判断された）	●デザイナーの知名度やブランドの認知度は、日本市場よりも海外市場での方が高い ●取扱ブランドは、限定的な市場で知られているニッチ・ブランドである（周知性はあるが著名性はない） ●ブランド認知度の向上と確立のため、多額の販売促進費用を継続的に負担していくことは難しい ●従業員への調査をブランド別に分析すると、Xブランドのみを取り扱う店舗に勤務する従業員の労働条件に対する満足度が、他の店舗に比べて低いことが判明した（特に、給与水準、業績への給与の反映度などの項目で顕著） ●従業員への調査をチャネル別に分析すると、責任権限の委譲や部門間連携の円滑さ、意思決定の迅速性に関する項目で、直営店に比べてインストアショップで勤務する従業員の満足度が相対的に低いことが判明した ●従業員への調査を社歴別に分析すると、相対的に社歴の長い従業員の満足度が低いことが明らかになった（特に、自らの将来像や能力改善に関する項目や、上司に対する項目での不満が顕著）
O	**T**
●ジュエリー、アクセサリーを含めた宝飾品市場は、2004年を境にして好転しつつあり、特に、インポート・ブランドの市場拡大は顕著である	●宝飾品の消費市場で増大する不透明性・複雑さ

SWOT分析Ⅱ　経営上の問題点の集約①

S	W
●首都圏・名古屋・大阪において15店舗展開している（多店舗展開によるスケール・メリット） ●東京都心のファッション情報の中心地区に直営路面店を持つ（旗艦店の立地性） ●立地条件に恵まれた有名百貨店や大手ショッピングセンター内のインストアショップを展開している（インストアショップの立地性） ●正社員・契約社員・アルバイト合わせて66名の人的資源（従業員）を持つ ●取り扱っているアクセサリーは、2名の外国人デザイナーがデザインしたものであり、日本国内市場に関して独占販売契約を結んでいる（商品の排他性・独占性） ●シーズンごとに展開される商品の企画・デザインに関する打ち合わせは、基本的に創業者であるオーナーの社長が担当している（トップ・マネジメントによるマーチャンダイジング） ●社長には、有名メーカー勤務に始まるアパレル業界での経験がある ●女性販売員は、ジュエリー業界やアクセサリー業界での販売員としての経験を持つ者が多い ●従業員の多くが、相対的に高い満足度を示していることが判明した（全体的に従業員満足度には大きな問題がないと判断された）	●デザイナーの知名度やブランドの認知度は、日本市場よりも海外市場での方が高い ●取扱ブランドは、限定的な市場で知られているニッチ・ブランドである（周知性はあるが著名性はない） ●ブランド認知度の向上と確立のため、多額の販売促進費用を継続的に負担していくことは難しい ●従業員への調査をブランド別に分析すると、Xブランドのみを取り扱う店舗に勤務する従業員の労働条件に対する満足度が、他の店舗に比べて低いことが判明した（特に、給与水準、業績への給与の反映度などの項目で顕著） ●従業員への調査をチャネル別に分析すると、責任権限の委譲や部門間連携の円滑さ、意思決定の迅速性に関する項目で、直営店に比べてインストアショップで勤務する従業員の満足度が相対的に低いことが判明した ●従業員への調査を社歴別に分析すると、相対的に社歴の長い従業員の満足度が低いことが明らかになった（特に、自らの将来像や能力改善に関する項目や、上司に対する項目での不満が顕著）
O	**T**
●ジュエリー、アクセサリーを含めた宝飾品市場は、2004年を境にして好転しつつあり、特に、インポート・ブランドの市場拡大は顕著である	●宝飾品の消費市場で不透明性・複雑さが増大している

SWOT分析Ⅲ　経営上の問題点の集約②

S	W
●首都圏・名古屋・大阪において15店舗展開している（多店舗展開によるスケール・メリット） ●東京都心のファッション情報の中心地区に直営路面店を持つ（旗艦店の立地性） ●立地条件に恵まれた有名百貨店や大手ショッピングセンター内のインストアショップを展開している（インストアショップの立地性） ●正社員・契約社員・アルバイト合わせて66名の人的資源（従業員）を持つ ●取り扱っているアクセサリーは、2名の外国人デザイナーがデザインしたものであり、日本国内市場に関して独占販売契約を結んでいる（商品の排他性・独占性） ●シーズンごとに展開される商品の企画・デザインに関する打ち合わせは、基本的に創業者であるオーナーの社長が担当している（トップ・マネジメントによるマーチャンダイジング） ●社長には、有名メーカー勤務に始まるアパレル業界での経験がある ●女性販売員は、ジュエリー業界やアクセサリー業界での販売員としての経験を持つ者が多い ●従業員の多くが、相対的に高い満足度を示していることが判明した（全体的に従業員満足度には大きな問題がないと判断された）	●デザイナーの知名度やブランドの認知度は、日本市場よりも海外市場での方が高い ●取扱ブランドは、限定的な市場で知られているニッチ・ブランドである（周知性はあるが著名性はない） ●ブランド認知度の向上と確立のため、多額の販売促進費用を継続的に負担していくことは難しい ●従業員への調査をブランド別に分析すると、Xブランドのみを取り扱う店舗に勤務する従業員の労働条件に対する満足度が、他の店舗に比べて低いことが判明した（特に、給与水準、業績への給与の反映度などの項目で顕著） ●従業員への調査をチャネル別に分析すると、責任権限の委譲や部門間連携の円滑さ、意思決定の迅速性に関する項目で、直営店に比べてインストアショップで勤務する従業員の満足度が相対的に低いことが判明した ●従業員への調査を社歴別に分析すると、相対的に社歴の長い従業員の満足度が低いことが明らかになった（特に、自らの将来像や能力改善に関する項目や、上司に対する項目での不満が顕著）
O	**T**
●ジュエリー、アクセサリーを含めた宝飾品市場は、2004年を境にして好転しつつあり、特に、インポート・ブランドの市場拡大は顕著である	●宝飾品の消費市場で不透明性・複雑さが増大している

SWOT分析の結果から、**経営上の問題点**を以下の2つに集約した。各々関連する部分に実線、破線を施してあるので参照してほしい。

①従業員満足度をブランド別・チャネル別・社歴別に分析すると、差異が生じていること（**従業員モチベーションに対する問題点；表の破線部分**）
②商品と店舗に魅力がありながら、ブランド力が低いこと（**ブランド育成に対する問題点；表の実線部分**）

上記、**経営上の問題点**から**経営課題**を抽出すると、以下のようになる。

①従業員のモチベーションを引き上げ、従業員満足度の相対的差異を解消すること（**従業員モチベーションに対する課題；表の破線部分**）
②販売促進費をかけずに、HRM、店舗、商品開発による地道なブランド育成に注力すること（**ブランド育成に対する課題；表の実線部分**）

以上を踏まえ、**経営課題**を克服することによって実現する、近い将来におけるA社のドメインを再定義してみよう。

○**標的顧客**（C：Customer）：大都市圏に住むこだわり派の女性たち
○**顧客機能**（F：Function）：Xブランド・Yブランド商品およびその関連商品の開発・提供を通じた、おしゃれなショッピング空間の演出（場の提供）と顧客サービスの提供（アドバイス、修理等）
○**経営資源**（R：Resource）：組織資源（市場（顧客）の声に迅速に対応できるマーチャンダイジング組織、女性管理職の登用による組織改革）、人的資源（マーチャンダイジングにおける権限委譲、後継経営者養成、従業員満足度を高める独自の人事システム・育成システム・賃金システムの構築）、財務資源（ブランド力アップに伴う信用力、「金のなる木」ブランドから生じるキャッシュによる再投資）、設備資源（直営路面店の戦略的活用、インストアショップにおける柔軟な対応）、情報・ノウハウ資源（流行に敏感な店員・顧客・利害関係者からの情報・ノウハウの収集）

以上のドメインを踏まえたうえで、各設問に臨めばよい。

解答例と解説

第1問（配点10点）

【解答】

	宝	飾	品	は	奢	侈	財	で	あ	り	、	嗜	好	性	が	高	い	た	め
景	気	動	向	や	流	行	の	変	化	に	市	場	自	体	が	大	き	く	左
右	さ	れ	る	と	い	う	不	透	明	さ	が	あ	る	。	ま	た	、	消	費
者	の	価	値	観	の	多	様	化	、	高	級	品	と	普	及	品	へ	の	消
費	者	ニ	ー	ズ	の	二	極	化	と	い	う	複	雑	性	が	あ	る	。	

【解説】

●解答導出の根拠

A社の外部環境分析に関する問題である。宝飾品市場についての専門的な知識がないと答えられないのではないかなどと面食らわず、冷静に対処したい。

宝飾品は、奢侈財であり、嗜好性が高い。1次試験の企業経営理論（マーケティング論）で学ぶ消費財の分類（最寄品・買回品・専門品）の知識を応用し、嗜好性の高い奢侈財は、買回品・専門品に近い概念であり、最寄品に比べ、需要の価格弾力性が大きいことに気づけばよい。需要の価格弾力性が大きいということは、景気動向に左右されやすいことにつながる。

消費財の分類（最寄品・買回品・専門品）

	最寄品	買回品	専門品
購買頻度	高い	やや低い	低い
購買態度	習慣的・衝動的購入	比較購入	計画購入
購入努力	特にかけない	かなりかける	あまりかけない
商標忠実性	商標選択	商標認知	商標固執
商品単価	低い	やや高い	高い
利益率	低い	やや高い	高い
商品回転率	高い	やや低い	低い
需要の価格弾力性	小さい	やや大きい	大きい
商品の例	食料品・日用雑貨・医薬品・化粧品	衣料品・電気製品・家具	自動車・高級腕時計・カメラ

一方、与件にもヒントがある。

A社は、1997年に「平均単価10万円を超える高級アクセサリーであるXブランド」の専門店に業態転換したが、その3年後の2000年には「平均単価3万円程度で若者をターゲットとしたYブランド」の輸入販売も手がけるようになっており、顧客ニーズ・購買層の二極化・多極化が推測できる。

「とりわけ、インポート・ブランドの市場拡大は顕著であり」といった表現からも、一般的な商品の市場と比べ、宝飾品市場が景気動向や流行に左右されやすいことを推測できる。

●解答作成の手順

不透明さと複雑性に分けて記述すべきである。解答の設計図を示すと以下のようになる。第1文で「不透明さ」について記述し、第2文で「複雑性」について記述する。

解答の設計図

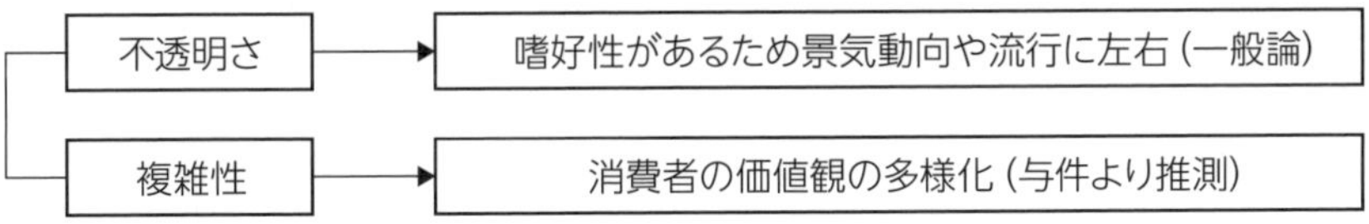
不透明さ
嗜好性があるため景気動向や流行に左右（一般論）
複雑性
消費者の価値観の多様化（与件より推測）

●参考

以前にも増して不透明さや複雑性が高まっている宝飾品に関する事業を継続するために、A社では以下のような対策を講じるべきである。

①**需要予測**に注力すべきである。社内人材の持つ知識やセンスに頼るだけではなく、取引先や消費者を含めたさまざまな人材に協力を仰ぎ、情報を収集し、市場の不透明さや複雑性に備えるべきである。資金に余裕があれば、専門家によるマーケティング・リサーチや需要予測のIT化も考慮すべきである。

②リスク分散を図るために、将来的な**事業の多角化**に備えるべきである（すぐに実施しなくてもよい）。たとえば、ⓐ時計・婦人服・鞄・靴への拡大、修理やレンタルなどのサービスの強化といった取扱商品・役務の拡張、ⓑカタログ通販・インターネット通販への参入、婚礼事業者との提携といったチャネルの拡大、ⓒファミリー層や男性を視野に入れた標的顧客の拡大など、事業の多角化についての**実現可能性**を調査すべきである。

③保有する経営資源を柔軟性の高いものに転換する。具体的には、ⓐ店舗経営から通信販売へのシフトを考える、ⓑ正社員からパート・アルバイトへの人員のシフトを図る、いわゆる「**持たざる経営**」についての吟味である。

●参考

環境変化・環境の不確実性（ダンカン）

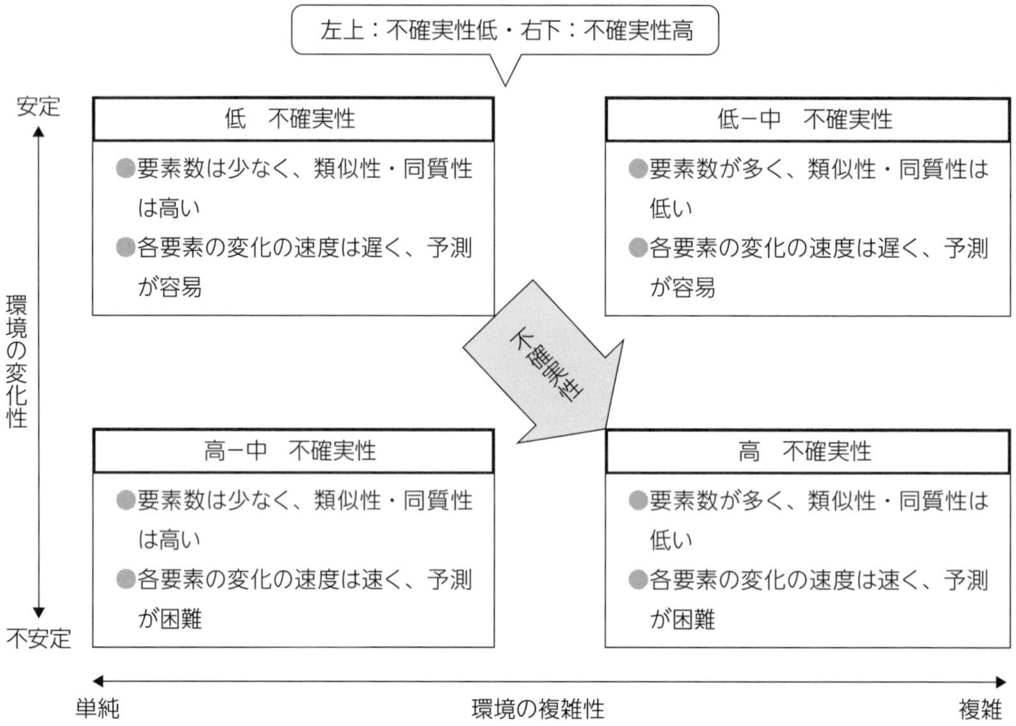

左上：不確実性低・右下：不確実性高
安定
不安定
環境の変化性
低　不確実性
●要素数は少なく、類似性・同質性は高い
●各要素の変化の速度は遅く、予測が容易
低－中　不確実性
●要素数が多く、類似性・同質性は低い
●各要素の変化の速度は遅く、予測が容易
不確実性
高－中　不確実性
●要素数は少なく、類似性・同質性は高い
●各要素の変化の速度は速く、予測が困難
高　不確実性
●要素数が多く、類似性・同質性は低い
●各要素の変化の速度は速く、予測が困難
単純
環境の複雑性
複雑

出典：『組織論』（桑田耕太郎・田尾雅夫著　有斐閣アルマ）

ダンカンは、不確実性は環境の複雑性と環境の変化性との関数であるとした。宝飾品市場は、複雑で、不安定（不透明）ゆえ、右下の「高　不確実性」のポジションに該当することがわかる。

第2問（配点15点）

【解答】

	メ	リ	ッ	ト	は	、	①	路	面	店	と	比	較	し	て	出	店	時	の
初	期	費	用	が	抑	え	ら	れ	る	こ	と	、	②	立	地	条	件	の	良
い	百	貨	店	等	の	集	客	力	を	活	か	せ	る	こ	と	で	あ	る	。
デ	メ	リ	ッ	ト	は	、	①	営	業	時	間	・	販	売	促	進	な	ど	店
舗	運	営	上	の	決	定	に	対	す	る	自	由	度	が	低	い	こ	と	、
②	店	舗	構	成	に	よ	っ	て	他	店	舗	と	の	競	合	が	発	生	す
る	可	能	性	が	あ	る	こ	と	、	③	テ	ナ	ン	ト	料	が	固	定	的
に	発	生	す	る	こ	と	で	あ	る。										

【解説】

●解答導出の根拠

A社の店舗戦略のうち、インストアショップに関する設問である。

「立地条件に恵まれた有名百貨店や大手ショッピングセンター内」という与件情報をヒントに、路面店と比較した場合の相対的なメリット・デメリットを整理する。財務面・マーケティング面・競合戦略面などから体系的に考える。

インストアショップのメリット・デメリット（路面店と比較した場合）

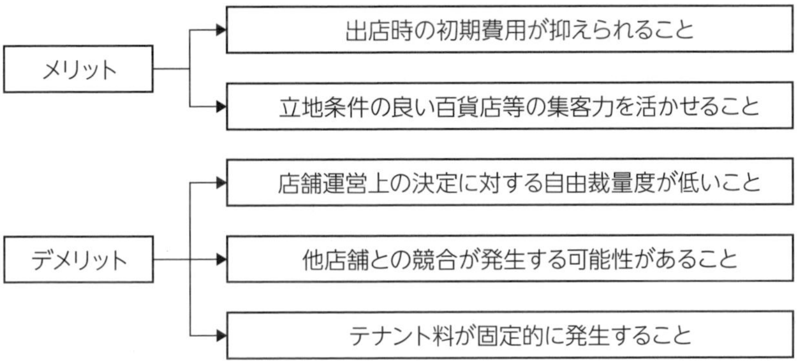
メリット
出店時の初期費用が抑えられること
立地条件の良い百貨店等の集客力を活かせること
デメリット
店舗運営上の決定に対する自由裁量度が低いこと
他店舗との競合が発生する可能性があること
テナント料が固定的に発生すること

●解答作成の手順

第1文に2つのメリットを記述し、第2文で3つのデメリットを記述する。わかりやすくするために、箇条番号（①②③）を明示する。

第3問（配点15点）

【解答】

	ブ	ラ	ン	ド	認	知	度	を	高	め	る	た	め	の	情	報	発	信	と
消	費	者	動	向	を	把	握	す	る	た	め	の	情	報	収	集	を	担	う
旗	艦	店	と	し	て	位	置	づ	け	る	。	具	体	的	に	は	、	シ	ョ
ー	ル	ー	ム	機	能	を	充	実	さ	せ	る	と	と	も	に	、	女	性	販
売	員	を	商	品	の	企	画	・	デ	ザ	イ	ン	に	参	画	さ	せ	る	。

【別解】

ブランド認知度を高めるための情報発信と消費者動向を把握するための情報収集を担う旗艦店として位置づける。具体的には、①オリジナル商品販売、②新商品先行販売、③ベテラン従業員の接客からの情報収集に努める。

【解説】

●解答導出の根拠

A社の店舗戦略のうち、直営路面店に関する設問である。

直営路面店の戦略的位置づけを考える際には、次のような情報がヒントになる。

①直営路面店の立地的優位性

与件に「東京都心のファッション情報の中心地ともいえる地区の直営路面店」とあり、ブランドの情報発信地として最適であることが伺える。ショールーム機能を充実させるとともに、オリジナル商品の販売や新商品の先行販売を行う。新しいサービスの実験店舗にしてもよい。

②ブランド力強化という経営課題の存在

冒頭、SWOT分析から経営課題②「販売促進費をかけずに、HRM、店舗、商品開発による地道なブランド育成に注力すること」を導いた。与件にも「デザイナーの知名度やブランドの認知度は日本市場よりも海外市場での方が高い」「A社が取り扱っている2つのブランドの国内での知名度は、有名インポート・ブランドのように高くなく、限定的な市場で知られているニッチ・ブランドである」「いかにブランド力を高めていくことができるかが大きな経営課題である」「ブランド認知度の向上と確立のため多額の販売促進費用を継続的に負担していくことは現実的ではない」といった記述がある。直営路面店を活用すれば、顧客の声を収集し、顧客ニーズを把握し、よりよい店舗・商品づくりに活かし、ブランド力を強化することができる。直営路面店の女性販売員に、マーチャンダイジング業務に参加させるという方法もある。

●解答作成の手順

第1文で、直営路面店の2つの機能（情報発信機能・情報収集機能）について述べる。第2文で、前述した2つの機能に対する具体的な施策を列挙する。

第4問（配点45点）

（設問1）

【解答】

	X	ブ	ラ	ン	ド	専	門	店	に	は	年	齢	、	業	界	経	験	年	数
の	高	い	契	約	社	員	が	多	い	と	想	定	さ	れ	る	。	主	力	商
品	で	あ	る	X	ブ	ラ	ン	ド	で	正	社	員	よ	り	も	高	業	績	を
上	げ	て	も	、	給	与	や	処	遇	に	反	映	さ	れ	な	い	た	め	、
満	足	度	が	相	対	的	に	低	く	な	っ	た	と	考	え	ら	れ	る	。

【別解】

仕事の成果に対して支払われる報酬が少ないことをXブランド専門店の従業員が感じているからである。Xブランド専門店の従業員は比較的経験があり、その他の店舗の従業員と同様の報酬では不満が出ているからである。

【解説】

●解答導出の根拠

第4問は、従業員の意識や満足度の調査結果に対する設問である。従業員満足度はモチベーションと密接に関係するため、従業員のモチベーションに関する問題とみることもできる。

「従業員の年齢、勤務経験は、Xブランドのみを取り扱っている店舗の従業員の平均年齢、業界経験年数でともに高く、Yブランドのみを扱っている店舗の従業員は平均年齢、業界経験年数ともに低い」「Xブランドのみを取り扱う店舗に勤務する従業員の労働条件に対する満足度が、それ以外のブランドを扱っている店舗に比べて低いことが判明した。特に給与水準、業績への給与の反映度などの項目で、その差は顕著であった」といった与件情報、および、設問の「一般的に、高級ブランドを取り扱っている店舗の従業員の満足度は、それよりも低い位置づけにあるブランドを扱っている店舗の従業員の満足度よりも高いと考えられる。しかし、A社では、高級アクセサリーのXブランドのみを取り扱っている店舗の従業員の満足度が相対的に低い傾向を示している」という記述から推測する。

与件・設問中に、Xブランド店舗とYブランド店舗の給与については記述がないが、調査結果から、同じ給与水準であるものと推測できる。Xブランド店舗の店員は、Yブランド店舗の店員と比較して、自分の仕事に対する給与が低いと感じている。Yブランド店舗の店員よりも年齢・業界経験年数が高いにもかかわらず給与に差がないためである。

●解答作成の手順

第1文で結論を述べ、第2文でその理由・根拠を述べる。

●参考

Xブランドのみを取り扱う店舗に勤務する従業員の労働条件に対する満足度を高めるために、給与水準や業績への給与の反映度などを改善すべきである。具体的には、検証が必要ではあるが、従業員の年齢や業界経験年数が業績に正の相関関係があると認められれば、①**年齢給**を一定の範囲で認め、業界経験年数を参考に**職能給**を一部導入し、安定的な賃金を保証する**衛生要因管理**に努め、同時に、②店舗別および個人別に業績を評価する**成果給**を組み入れ、**動機付け要因管理**も行う、等の方法が考えられる。

(設問2)

【解答】

	①	経	営	層	や	本	社	部	門	に	対	し	て	地	理	的	・	心	理
的	距	離	が	あ	り	、	店	舗	に	対	す	る	改	善	提	案	や	要	望
が	迅	速	に	実	施	さ	れ	な	い	た	め	で	あ	る	。	②	百	貨	店
等	の	方	針	に	よ	り	適	切	な	販	売	促	進	が	実	施	で	き	ず、
店	員	に	よ	る	企	画	の	自	由	度	が	低	い	か	ら	で	あ	る	。

【解説】

●解答導出の根拠

組織文化を形成する要因の1つに「近接性」がある。インストアショップが、直営路面店に比べて地理的・心理的な理由から近接性が弱くなることは推測できる。経営者や本社メンバーとの人的結びつきやコミュニケーション量も少なくなるのが普通であり、疎外感を感じやすい。

組織文化を形成する要因

●**近接性**…成員が物理的に近接していること
【例】出張所を増やすと横断的な組織文化は形成されにくい
●**同質性**…成員が相互に類似し、同質であること
【例】性別・年齢・学歴・経歴・趣味・関心が似通っていると、組織としての分散は小さくなる
●**相互依存性**…相互に依存しあう関係にあること
【例】個人プレイ型の営業スタッフしかいない組織には、強固な組織文化は形成されにくい
●**コミュニケーション・ネットワーク**…情報の流れとなるコミュニケーション経路が形成されていること
【例】情報の流れが一方通行では、強固な組織文化は生まれにくい
●**帰属意識の高揚**…研修その他の手法で、成員のロイヤルティを高める機会を設けていること
【例】自社の所有するサッカーチームを社員全員で応援するような会社には、強固な組織文化が生まれやすい

出典：『組織論』(桑田耕太郎・田尾雅夫著　有斐閣アルマ)

一方、インストアショップは、前述したとおり、販売促進等の面での自由裁量度が小さく、制約が大きくなる。これが従業員の満足度を低下させているとも考えられる。「責任権限の委譲や部門間連携の円滑さ、意思決定の迅速性に関する項目で、直営店に比べてインストアショップで勤務する従業員の満足度が相対的に低い」という与件情報もヒントになる。

●解答作成の手順

第1文で近接性の弱い点を指摘し、第2文で自由裁量度の小さい点を指摘する。

●参考

インストアショップで勤務する従業員の満足度を高めるためには、A社は以下のような改善策を講じるべきである。

①インストアショップ店員全体への**組織開発**(**OD**)に努める。具体的には、店員同士で、インストアショップと直営店の違いについての**ディスカッション**をさせるなどし、両者の違いを客観的に把握させ、インストアショップの短所・限界に気づかせ、インストアショップの長所・利点についても再発見させる。ディスカッションを発展させ、直営店ではできないようなインストアショップならではの販売促進方法・顧客管理方法などを提案させ、経営参画意識を高めていく。

②経営理念・経営方針の直接的な伝達に努める。インストアショップでは、直営店に比べて経営者の理念・方針が伝わりにくいおそれがある。直営店以上に経営者が直接視察する機会を増やし、**MBWA**(**マネジメント・バイ・ワンダリング・アラウンド;歩きながら行う管理**)に努める。これにより、A社全体での強固な**組織文化**を構築し、従業員のモチベーションを維持・向上することができる。視察中のコミュニケーションから生じたビジネス上のヒントを経営者が実現すれば(**フィードバック**)、従業員のモチベーションは再び高まるものと期待できる。

(設問3)

【解答】

	正	社	員	・	契	約	社	員	を	問	わ	ず	店	長	と	し	て	任	命
し	て	い	る	た	め	、	店	長	に	自	分	の	今	後	の	キ	ャ	リ	ア
を	相	談	で	き	な	い	点	が	不	満	の	原	因	で	あ	る	。	対	策
は	、	社	員	区	分	ご	と	の	キ	ャ	リ	ア	パ	ス	を	明	確	化	し、
将	来	像	を	相	談	で	き	る	存	在	を	設	け	る	こ	と	で	あ	る。

【解説】

●解答導出の根拠

「各店舗の店長は、正社員、契約社員に関係なく任命している」「相対的に社歴の長い従業員の満足度が低い」「とりわけ、自らの将来像や能力改善に関する項目で満足度が顕著に低く」「上司に対する項目でも不満を示す社員のポイントが高くなっていた」といった与件情報がヒントになる。

店長と店員がそれぞれ正社員と契約社員であった場合、立場が異なることにより将来のキャリアを相談することができないおそれがある。上司への不満はこのことが原因と考えられる。現在は混在している正社員と契約社員のそれぞれのキャリアパスを明確化し、さらに将来のキャリアを相談できる存在を設けることで不満を解消できると考えられる。

●解答作成の手順

解答にあたっては、「上司に対する不満」の「原因」と「解消するために取るべき施策」に限定する。第1文で「原因」を述べ、第2文で「解消するために取るべき施策」を具体的に示す。

第5問（配点15点）

【解答】

	①	商	品	の	企	画	・	デ	ザ	イ	ン	力	を	向	上	し	、	デ	ザ
イ	ナ	ー	と	の	交	渉	力	を	高	め	、	仕	入	原	価	率	の	低	減
と	収	益	の	向	上	を	図	る	。	②	店	舗	別	・	ブ	ラ	ン	ド	別
の	収	支	管	理	を	徹	底	し	、	各	店	長	に	店	舗	運	営	の	権
限	・	責	任	を	委	譲	し	て	、	販	管	費	の	削	減	を	図	る	。

【別解】

①販売額に応じた報奨金を支給し売上を増加させる。②仕入価格の目標達成度に応じた報奨金を支給し原価を低減させる。③収益目標を設定し店舗ごとの収益管理を行い、機動的な人員配置を行うことで販管費を低減させる。

【解説】

●解答導出の根拠

収益構造改善のための施策についての出題である。収益構造改善のための施策であれば、どのような解答でも得点できると考えるのは危険である。組織・人事的見地から考えられる施策（【例】モチベーション向上、能力開発、異動昇進、採用、報酬マネジメント等）に限定すべきである。与件の最後に「ここで示された組織・人事に関わる問題を改善し、業績向上を実現するために」と述べられている点に注意しよう。

収益構造を改善していくために、以下の3つの方法が考えられる。

①売上増加

販売額に応じた報奨を拡充する。具体的には、販売額に応じた報奨金を店員に支給するといった金銭的報奨のみならず、表彰（【例】会議・社内イベントの際に表彰する）・異動昇進（【例】直営路面店への異動、マーチャンダイジング部門への異動等）・能力開発（【例】販売ロープレ研修、他社の販売成功者講演会への参加等）などの非金銭的報奨も考えられる（第4問（設問1）の問題点の改善策にもなる）。

②原価低減

「商品の仕入価格は、販売価格のおよそ40%を目標としている」とあるが、目標としているのみで、成果に対する報奨が行われていない可能性がある。そこで、仕入価格の目標達成度合いに応じて報奨金を仕入担当者に支給する、あるいは、仕入担当者の交渉力向上教育（能力開発）を行うといった方法が考えられる。

③販管費低減

与件に「各店舗の従業員は、インストアショップで2〜3名、直営路面店で6名である」とあるが、現在の人員配置は固定的で、繁閑の差に応じた機動的な人員配置がなされていない可能性もある。収益目標を設定し、店舗ごとの収益管理を行い、機動的な人員配置を行うことで、販管費を低減させることができる。

●解答作成の手順

箇条書き形式で、改善策を列挙する。

〈 参考文献 〉

『速修テキスト 3 企業経営理論』竹永亮 平岡哲幸 柳沢隆 岩瀬敦智編著 山口正浩監修　早稲田出版
『中小企業診断士　2次試験対策講座テキスト　診断助言事例』TBC受験研究会
『組織論』桑田耕太郎 田尾雅夫著　有斐閣アルマ
『人材マネジメント論』高橋俊介著　東洋経済新報社
『企業戦略論（上）　基本編』ジェイ・B・バーニー著　ダイヤモンド社

事例の分析

平成19年度のマーケティング・流通戦略に関する事例企業は、業務用需要と一般消費者の趣味需要に対応しているホームセンター（資本金5千万円、従業者数50名）である。平成17年度が美容院、平成18年度がテニススクールと、2年間続いたサービス業の事例から、平成16年度のペットショップ以来、小売業の事例に回帰した。平成19年度の設問の特徴は、すべての設問文が2行以内と、短かったことである。設問文が短いと、読解に時間はかからないというメリットがある反面、設問の主旨を読み取るのが難しいというデメリットがある。

本事例の設問の構造は、次のとおりである。

第1問は、B社の競争戦略に関する出題である。（設問1）は、大手ホームセンターとの競争戦略に活かせるB社の経営資源の強み（Strengths）を問うている。（設問2）は、大手ホームセンターに対抗するためのB社の「品揃え戦略」を問うている。

第2問は、現状の店舗数（1店舗）と店舗面積を増やさず、売り上げを拡大するための対応策を問うている。本問は、配点が30点と、総得点に占める占有比が高い。

第3問は、B社と大手ホームセンターとの流通活動の相違点に関する出題である。“流通活動”をどう捉えるかによって、解答の方向性が異なってくる。設問の文字数が少なく、設問の主旨が読み取りにくい問題である。配点が30点と、第2問に引き続き、総得点に占める占有比の高い設問である。

第4問は、インターナルマーケティングに関する出題である。インターナルマーケティングについては、平成17年度のマーケティング・流通事例（美容院）で出題されており、2年ぶりの出題である。（設問1）でインターナルマーケティングの具体的方策を聞き、（設問2）でインターナルマーケティングの効果を問う内容である。

解答はすべて字数制限論述形式であり、総字数が700字と平成18年度の550字に比べ、150字（27.3%）増加した。平成18年度の特徴であった“3つまたは4つの列挙問題”が、“2つ列挙”に減ったことも今年の特徴である。

第2次試験は、毎年上位700～800人の受験者だけが合格できる、事実上の相対評価方式の試験である。「だいたい書けた」と安心するのではなく、“競争優位性の高い答案を書くためにはどうすればよいか”を考えながら解答してほしい。設問構造を理解して、一貫性・整合性のある解答を書けたかどうかが合格のポイントである。

マーケティング・流通事例を攻略するためには、SWOT分析、経営上の問題点の集約、経営課題の抽出、ドメインの再定義を行い、ドメインから逸脱しない解答を設計することが重要である。限られた時間内で合格答案を作成するための不可欠なプロセスである。したがって、設問の解答・解説に入る前に、与件企業の分析を行う。

SWOT分析

S	W
●30年前に、郊外のバイパス道路沿いに、本格的なHC(ホームセンター)を開業した ●大型駐車場を確保している ●平屋店舗である ●素材の自己加工を特色としている ●正社員比率が高い(60%) ●業務用(プロ)需要に対応できる専門性重視の品揃えを行っている ●一般消費者のDIY需要にも対応している ●業績が順調に伸長していった ●顧客のために、さまざまなイベントを企画(体験指導、製作指導)している ●参加費は、材料費程度の安価に設定している ●イベントの指導は、正社員が行っている ●社員を積極的に技術研修に派遣している ●各種のモチベーション向上策を実施(報奨制度、特別昇給)している ●パート・アルバイトから正社員への採用の道が開かれている ●各種工具(特に電動工具)の有料貸し出しを行っている ●各種工具の使い方を学ぶ体験型講習会を企画している←講師は、長年顧客として付き合いのある、すでにリタイアした大工や工務店の社員を活用している ●各種リフォーム工事、造園工事、外溝工事、各種修理などの見積り、施工を請け負っている ●建築士、インテリアコーディネーターの有資格者が、顧客の施主に各種器具のプランを提案するサービスを行っている	●売上高が少しずつ低下してきている ●店舗数と店舗面積を増やせない
O	**T**
●新築工事を依頼した施主が、電気・照明器具、洗面・浴室器具、その他壁紙、床材などを自ら決定するケースが増えてきている ●B社のプランをそのまま採用する施主が増えている ●HCは取扱商品が多様化している ●小規模HCが廃業・業態転換している ●2007年11月以降、郊外への大型店の出店が規制される(都市計画法の改正) ●B社近隣はにぎやかになっている	●大手HCは、多店舗化と店舗の大型化を進めている ●大手HCは、品揃えの総合化を図っている ●都市近郊・郊外で他業態との業態間競争が激化している ●郊外の大型SCへ大手HCが出店し始めてきた

平成19年度のホームセンターの事例は、平成18年度のテニススクール同様、強み(Strengths)が多く、弱み(Weaknesses)が少ない。したがって、強みと機会の連合軍で弱みを克服する戦略を見つけづらい。

弱みが少ない時の問題点の集約方法は、強みが十分に活かしきれていないのではないかという視点を持てばよい。さらに、強みと機会の連合軍で脅威を回避する戦略も考慮に入れる必要がある。

【経営上の問題点】

①人的資本に恵まれていながら、大手HCと差別化した顧客との協働型販売戦略を打ち出していない。

②B社の近隣が商業化しているにもかかわらず、売上高が低下傾向にある。

【経営課題】

①B社の豊富な人的資本を活用し、大手HCと差別化した顧客との協働型販売戦略を構築する。

②店舗数、店舗面積を増やせない制約条件の中で、顧客の固定化・組織化を図り、売上高の低迷から脱却する。

【ドメインの再定義】

B社の現状の経営課題を克服することで実現するドメインを再定義する。

①**標的顧客（Customer）**…大工、工務店、配管工事業者などプロの業者、DIYを志向する一般消費者、家を新築した消費者

②**顧客機能（Function）**…プロ需要に対応できる専門性のある品揃え、DIYを志向する一般消費者の体験型需要、自宅を新築した消費者に対する提案型需要

③**経営資源（Resource）**…人的資源：建築士やインテリアコーディネーターの資格を保有する社員、各種技能資格取得者、長年の付き合いのあるすでにリタイアした大工や工務店の元社員、マーケティング資源：プロ需要・一般消費者の趣味需要に絞り込んだ品揃え、各種イベントの企画・実行力

解答例と解説

第1問（配点20点）

（設問1）

【解答】

専	門	性	を	重	視	し	た	品	揃	え	に	よ	る	プ	ロ	の	業	者	と
の	強	い	信	頼	関	係	で	あ	る。										

有	資	格	者	や	各	種	研	修	を	受	け	た	従	業	員	が	有	す	る
顧	客	へ	の	提	案	力	で	あ	る。										

（設問2）

現	状	の	住	宅	設	備	関	連	以	外	に	品	揃	え	を	拡	げ	ず	、
住	生	活	関	連	商	品	を	充	実	す	る	。	プ	ロ	の	ニ	ー	ズ	に
応	え	る	専	門	品	と	、	一	般	消	費	者	が	気	軽	に	利	用	で
き	る	D	I	Y	・	園	芸	用	品	の	品	揃	え	を	拡	充	す	る	。

【解説】

●解答導出の根拠

（設問1）は、B社の「マーケティング戦略」について、「大手ホームセンター（HC）」に対する「差別化のポイント」を問うている。解答を2つ求められているので、2つの切り口を鮮明にすべきである。本問は、J.B.バーニーが提唱するリソース・ベースド・ビュー（Resource Based View）志向（既存の経営資源から考える経営戦略）

の戦略分析フレームワークのうち、“人的資本”の考え方を参考に解答を導いている。

前述したように、B社には強みがたくさんあり、一見何を書いても正解になりそうであるが、設問文に“大手ホームセンターに対抗するため”と指定されているため、“大手ホームセンター”の弱みを探し、B社の強みと比較しながら記述すればよい。

(設問2)の「どのような品揃え戦略を採用すべきか」との設問は、品揃えの方向性を問いかけているので、品揃え戦略のフレームワークを念頭に置きながら解答すればよい。B社は、大手ホームセンターが採用している“総合化”の方向ではなく、“専門化”の方向を目指すべきである。理由は、①大手ホームセンターとの差別化を図るため、②第2問の設問文にあるように、店舗数と店舗面積を増加させることができない、からである。

品揃え戦略（総合化と専門化）

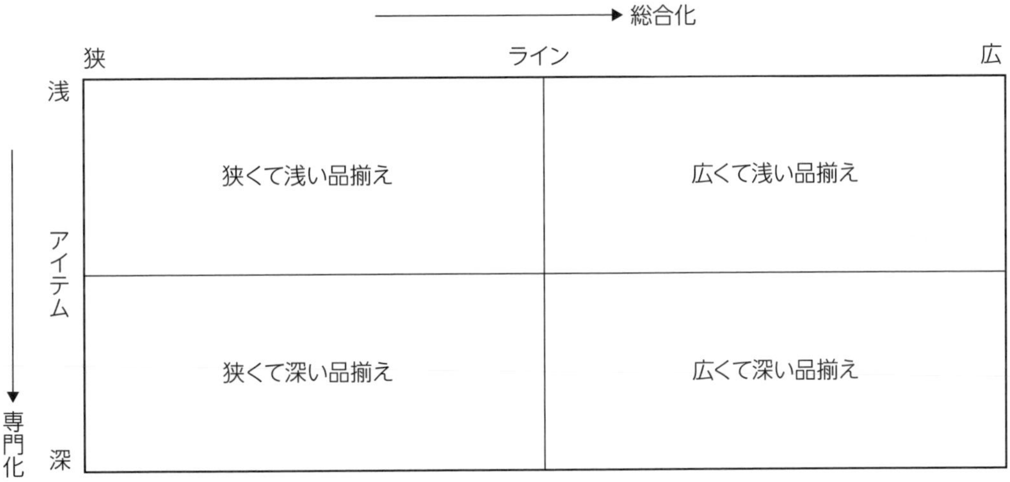

●解答作成の手順

(設問1)

バーニーの提唱する“人的資本”のうち、2つ挙げればよい。切り口が同一にならないよう、社内の人的資本と社外の人的資本に分ける。

(設問2)

80字以内で述べるため、1文構成でもよいが、解答例は2文構成にした。いずれの場合も、結論先行の原則に基づき、「結論＋具体論」で展開すると、説得力の高い答案になる。

第2問（配点30点）

【解答】

	顧	客	を	巻	き	込	ん	だ	実	用	性	の	高	い	イ	ベ	ン	ト	を
実	施	す	る	。	高	い	技	術	を	持	つ	顧	客	を	講	師	と	し	て
招	き	、	木	工	教	室	等	を	開	催	す	る	。	講	師	か	ら	他	の
顧	客	へ	の	口	コ	ミ	効	果	を	期	待	で	き	、	顧	客	同	士	の
親	交	が	進	む	こ	と	で	既	存	顧	客	の	来	店	に	つ	な	が	る。

	新	築	時	や	リ	フ	ォ	ー	ム	時	の	住	宅	設	備	に	関	す	る
協	働	型	の	提	案	ビ	ジ	ネ	ス	を	積	極	的	に	展	開	す	る	。
顧	客	の	要	望	を	聞	き	な	が	ら	、	顧	客	と	共	に	プ	ラ	ン
を	練	り	上	げ	る	。	購	入	ア	イ	テ	ム	の	増	加	や	上	級	品
の	購	買	が	促	進	さ	れ	、	客	単	価	の	向	上	が	見	込	め	る。

【解説】

●解答導出の根拠

本問は、基本委員の上原征彦教授の「協働型マーケティング」の発想を根拠に、解答を導く。

上原教授は、生活者を取り巻く環境が変化する中、「操作型マーケティング」とは異なったアプローチの方法として、「協働型マーケティング」の必要性について提唱している。「操作型マーケティング」とは、売り手が買い手に向けて、製品やサービスを提案し（オファー）、買い手にその提案を受け入れてもらえるように、買い手を操作しようとするマーケティング手法のことである。

生活主義が台頭し、買い手が売り手のオファーに影響されにくくなってきた現在、売り手にとって提供するオファーを買い手に適合させることが困難になってきている。このような状況の中、売り手のオファーを買い手に適合させるためには、売り手と買い手による「摺り合わせ」が必要になってきている。この「摺り合わせ」が「協働」である。具体的にいうと、まず、売り手は、完成されたオファーを提案する前に、買い手との交流関係を築く。そして、交流関係のなかで売り手と買い手が協働する形で固有のコンセプトを創造する。次に、コンセプトを実現するオファーを売り手が買い手との協働の中で、生産や調達を行うことになる。

協働型マーケティングの例として、アメリカのDIY店（日曜大工店）のペンキ売場の事例が有名である。ペンキ売場には、何台ものパソコンが設置されており、顧客がパソコンの前のボタンを押すと店員が出てきて対応する。店員は顧客に質問をしながら顧客の要望を聞き出し、パソコンの画面上で色の調合を行う。顧客はそれに意見や要望を述べ、店員はアドバイスする。その結果、画面上には顧客が満足する色が出来上がり、店員はパソコンのデータどおりに調合したペンキを缶に詰めて顧客に手渡す。出来上がったペンキは、まさに、売り手と買い手が協働して創造したものといえる。（上原征彦著「マーケティング戦略論」有斐閣）

B社において、実施可能な「協働型マーケティング」を考えた場合、新築工事での照明器具、水周り設備、床壁材等のコーディネートビジネスが考えられる。現在、B社の社員が顧客に提案を行っているが、これはあくまでも提案を顧客が受け入れているだけであり、顧客との協働作業とはいえない。協働作業を考えた場合、B社社員は顧客が持つイメージや考えを引き出し、具体的な形にしていくというサポート役に徹することが望ましい。顧客が漠然と考えていたものが、B社社員と協働することで具体的な施行案となり、満足度は非常に高いものになる。満足度とは価値のことであり、顧客とB社社員がその価値を創造したことになる。

「協働型マーケティング」には、IT技術が欠かせないため、“協働型マーケティングは情報化社会で花開くマーケティングである”と上原教授は述べている。実際に住宅設備のコーディネートビジネスを拡大するには、各種什器や壁材などの電子カタログを利用したコンピュータシステムが必要になってくる。

操作型マーケティングと協働型マーケティングは、対立する概念ではあるが、両者は並存しながら存在する。21世紀には、協働型マーケティングの比率が増えてくることが予想されるが、操作型マーケティングがなくなるわけではない。

操作型マーケティングと協働型マーケティングの比較

	操作型マーケティング	協働型マーケティング
主として何を売るか	製品（生産活動の結果）	価値創造プロセス（協調関係）
差別化の焦点	製品コンセプト（ブランド）	顧客と接する担当者 関係を展開する場（システム）
マーケティング権限の担い手	組織による決定と調整	顧客と接する担当者 個人
効率性基準	規模の経済	範囲の経済
組織特性	タイトな組織（階層型組織）	ルース組織 （境界が希薄なネットワーク）

出典：上原征彦著「マーケティング戦略論」（有斐閣）

●解答作成の手順

現状の店舗数（1店舗）と店舗面積の制約条件の中で、売上拡大策を問う設問である。前述したように、設問文が2行と少ないため、何を書いても正解になりそうであるが、ドメインに基づいた整合性の高い解答を導く必要がある。また、2つ答えよとなっているため、2つの切り口を鮮明にすべきである。解答例は、「売上高＝客数×客単価」のフレームワークを参考に、客数と客単価の切り口で解答した。

別解として、売上高の公式の客単価に着目し、ISMの切り口（インストアプロモーションとスペースマネジメント）の答案も考えられる。ただ、設問文で“どのような方法”と問いかけており、“具体的にどのような方法”と問いかけていないので、解答例はISMより上位の概念である、客数と客単価で解答をまとめた。

第3問（配点30点）

（設問1）

【解答】

大	手	ホ	ー	ム	セ	ン	タ	ー	は	フ	ロ	ー	型	人	材	を	活	用	し
た	ロ	ー	コ	ス	ト	オ	ペ	レ	ー	シ	ョ	ン	を	導	入	し	て	い	る。
B	社	は	提	案	型	営	業	が	で	き	る	従	業	員	を	中	心	に	、
プ	ロ	の	販	売	員	に	よ	る	店	舗	運	営	を	行	っ	て	い	る	。

（設問2）

【解答】

売	場	ご	と	に	専	門	性	の	高	い	社	員	を	配	置	し	、	顧	客
の	要	望	に	迅	速	に	対	応	す	る	。	顧	客	の	住	生	活	に	係
わ	る	問	題	点	を	聞	き	出	し	、	顧	客	の	ス	キ	ル	に	合	わ
せ	た	商	品	を	提	案	し	、	顧	客	を	サ	ポ	ー	ト	す	る	。	

【解説】

●解答導出の根拠

大手ホームセンターの「流通活動」との違いを述べる設問である。本問では、「流通活動」の四文字をどう捉えるかで、解答の方向は大きく変わってくる。与件文および設問文から絞り込むことが難しいため、ドメインから逸脱しないように留意しながら記述する。

本試験で、本問（設問1）のように現状を分析・評価させる出題があった場合は、単に現状を分析・評価するだけではなく、事例企業の「強み」や「弱み」に触れて解答することが、答案作成上のテクニックである。ただし、そこで触れた「強み」や「弱み」は、他の設問の解答と何らかの関係で結びつくものでなくてはならない。それが解答の一貫性である。本問では（設問1）の内容をもとに（設問2）を解答し、解答の一貫性を持たせた。

●解答作成の手順

プロモーション戦略の人的販売の切り口で解答する。大手ホームセンターは、セルフサービス主体のローコストオペレーションを展開しているのに対し、B社は提案型営業ができる正社員が多数存在することを大手ホームセンターとの差別化要因と捉え、正社員による対面販売またはセミセルフ形式の販売を特徴にしていることに言及する。

近年、中小食品スーパーが大手スーパーに対抗するために、精肉、鮮魚売場で対面販売を実施する店が増えている。顧客の要望を聞いてその場で加工したり、仕入れた商品についての情報を提供したりしながら、顧客との関係づくりを進めている。大手ではできない、人的販売を強みとした差別化戦略である。

第4問（配点20点）

（設問1）

【解答】

社	員	を	積	極	的	に	技	術	研	修	に	参	加	さ	せ	、	資	格	取
得	者	に	報	奨	制	度	を	設	け	、	社	員	の	モ	チ	ベ	ー	シ	ョ
ン	向	上	に	努	め	て	い	る	。										

顧	客	対	応	力	の	高	い	従	業	員	に	一	日	店	長	を	経	験	さ
せ	、	経	営	者	の	視	点	か	ら	顧	客	サ	ー	ビ	ス	の	重	要	性
を	実	体	験	さ	せ	て	い	る	。										

【解説】

●解答導出の根拠

インターナルマーケティングの具体策を問う問題である。インターナルマーケティングは、サービスマーケティングの3本柱を構成する重要な要素である。企業は、顧客満足度を向上させるためには、4Pを中心にしたエクスターナルマーケティングばかりでなく、従業員満足度を向上させるインターナルマーケティングにも注力しなければならない。なぜなら、顧客と直接接するのは、次の図でも明らかなように、従業員（接客要員：コンタクトパーソネル）だからである。「顧客満足度の向上＝従業員満足度の向上」の公式が成り立つ。

サービス・トライアングル

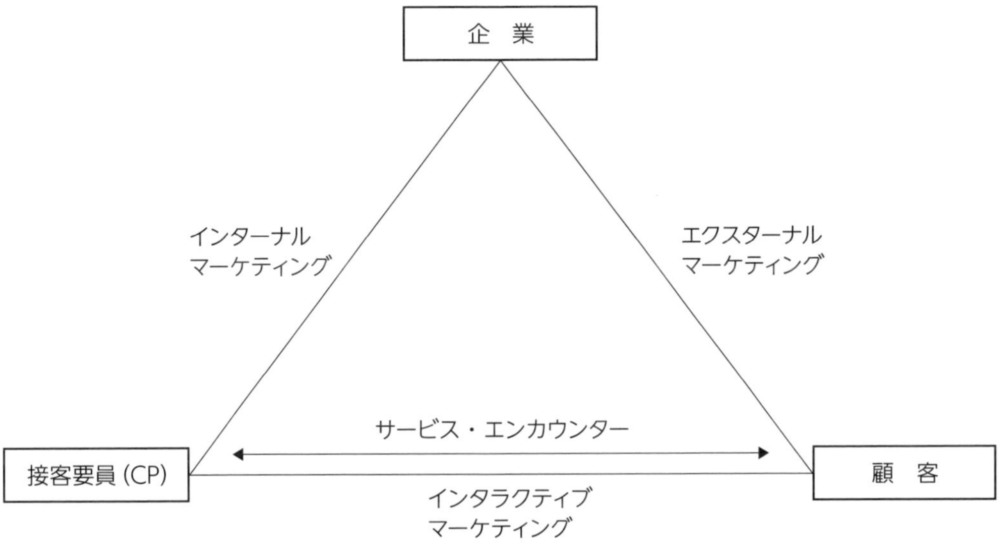

出典：『マーケティング原理』（コトラー他著　ダイヤモンド社）を加筆修正して作成

●解答作成の手順

インターナルマーケティングの3つの切り口、①マニュアル化、②動機付け、③能力開発、の3本柱のうち②の動機付けと③の能力開発の視点から解答をまとめる。

（設問2）

【解答】

	プ	ロ	業	者	と	一	般	消	費	者	の	両	者	の	技	術	的	な	疑
問	や	問	い	合	せ	に	応	え	る	こ	と	が	で	き	、	顧	客	と	の
信	頼	関	係	が	強	化	さ	れ	る	。	顧	客	対	応	力	の	向	上	に
よ	り	、	誰	で	も	気	持	ち	よ	く	買	物	で	き	る	売	場	と	な
り	、	B	社	店	舗	へ	の	顧	客	リ	ピ	ー	ト	率	が	向	上	す	る。

【解説】

●解答導出の根拠

インターナルマーケティングを展開すると、B社と顧客にとってどのような効果があるのかを問うている。B社の立場のみ、あるいは顧客の立場のみで記述すると、点数は半分しか得点できない可能性があり、注意が必要である。

●解答作成の手順

具体的な効果を問われているので、与件文より“信頼関係の強化”“顧客リピート率の向上”などの具体的なキーワードを類推し解答をまとめる。

〈 参考文献 〉

『速修テキスト 3 企業経営理論』 竹永亮 平岡哲幸 柳沢隆 岩瀬敦智編著 山口正浩監修　早稲田出版
『中小企業診断士　2次試験対策講座テキスト　診断助言事例』 TBC受験研究会
『マーケティング・ベーシックス』 上原征彦他著　同文舘出版
『マーケティング戦略論』 上原征彦著　有斐閣
『スモールビジネス・マーケティング』 岩崎邦彦著　中央経済社
『競争優位の戦略』 M.E. ポーター著　ダイヤモンド社
『図解　よくわかるこれからの流通』 木下安司著　同文舘出版

事例の分析

本事例は、カタログ、パンフレットなどの商業印刷を主力事業とする企業が、既存事業の業務改善に取り組み、投資リスクを考慮しつつ、新規事業へ進出しようとする多角化戦略に関する問題である。C社の直接的な狙いは、最終ユーザーとの接点を増やすことで付加価値を向上することだが、ここでは、その手段となる多角化戦略について考察してみる。多角化戦略は、次の4つの形態に分類される。

①水平的多角化戦略
　現在とほぼ同じ顧客で新しい製品分野に進出する。
②垂直的多角化戦略
　流通チャネルの川上から川下にかけて複数分野に進出する。
③集中的多角化戦略
　既存の製品と新規の製品を関連づけて新規市場に進出する。
④集成的多角化戦略
　現在の製品市場と顧客には関連性のない新規市場に進出する。

中小企業白書でも紹介されている実証研究の結果によると、本業中心型である集中的多角化は、既存の経営資源とのシナジー効果が得られ、収益性が高いと報告されている。

C社が採用すべき戦略は、「③集中的多角化戦略」である。この戦略を選択する理由は、一貫生産体制の印刷技術をコア技術として生かしつつ、最終ユーザーのニーズに適した価値ある提案を行える可能性が高いためである。加えて経営者が企画営業の重要性を認識しており、営業人員を手厚く配置するなど、付加価値の高い事業展開を模索している点が集中的多角化戦略と一致する。2004年版中小企業白書では、販売活動における経営革新の重要性について、「付帯サービスの付加」、「企画・提案営業の付加」や「流通経路の短縮化」を行っている企業は収益性が増加傾向にあると述べている。

現在C社の取引先は、大手電機メーカーをはじめとする最終ユーザーと中堅の広告代理店300社ほどで構成されている。売上高は比較的安定しているものの、広告代理店を介した売上高が増加することで、付加価値の低下による利益率の低下が問題となっている。解答の骨子は、既存事業の効率化に取り組むことと売上高構成比を改善することで付加価値の高い製品（印刷物）を提供し、利益率の向上を図ることである。設問構造は、初めに内部環境分析（第1問）を問うており、続いて既存事業の改善（第2問、第3問）、設備投資の必要の有無（第4問）、新規事業の留意点（第5問）を問うている。設問ごとの記述量は多めだが、総記述量は640字と標準的である。また、与件では現在の問題点や新規事業の説明が丁寧になされているため、既存事業のドメインと新規事業のドメインとの相違を考えやすい。

以上のことを考慮してドメインを策定する。なお、ドメインは既存事業と新規事業に分けて水平展開した。

（既存事業のドメイン）
　顧客（Customer）：同行営業が可能な広告代理店および最終ユーザー
　機能（Function）：高い品質の印刷物を短納期で提供
　技術（Technology）：充実した営業体制と効率的な一貫生産体制
（新規事業のドメイン）
　顧客（Customer）：大手電機メーカー、通信販売会社、各種団体および学会
　機能（Function）：顧客情報管理・印刷・在庫・配送に至る印刷関連業務のアウトソーシング機能の提供
　技術（Technology）：企画・提案型の営業体制と全社的な情報管理体制

SWOT分析

S	W
●工場が高速道路のインターチェンジに近く好立地である ●売上高は比較的安定している ●DTPを採用している ●組版から製本に至るすべての工程を社内に備える一貫生産体制を整えている ●短納期要請に対応できる生産体制である ●営業部12人・営業管理部5人と、手厚く営業人員を配置している ●経営者が設備投資の必要性を理解している ●印刷技術のデジタル化に対応した設備投資を実施している ●製品取扱説明書の印刷・在庫・配送の一括受注業務の経験がある	●工場と本社の距離が70km離れている ●本社の平均年齢は46歳と高齢化している ●広告代理店を経由した受注の増加で問題が生じている ・最終ユーザーとの打ち合わせの機会減少により、色調トラブルが増加した ・取引の増加により、C社の収益性が低下している ・印刷データ変換の際にトラブルが発生し、印刷予定混乱の原因となる ●本社と工場間の連絡ミスなど管理体制が遅れている ●受注最優先の営業活動により生産予定に恒常的な混乱を生じ、繁忙期には残業で対応している
O	**T**
●受注活動において「企画・デザイン提案」の重要性が増している ●印刷物を媒体とした新規事業が増え、市場環境が整ってきている	●同業他社が、最新印刷機の導入を始めており、競争環境が激化し始めている

解答例と解説

第1問 (配点20点)

【解答】

(a)欄

① 一貫生産体制により短納期要請に対応できる。

② 企画営業の重要性を認め充実に努めている。

(b)欄

① 本社と工場で協働体制の構築が遅れている。

② 広告代理店との取引が付加価値を下げている。

【解説】

●解答導出の根拠

SWOT分析のうち、内部環境分析に関する設問である。解答にあたっての注意点は、できるだけ原因に近い内容を指摘することである。

例えば、「顧客の短納期要請に対応できることである。(20字)」という解答は、強みを指摘してはいる。しかし、本事例においては原因ではなく結果である。なぜなら、与件を読むと、短納期要請に対応できる原因(一貫生産体制を整えていること)が明記されているからである。

どうしたら短納期要請へ対応できるようになるのかを考えると、生産期間の短縮や段取り改善など、一般論からは複数の方策が考えられる。C社は一貫生産体制を用いて実現していることが特徴である。

【 強み 】

過去の複数年版の中小企業白書によれば、一貫生産体制のメリットとして次の3つが挙げられる。

①高付加価値化

多工程に関わることにより、付加価値が上がる。

②短納期化

全工程が把握可能となり、短納期化につながる。

③多様なニーズへの対応

消費者と直結することにより、受注先からの注文が一連で全工程に伝わり、多様なニーズへ柔軟に対応できる。

生産管理体制上の強みでは、結果として「②短納期化」の効果が得られ、営業体制上の強みでは、企画営業の重要性の要素として「①高付加価値化」と「③多様なニーズへの対応」が得られる。

【 弱み 】

①本社と工場の間で意思疎通が図られていない。

意思疎通が図られていない原因は協働体制の構築の遅れにあり、協働体制の構築の遅れは協働意識の不足と運営体制の不整備に大別できる。

②広告代理店の介在により利益率が低下した。

直接の原因には中間業者が存在することによる中間マージンの存在が挙げられる。間接的には、最終ユーザーとの接点が不足することで付加価値が下がり、販売価格の決定が行えない点が弱みとして挙げられる。

2007年版中小企業白書には、価格交渉力・価格決定権を持つための条件について、次の記述がある。

①製品の差別化度合い

自社の製品が差別化されている中小企業のほうが、価格交渉力を強めることができる。製品の差別化には、「製品自体の差別化」と「製品イメージの差別化」があり、ともに価格競争力を高めることができる。

②販売先の多様化度合い

多様な販売先を持っている中小企業ほど、価格交渉力が強くなる傾向にある。営業活動の強化等により販売先を多様化していくこと、多様な販売先を得られるような技術・製品を開発していくことも一つの方向性であろう。

以上から、価格決定権を持っている企業は利益率が上昇傾向にあることがわかる。単に広告代理店の中間マージンにより利益率が低下しているだけではなく、最終ユーザーとの接点が不足することにより、価格交渉力が低下していることを原因の一つとして考慮する必要がある。

●解答作成の手順

C社では生産管理体制と営業体制のそれぞれに「強み」と「弱み」を抱えている。

【 生産管理体制上の強み 】

「厳しさを増している短納期要請に応えるものになってきている」との記述から、環境変化に対応できる一貫生産体制を有していることを強みとして挙げた。

【 営業体制上の強み 】

受注活動においては、「顧客への『企画・デザイン提案』が重要性を増してきている」という外部環境に対して、「(企画営業の)さらなる増強に向けた体制づくりを検討している」、「C社が充実に努めている企画営業を展開し」という対応をしている。さらにC社では、営業部12人、営業管理部5人と手厚く営業人員を配置している。

これらを理由として、企画・提案を可能とする営業体制の充実に努めていることを強みとして挙げた。

【 生産管理体制上の弱み 】

「生産予定に混乱をもたらそうとも、受注獲得を最優先して得意先からの短納期要請を受け入れてきた」との記述から、協働意識の不足が挙げられる。協働とは、同じ目的のために、協力して働くことである。また、「本社と工場間の連絡ミスなどの管理体制の遅れによって発生しているケースも少なくない」との記述から、協働意識の不足を原因とする運営体制の不整備が挙げられる。両者を包括する概念は、協働体制だと位置づけられる。

【 営業体制上の弱み 】

「広告代理店からの受注が3割を超え利益率が低下し始めている」との記述から、利益率低下の原因となる広告代理店の取引増加が付加価値を下げている点を弱みとして挙げた。単純に中間マージンの発生による利益率の低下を指摘するのみでなく、最終ユーザーとの接点が不足することによる付加価値の低下に含みを持たせた表現とする必要がある。

第2問（配点20点）

【 解答 】

	収	益	面	で	は	短	期	的	に	売	上	収	入	源	と	な	る	た	め
取	引	を	続	け	た	い	。	し	か	し	中	期	的	に	は	利	益	率	の
低	下	が	進	む	の	で	取	引	を	や	め	た	い	。	生	産	面	で	は
印	刷	予	定	の	混	乱	を	減	ら	し	た	い	。	今	後	は	同	行	営
業	で	き	る	取	引	の	み	行	い	デ	ー	タ	形	式	の	統	一	と	摺
り	合	わ	せ	の	強	化	で	1	取	引	の	生	産	性	を	高	め	る	。

【 解説 】

●解答導出の根拠

C社では、広告代理店の介在する受注が増加することにより収益面と生産面に影響を受けている。収益面では、安定した売上高確保に伴う売上収入の確保に貢献しているものの、中間業者として広告代理店が介在するだけで中間マージンが発生するため、販売単価が低下する。また、最終ユーザーとの打ち合わせの機会が減ることで学習する機会を喪失するため、付加価値の低い製品（印刷物）しか提供できずに販売単価が上げられず、またトラブルの増加により営業費用が増加する。生産面では、広告代理店から提供される印刷データの変換トラブルが印刷予定の混乱要因となり、営業費用の増加と合わせて製造費用が増加する。

対策を講じるためには、営業収入源の観点からは、広告代理店との取引を全面的にやめるわけにはいかない。しかし、現状のままでは広告代理店との取引が増加するほど利益率が低下するので、中期的には取引をやめたい。生産面では印刷予定の混乱を減らしたいが、そのためには取引数を絞り込んで取引ごとの質を高め、1取引の生産性を高める必要がある。実は、生産面の対策が営業面の効率を高めることにもなるのである。

具体的には、同行営業できる取引に絞り、データ形式の統一と摺り合わせを強化することで、上流工程で付加価値を作り込み、また下流工程での手戻りを減少させる必要がある。

以上の対策は、広告代理店との取引に3Sを導入するものである。取引先を絞り込むことで取引を単純化し、データ形式を統一することで取引を標準化し、取引が標準化されたことを当然の状態としたうえで、個々の最終ユーザーの要求へ高度に対応していくという専門化をするからである。

●解答作成の手順

設問への素直な対応を心掛け、広告代理店との取引による売上高増加に伴う影響を収益面および生産面から記述する。ここで重要なことは、C社のドメインを意識して解答することである。広告代理店との取引は、安定的に売上高が確保できる強みと捉えることもできる。しかし、ドメインに照らし合わせると、広告代理店取引の中でも特に利益率の低い取引はやめるべきである。その代わりに、最終ユーザーとの取引数を増加する対策が必要になる。そして、最終ユーザーとの関係強化を述べる際には、中小企業白書で重要視されている「摺り合わせ」という用語をぜひ使いたい。

与件で明記されている印刷データの変換に関する事項についても解答する必要があるが、単に対策を書き記すのではなく、ドメインとの関係がわかるように解答すべきである。

第3問（配点20点）

【解答】

	注	文	仕	様	、	変	更	及	び	出	荷	履	歴	等	の	製	品	情	報、
進	捗	及	び	余	力	等	の	工	程	管	理	情	報	、	受	注	見	込	や
顧	客	属	性	等	の	営	業	情	報	、	職	場	ご	と	の	ト	ラ	ブ	ル
情	報	を	管	理	す	る	。	各	情	報	を	迅	速	・	正	確	・	確	実
に	伝	達	す	る	た	め	デ	ー	タ	ベ	ー	ス	や	イ	ン	ト	ラ	ネ	ッ
ト	を	構	築	し	、	運	用	規	則	を	定	め	た	上	で	誰	で	も	利
用	で	き	る	設	計	に	し	て	意	思	疎	通	の	基	礎	に	す	る	。

【解説】

●解答導出の根拠

本問は、受注から生産に至るまでの業務を円滑に遂行するために必要な情報項目を列挙し、相互理解を促進するための情報伝達のあり方を述べる問題である。現在C社では、印刷時の色調トラブルの発生や生産予定の混乱が問題となっている。そして、業務の情報化を必要とする理由として、本社と工場間の連絡ミスといった管理体制の遅れや情報共有不足が挙げられる。これらの問題を解決するためには、進捗状況や余力状況等の生産管理情報や、受注見込や顧客属性等の営業情報の他、職場ごとのトラブル情報を共有することで、まずは相互の現状を適切に把握し、次に本社と工場間の相互理解を深める必要がある。

●解答作成の手順

管理すべき情報項目について、基本情報となる製品情報の他に、相互理解の観点から工場の情報と営業の情報を挙げる。基本情報として注文仕様、変更履歴、出荷履歴等の製品情報を共有することで印刷時の色調トラブルが減少し、工程管理情報として進捗状況や余力状況等の生産管理情報を共有することで生産計画を踏まえた受注や納期調整がしやすくなるため、生産予定の混乱を減少できる。

一方、相互理解の観点からは、受注見込や顧客属性等の営業情報を共有することが重要である。さらに、難しい問題や思わぬ問題を解決する観点から、PDCAサイクルを基本にしてトラブル情報も挙げる。

情報伝達のあり方については、データベースやイントラネットの構築等を手段とした、相互の状況確認ができる仕組みを提案する。本問では、「あり方＝あるべき姿」が問われているのみであり、仕様の詳細や運用方法等の具体的な内容までは問われていない。

解答の「各情報を迅速・正確・確実に」以降の内容は、相互理解を目的とした情報システムのあるべき姿として、基本的なものである。こうした思想の情報システムを使って、業務の円滑な遂行を目指すことになる。

第4問（配点20点）

【解答】

	投	資	は	実	行	す	べ	き	で	な	い	。	諸	問	題	へ	の	対	策
を	せ	ず	に	最	新	印	刷	機	を	導	入	す	る	こ	と	は	、	能	力
に	よ	る	緩	衝	の	増	大	で	工	程	の	問	題	を	隠	す	こ	と	に
な	る	。	経	営	環	境	上	の	問	題	へ	は	企	画	営	業	の	強	化
に	よ	る	競	争	優	位	の	確	立	で	対	応	し	、	生	産	体	制	上
の	問	題	へ	は	広	告	代	理	店	と	の	取	引	を	絞	り	込	む	こ
と	に	よ	る	作	業	量	の	低	減	お	よ	び	営	業	と	工	場	の	相
互	理	解	の	深	耕	に	よ	る	業	務	の	円	滑	化	で	対	応	す	る。

【解説】

●解答導出の根拠

投資の意思決定に関する設問である。C社にとって3億円の設備投資の負担が重いように、一般的に中小企業の資金繰りは厳しい環境にある。そのため、投資の必要性を十分に検討して意思決定を行うべきである。

最新印刷機については、競合他社が導入しているという脅威と、生産能力が高いという強みが記されている。ここだけを見ると、最新印刷機を導入すべきだと判断したくなる。しかし、生産合理化を開始するときには、工程のムダの削減から着手することが基本である。なぜなら、工程にムダを残したままで生産能力の高い機械を導入した場合、生産数量の増加はできたとしても、稼働率が上がらないために生産性の向上が見込めないからである。

そして、もっと重要なことがある。諸問題への対策をせずに最新印刷機を導入することは、能力による緩衝を過大に与えることで現象面の問題を解決しようとする取組みに他ならない。結果として本質的な工程の問題を隠すことになり、生産管理における改善活動を阻害するのである。

C社の場合、印刷データに変換する際のトラブルが大きいと上流工程で作業時間が増えてしまうため、最終的には両面印刷機をもってしても残業が生じたり、納期を守れなくなったりする可能性がある。あるいは、最新印刷機は印刷スピードが速くなる一方、上流工程でミスがあった場合には大量の不良品が発生する。せっかく最新印刷機を導入しても、このような問題が発生したのでは投資効果が低い。根本原因をなくすことは工程管理や品質管理の観点からも必要なので、現状のままで設備投資をすることは不適切である。

次に、経営戦略の観点から考えてみる。C社の将来のドメインを考慮すると、強みである企画営業で差別化を図り、競争優位を確立することが重要である。また、新規事業を行うためには、「顧客の生産計画に対応したきめ細かな配送体制の整備と、突発的な納品変更にも対応できる在庫管理や生産管理などの充実」が必要である。こうした経営戦略の方向性に対して、単純に生産能力を上げたり、工程の問題を隠したりすることは、逆行している。

以上のような詳細な考察をしなくても、C社における生産能力不足は繁忙期の4～5カ月に限られているため、最大操業度に合わせた設備投資では生産性が上がらないことは自明である。その代わりにすべきことは、営業と工場が相互理解を深めることで業務を円滑に遂行することである。

また、C社では印刷技術のデジタル化に対応して、既に毎年5千万円の減価償却費を計上しており、最新印刷機への設備投資も総額3億円近くになることから、さらなる設備投資による投資リスクの増大は、避けるべきである。

●解答作成の手順

結論先行で投資を実行すべきか否かを明確に答える必要がある。その後、生産能力不足とされていることへ設備投資で対応してしまうことの問題点を挙げる。さらに、将来のドメインを考慮し、経営環境上の問題と生産体制上の問題に対して、それぞれ解決策を述べる。

経営環境上の問題は、投資金額が大きいことと競争環境の変化である。投資金額の問題へは投資をしないことで対応し、競争環境の問題へは生産能力の増大で対応するのではなく、企画営業による競争優位の確立で対応することを述べる。

生産体制上の問題は、広告代理店との取引が増加したことによるトラブルも含む作業量の増加および営業と工場の相互理解の不足であり、第1問の「弱み」から導かれる。

解答字数が限られているため、アドバイスを解決策のレベルまで落とし込むことは難しいが、より具体的な内容は第2問および第3問の解答そのものなので、全体の関連性がわかるように述べる。

第5問（配点20点）

【解答】

	既	存	事	業	の	ノ	ウ	ハ	ウ	や	設	備	を	活	用	で	き	る	た
め	、	シ	ナ	ジ	ー	効	果	に	よ	っ	て	投	資	金	額	を	抑	え	つ
つ	短	期	間	で	の	成	長	が	期	待	で	き	る	。	一	方	で	名	簿
管	理	に	お	け	る	個	人	情	報	の	流	出	防	止	対	策	と	し	て
セ	キ	ュ	リ	テ	ィ	ポ	リ	シ	ー	の	明	確	化	や	情	報	管	理	体
制	の	構	築	を	必	要	と	す	る	。	経	営	戦	略	の	観	点	か	ら
は	撤	退	の	基	準	や	時	期	も	明	確	に	す	べ	き	で	あ	る	。

【解説】

●解答導出の根拠

印刷業務を中心として事業の多角化を進めようとする、集中的多角化戦略に関する設問である。2005年版中小企業白書には、新分野進出の成功要件として次の記述がある。

①成長市場、成長が見込める市場への進出
②既存事業・ノウハウや販路との関連がある分野への進出
③進出から早い時期の難関克服段階で新事業の成長性を見極める。
④企業の体力・規模に合った投資を行う。(年商の10%未満)
⑤損失を少なく抑えるための撤退も視野に取り入れておく必要がある。

与件に、「印刷業界では、印刷物を媒介にした新規事業の開拓に踏み切る企業が増えつつある」と記されていることから、市場環境は整っていることがわかる。また、製品取扱説明書の印刷・在庫・配送といった一括受注の経験があることから、既存事業のノウハウや販路を活用できることがわかる。以上から、名簿管理を基軸とした事業領域の拡大には、シナジー効果が期待できる。

一方、個人情報の流出が社会問題化していることから、個人情報の漏えい対策は不可欠である。また経営戦略の観点からは、名簿管理事業という個別の事業としての留意点のみを考えるのではなく、2005年版中小企業白書のように、広く新分野進出における留意点も考えるべきである。

●解答作成の手順

名簿管理を基軸とした事業領域の拡大が、既存事業の発展型であることを踏まえて、シナジー効果の有効性を述べる。一方、既存事業の運営では取り扱っていないことを留意点として挙げる必要がある。与件や社会情勢を考慮すれば、個人情報の漏えい対策について述べることは必須である。さらに、対策の基本となるセキュリティポリシーの明確化や情報管理体制の構築をアドバイスする。経営戦略の観点からは、それまでの解答の中では触れていない、撤退の基準や時期の明確化について補足した。

〈 参考文献 〉

『速修テキスト 4 運営管理』 鳥島朗広 谷口克己 岩瀬敦智 松崎研一編著 山口正浩監修　早稲田出版
『中小企業診断士　2次試験対策講座テキスト　診断助言事例』 TBC受験研究会
『2004年版中小企業白書』 中小企業庁編　ぎょうせい
『2005年版中小企業白書』 中小企業庁編　ぎょうせい
『2006年版中小企業白書』 中小企業庁編　ぎょうせい
『2007年版中小企業白書』 中小企業庁編　ぎょうせい
『生産管理用語辞典』 社団法人日本経営工学会編　日本規格協会

中小企業の診断及び助言に関する実務の事例 Ⅳ

事例の分析

本事例は、基礎化粧品を製造する社歴20年を超える企業の経営分析、固変分解および損益分岐点分析、新製品開発プロジェクトの意思決定、専門業者に委託する場合の個人情報の観点からの留意点の指摘および資産と費用構造の変化に関して出題されている。

財務・会計に関する事例では、結果である数値の変化に惑わされずに、制約条件に基づき因果関係を的確に把握することが必要である。

まず、財務・会計に関する事例で頻出かつ、解答する際に必要な「因果関係」、「経営分析」、「制約条件」について解説する。

【 因果関係の理解 】

因果関係とは、「原因」とそれによって生ずる「結果」との関係である。「原因」とは、ある物事を引き起こす元である。「結果」とは、「原因」によって生み出されたものである。

財務・会計に関する事例において経営分析指標を選択する場合や各設問に解答する場合には、因果関係をしっかりと把握してから選択・解答する必要がある。因果関係の「結果」部分は、「貸借対照表」や「損益計算書」などに表れている場合が多い。これは数値の読み取りや分析により顕在化する。また「原因」部分は、問題の与件文中にある場合が多い。

特に、第1問では因果関係を把握したうえで、適切な経営指標を挙げ、経営指標値を計算し、原因を記述しないと合格点の獲得が困難になる。

【 経営分析の定義 】

「経営分析」は、今回も本試験で出題された。まず、解答する際に「経営分析」と「財務諸表分析」の違いに留意してほしい。

日本経営分析学会の大家である青木茂男氏の『要説　経営分析』(森山書店)によると、経営分析の定義は次のとおりである。「経営分析とは、企業活動を貨幣金額で表現した財務諸表と貨幣金額では表現できない非財務資料を用いて収益性と流動性(支払能力)を判断することであり、それをもって意思決定に役立てることである」とあるため、財務諸表以外に、問題文中にある、人、物、金、情報に関する内容も考慮し解答する必要がある。

【 制約条件の把握 】

出題者(=採点者)は、短期間のうちに3千枚以上の答案を採点するため、記述式の国家試験では、採点の都合上、与件文中に出題者が望む解答になるような制約条件が記してある。この制約条件を外れると自己満足な解答となり、得点となりにくい。そこで、事例問題では採点者志向の解答作成のため、制約条件をしっかりと把握する必要がある。

解答例と解説

第1問 (配点25点)

【 解答 】

①

(a)	従業員1人当たり売上高									(b)	19.33百万円									
(c)	D	社	製	品	の	取	扱	薬	局	の	減	少	に	よ	り	、	売	上	高	が
	減	少	す	る	可	能	性	が	高	ま	っ	て	い	る	に	も	か	か	わ	ら
	ず	、	新	た	な	販	売	チ	ャ	ネ	ル	の	開	拓	を	し	て	い	な	い。

②

<table>
<tr><td>(a)</td><td colspan="9">売上高販売費・一般管理費比率</td><td>(b)</td><td colspan="10">16.00%</td></tr>
<tr><td rowspan="3">(c)</td><td>他</td><td>社</td><td>製</td><td>品</td><td>と</td><td>差</td><td>別</td><td>化</td><td>が</td><td>可</td><td>能</td><td>な</td><td>成</td><td>分</td><td>の</td><td>基</td><td>礎</td><td>研</td><td>究</td><td>を</td></tr>
<tr><td>進</td><td>め</td><td>て</td><td>い</td><td>る</td><td>が</td><td>、</td><td>新</td><td>製</td><td>品</td><td>開</td><td>発</td><td>投</td><td>資</td><td>と</td><td>設</td><td>備</td><td>投</td><td>資</td><td>の</td></tr>
<tr><td>意</td><td>思</td><td>決</td><td>定</td><td>が</td><td>で</td><td>き</td><td>ず</td><td>製</td><td>品</td><td>開</td><td>発</td><td>に</td><td>至</td><td>っ</td><td>て</td><td>い</td><td>な</td><td>い</td><td>。</td></tr>
</table>

③

<table>
<tr><td>(a)</td><td colspan="9">固定比率</td><td>(b)</td><td colspan="10">140.32%</td></tr>
<tr><td rowspan="3">(c)</td><td>経</td><td>営</td><td>者</td><td>は</td><td>開</td><td>発</td><td>投</td><td>資</td><td>負</td><td>担</td><td>の</td><td>必</td><td>要</td><td>性</td><td>を</td><td>認</td><td>識</td><td>し</td><td>て</td><td>い</td></tr>
<tr><td>る</td><td>が</td><td>、</td><td>借</td><td>入</td><td>金</td><td>に</td><td>よ</td><td>る</td><td>調</td><td>達</td><td>資</td><td>金</td><td>を</td><td>金</td><td>融</td><td>資</td><td>産</td><td>へ</td><td>投</td></tr>
<tr><td>資</td><td>し</td><td>、</td><td>新</td><td>製</td><td>品</td><td>開</td><td>発</td><td>及</td><td>び</td><td>設</td><td>備</td><td>へ</td><td>投</td><td>資</td><td>し</td><td>て</td><td>い</td><td>な</td><td>い。</td></tr>
</table>

【 解説 】

●解答導出の根拠

⑴ 第1問の問題文での表現と経営分析に対応した解答作成

第1問の問題文には「D社の平成18年度(実績)および19年度(予想)の財務諸表を用いて経営分析を行い」とあるため、財務諸表以外に、与件文中にある、人、物、金、情報に関する内容も考慮し解答する必要がある。

⑵ 問題文中にある3つの「制約条件」の読み取り

第1問では、「小数点第3位を四捨五入」や「60字以内で説明せよ」といった端数処理や字数制限のほかに、下記のⅠ～Ⅲの制約条件の把握が必要である。

Ⅰ:「これまでの経営政策を続けた場合に生じると考えられる問題点のうち重要と思われるものを3つ取り上げ」

Ⅱ:「問題点①、②、③ごとに、それぞれ問題点の根拠を最も的確に示す経営指標を1つだけあげて」

Ⅲ:「その問題点の原因について(c)欄に60字以内で説明せよ」

●解答作成の手順

問題点と原因①～③の解答作成の手順について解説する。第1問の制約条件である「問題点」と「原因」について、便宜上、「問題点」を「表面的な問題点」とし、「原因」を「本質的な問題点」として解説する。

●問題点①

【 問題点の抽出と(c)欄の解答 】

まず、D社における「表面的な問題点」を考える。D社の損益計算書を見ると、売上高は、平成18年度実績の3,216百万円から平成19年度予想の2,900百万円へと減少している。

また、D社では、問題文1頁下から8行目に「D社製品の取扱薬局が減少しており、このままだと今後D社の売上高が減少する可能性が高まっている」とあるように、売上高の減少を認識している。つまり、「表面的な問題点」は、なぜ、「今後D社の売上高が減少する可能性」があるのかを考えると、「D社製品の取扱薬局が減少している」こととわかる。

次に、「本質的な問題点」を考える。第1問の制約条件に合わせて解答するためには、(c)欄に必要とされる原因の記述、すなわち「本質的な問題点」の記述が必要である。「本質的な問題点」は、なぜ、D社製品の取扱薬局の減少により売上高が減少する可能性が高まっているのかを考えればよい。

問題文を読むと、問題文1頁下から10行目に「近年の大手ドラッグストアの進出やナショナルブランド企業間の競争激化、あるいはインターネット販売の普及などによって、伝統的な町の薬局が次々と廃業に追い込まれ」とあるように、D社が今まで収益を確保してきた、既存の販売チャネルが脅威にさらされ、競争上の優位性の確保が困難になっている。

このような場合に、D社が売上高の減少を食い止め、将来の売上高を安定的に確保するためには、新たな販売チャネルを開拓する必要がある。

新たな販売チャネルの開拓についても、問題文1頁下から2行目に「新たな販売チャネルを開拓しなければならないとも考えている」とあるように、経営者は認識している。しかし、現状では既存の販売チャネルのままである。

そのため、解答欄(c)には「本質的な問題点」である「新たな販売チャネルの開拓をしていない」ことを説明する必要がある。

【 経営指標の選択 】

D社の問題点①の根拠を最も的確に示す経営指標として、第1問の制約条件に合わせて、「D社製品の取扱薬局の減少により、売上高が減少する可能性が高まっている」といった「表面的な問題点」に対応する従業員1人当たり売上高を選択した。

(指標の理解)

従業員1人当たり売上高は、生産性分析指標の一つである。分子を売上高、分母を従業員数として分析する。改善のためには、売上高の増加・従業員数の削減が必要である。

D社の平成18年度実績と平成19年度予想の従業員1人当たり売上高を比較分析すると、平成18年度実績の「21.44百万円」から平成19年度予想の「19.33百万円」へと悪化している。問題文3頁にある従業員数を見ると、平成18年度実績と平成19年度予想は150人で一定であるため、選択した経営指標である従業員1人当たり売上高は、上記の問題点である「売上高が減少する可能性」のみを的確に示す指標となる。

●問題点②

【 問題点の抽出と(c)欄の解答 】

まず、D社における「表面的な問題点」を考える。問題文2頁上から5行目には「D社では、かねてより当該成分にかかわる基礎研究を進めてきたものの、製品の開発には至っていない」とある。

D社では、他社製品と差別化が可能な肌の保湿性を高める新成分に関する基礎研究は進めている。しかし、製品化していないため売上に結びついていない。

つまり、「表面的な問題点」は、「基礎研究を進めているが、製品開発に至っていない」こととわかる。ここで、基礎研究を進めているが、製品開発に至っていないということは、損益計算書に売上高と対応しない研究開発費が計上されていることにも留意してほしい。

次に、「本質的な問題点」を考える。第1問の制約条件に合わせて解答するためには、(c)欄に必要とされる原因の記述、すなわち「本質的な問題点」の記述が必要である。

「本質的な問題点」は、なぜ、D社は他社製品と差別化が可能な成分の基礎研究を進めているのに、製品開発に至っていないのかを考えればよい。

問題文2頁上から6行目には、「経営者は新製品開発投資および設備投資に関する意思決定に迫られている」とあるように、未だに新製品開発投資および設備投資の意思決定をしていないことがわかる。

そのため、解答欄(c)には「本質的な問題点」である「新製品開発投資と設備投資の意思決定ができていない」ことを説明する必要がある。

【 経営指標の選択 】

D社の問題点②の根拠を最も的確に示す指標として、「他社製品と差別化が可能な成分の基礎研究を進めているが、製品開発に至っていない」といった「表面的な問題点」に対応する売上高販売費・一般管理費比率を選択した。

研究開発費の科目が損益計算書にあれば、売上高研究開発費比率となるが、損益計算書にないため、研究開発費が含まれる販売費・一般管理費とした。

(指標の理解)

売上高販売費・一般管理費比率は、分母に売上高、分子を販売費・一般管理費として分析する。D社の平成18年度実績と平成19年度予想の売上高販売費・一般管理費比率を比較分析すると、平成18年度実績の「14.93%」から平成19年度予想の「16.00%」へと悪化している。

●問題点③

【 問題点の抽出と(c)欄の解答 】

まず、D社における「表面的な問題点」を考える。問題文1頁下から4行目〜2行目には「現社長は、新たな基礎化粧品の開発を模索しているが、開発投資負担の問題〜（中略）〜考えている」とあり、経営者は開発投資負担の問題を認識している。

また、問題文1頁上から17行目〜18行目には「新製品開発投資や設備投資の負担は、中小企業にとって決して軽いものではなく」とある。

ここで、貸借対照表からD社の資金調達状況を見ると、純資産のほか、短期借入金・長期借入金によって資金調達していることがわかる。問題文にも資金調達が困難であるというような表現はない。問題文2頁の減価償却累計額と貸借対照表の固定資産を見ると、建物・機械装置の平成18年度実績の300百万円から平成19年度予想の285百万円への減少額15百万円は、減価償却の実施額15百万円であることがわかる。そのため、D社では、設備投資の更新もしていないことがわかる。

つまり、経営者は開発投資負担の必要性を認識しているが、借入金による調達資金を新製品開発および設備へ投資していないことが、「表面的な問題点」となる。

次に、「本質的な問題点」を考える。第1問の制約条件に合わせて解答するためには、(c)欄に必要とされる原因の記述、すなわち「本質的な問題点」の記述が必要である。「本質的な問題点」は、なぜ、経営者は開発投資負担の必要性を認識しているのに、借入金による調達資金を新製品開発および設備へ投資していないのかを考えればよい。

問題文4頁下から3行目には「必要な資金はともに保有する有価証券を売却して充当する」とあるように、貸借対照表にある有価証券は売却可能となっている。また、貸借対照表を見ると資産全体に占める有価証券および投資有価証券への投資割合が高い。

そのため、解答欄(c)には「本質的な問題点」である「借入金による調達資金を金融資産へ投資している」ことを説明する必要がある。

【 経営指標の選択 】

D社の問題点③の根拠を最も的確に示す指標として、固定比率を選択した。

(指標の理解)

固定比率は、分母を自己資本である純資産合計、分子を固定資産合計として分析する。固定比率は一般的に低いほうが良好とされ、100%以下が望ましいとされる。しかし、装置型産業のように固定資産の多い企業では固定比率を100%以下に抑えることは困難である。

しかし、D社の場合には、投資有価証券への700百万円を考えずに、土地と建物・機械装置のみで固定比率を算出すると100%以下になる。そのため、長期借入金のほとんどは、投資有価証券への投資に充てられている点に着目して固定比率を選択した。

【参考：財務諸表分析の結果（収益性・その他）】

	平成18年度実績	平成19年度予想
総資本経常利益率＝経常利益÷総資本×100（%）	7.47	1.73
売上高総利益率＝売上総利益÷売上高×100（%）	25.28	22.00
売上高営業利益率＝営業利益÷売上高×100（%）	10.35	6.00
売上高経常利益率＝経常利益÷売上高×100（%）	6.16	1.55
総資本回転率＝売上高÷総資本（回）	1.21	1.11
売上債権回転率＝売上高÷売上債権（回）	10.21	9.42
棚卸資産回転率＝売上高÷棚卸資産（回）	9.60	8.71
固定資産回転率＝売上高÷固定資産（回）	2.30	2.09
従業員1人当たり売上高＝売上高÷従業員数（百万円）	21.44	19.33
売上高販売費及び一般管理費比率 ＝販売費及び一般管理費÷売上高×100（%）	14.93	16.00

【参考：財務諸表分析の結果（安全性）】

	平成18年度実績	平成19年度予想
流動比率＝流動資産÷流動負債×100（%）	174.48	175.47
当座比率＝当座資産÷流動負債×100（%）	127.75	127.42
固定比率＝固定資産÷自己資本×100（%）	142.86	140.32
固定長期適合率 ＝固定資産÷（固定負債＋自己資本）×100（%）	72.39	72.59
自己資本比率＝自己資本÷総資本×100（%）	36.97	37.95
負債比率＝負債合計÷自己資本×100（%）	170.51	163.53

第2問（配点25点）

【解答】

（設問1）

(a)	50%	(b)	1,285百万円（別解　1,275百万円）

（設問2）

損	益	分	岐	点	売	上	高	が	現	在	と	同	様	で	あ	る	と	仮	定
す	る	と	、	こ	の	ま	ま	売	上	高	が	減	少	し	て	、	2,	55	4
百	万	円	を	下	回	る	と	営	業	利	益	が	赤	字	に	な	る	。	

【別解】

損益分岐点売上高が現在と同様であると仮定すると、損益分岐点比率が平成18年度の79%から平成19年度には88%へ上昇する。

【 解説 】

●解答導出の根拠

(設問1)

【 固変分解の手順 】

本問では、損益分岐点分析を行う前提として変動費と固定費の分解が必要である。変動費と固定費の分解にはさまざまな方法があるが、それぞれの定義を思い出してほしい。

変動費：売上高(操業度)の変化に比例して変化する費用 固定費：売上高(操業度)が変化しても一定である費用

【 固変分解の手法 】

固変分解の手法として試験対策上有効なものとして、勘定科目法、数学法(2期間比較法)、高低点法がある。

①勘定科目法

勘定科目法は損益計算書、製造原価明細書の費用や原価を勘定科目ごとに性質を勘案して変動費と固定費に分類する方法である。

②数学法(2期間比較法)

数学法は2期間の総費用の差と売上高の差から変動費率を計算し、変動費と固定費を計算する方法である。本問では数学法で解答する。

③高低点法

それぞれの費目について過去のデータから操業度の高い時点の原価と低い時点の原価を選択し、両者の操業度と金額をそれぞれ比較することによって変動費と固定費を求める方法である。

(設問2)

問題文には、「損益分岐点分析を営業利益レベルにおいて行う」、「現在の経営政策をこのまま取り続けるとしたら、どのような状況となるか、この損益分岐点分析に基づいて」と制約条件があるため、損益分岐点売上高を算出して営業利益の動向について解答した。

●解答作成の手順

(設問1)

数学法による解法

$$変動費率=\frac{平成19年度予想の総費用-平成18年度実績の総費用}{平成19年度予想の売上高-平成18年度実績の売上高}$$

$$=\frac{2,726百万円-2,883百万円}{2,900百万円-3,216百万円}$$

$$=\frac{-157百万円}{-316百万円}\times 100\%=49.68\cdots \quad 50\%$$

【 平成18年度実績の固定費の計算 】

固定費＝総費用－売上高×変動費率

$$=2,883百万円-3,216百万円\times\frac{-157百万円}{-316百万円}=1,285.17\cdots \quad 1,285百万円$$

【 別解 】

限界利益率＝1－変動費率＝1－50%＝50%

限界利益＝売上高×限界利益率＝3,216（百万円）×50%＝1,608（百万円）
限界利益が、1,608（百万円）のとき、営業利益は、333（百万円）
固定費＝1,608（百万円）－333（百万円）＝1,275（百万円）

（設問2）
【 損益分岐点売上高の算出 】
損益分岐点売上高＝固定費÷（1－変動費率）

$$=1{,}285百万円÷(1-\frac{-157百万円}{-316百万円})=2{,}553.83\cdots\qquad 2{,}554百万円$$

【 損益分岐点売上高の別算法 】
損益分岐点売上高＝固定費÷限界利益率＝1,275百万円÷50%＝2,550百万円

第3問（配点25点）
【 解答 】
（設問1）

77百万円

【 別解 】
35百万円

（設問2）

期	待	正	味	現	在	価	値	が	正	な	の	で	研	究	開	発	に	着	手
す	る	。	製	造	方	法	が	X	の	場	合	は	設	備	投	資	を	す	る
が	Y	の	場	合	は	し	な	い	。										

【 解説 】
●解答導出の根拠
事業リスク（事業の不確実性）を考慮して事業価値を評価し、意思決定をする問題である。事業価値の評価にはいくつかの方法があり、過去問では狭義のDCF法やデシジョン・ツリーが出題されている。本問では、事業リスクがシナリオを変化させるため、過去問の出題実績から考えると、デシジョン・ツリーでの解法が考えられる。なお、狭義のDCF法とは、シナリオの変化がない場合の現在価値計算による評価方法である。広義のDCF法には、デシジョン・ツリーやリアルオプション等、シナリオの変化がある場合の現在価値計算による評価方法も含む。
ここで、プロジェクトの概要をつかむために、前提条件を変えたプロジェクト形態を3つ仮定し、樹形図を作ってみる。

①2期末で設備投資の実行可否の意思決定ができない場合

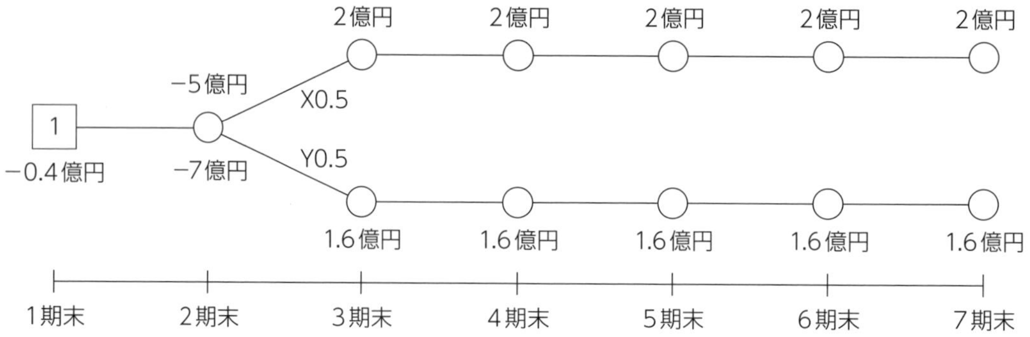

②2期末で設備投資の実行可否の意思決定が自由にできる場合

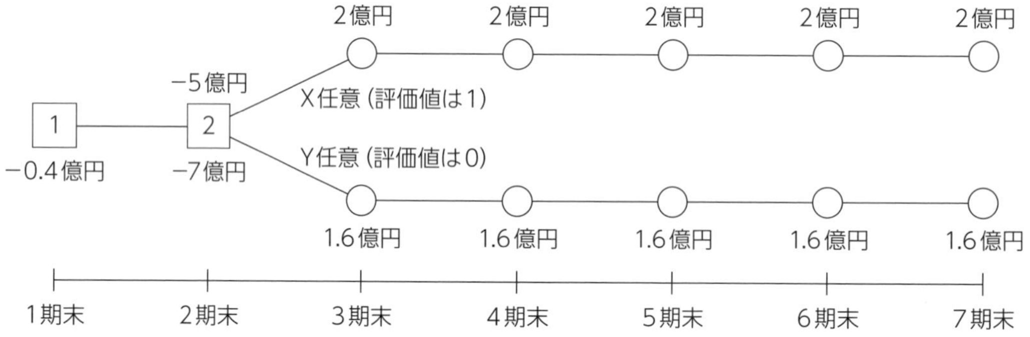

③2期末で設備投資の実行可否の意思決定はできるが、製造方法の選択は研究開発の結果による場合

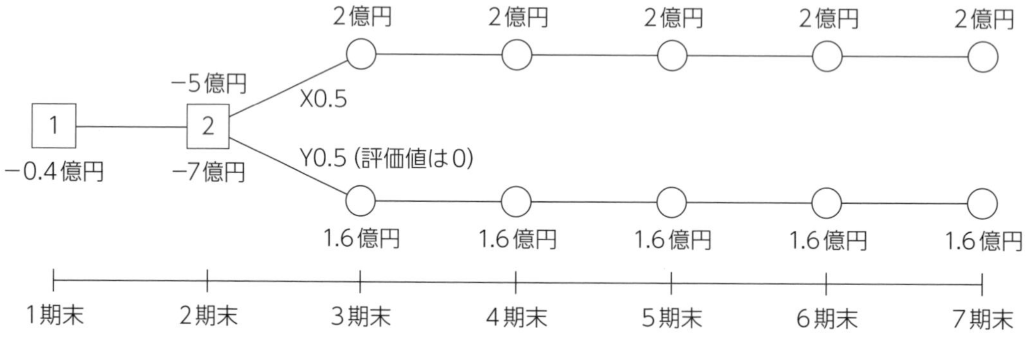

※図中の記号について。
□は意思決定者による意思決定を意味し、番号は意思決定の順番を表す。
○は意思決定者による意思決定ができないことを意味する。

②は設問文の「製造方法X、製造方法Yの、いずれの結果になるかはそれぞれ確率1/2であると判断される」という条件を明らかに無視しているが、①と③との違いを理解しやすくするためにシナリオを作ってみた。（設問1）の解答「77百万円」は③から導かれ、別解「35百万円」は①から導かれる。なお、リアルオプションという評価方法は、③で用いる。

プロジェクト全体の実行可否、すなわち研究開発への着手の可否は、1期末での期待正味現在価値の正負で決まるものであり、1期末での期待正味現在価値が正であれば研究開発へ着手すべきという判断になる。本問における、1期末での期待正味現在価値は、次式で求められる。

$$1期末での期待正味現在価値 = -0.4 + \frac{2期末での期待正味現在価値}{1+0.1}億円$$

この式から、1期末での期待正味現在価値は、2期末での期待正味現在価値によって決まることがわかる。そこで、①、②、③のそれぞれについて、2期末での期待正味現在価値を求めてみる。

①、②、③に共通する2期末での事項

X単独の正味現在価値＝$-5+2\times3.7908=2.5816$億円

Y単独の正味現在価値＝$-7+1.6\times3.7908=-0.93472$億円

この計算結果のみで判断すると、Y単独の正味現在価値が負なので、製造方法Yへの設備投資はすべきでないことが明らかである。

続いて、プロジェクト形態別の考察に入る。

①の場合

2期末での期待正味現在価値＝$2.5816\times0.5+(-0.93472)\times0.5=0.82344$億円

この場合、製造方法がXになるかYになるかは研究開発が終わってみないとわからない。ただし、製造方法はXとYのいずれかから必ず選び、設備投資を必ずすることになる。

②の場合

2期末での期待正味現在価値＝$2.5816\times1+(-0.93472)\times0=2.5816$億円

この場合、2期末での単独の正味現在価値が最大のシナリオ、すなわち製造方法Xへ設備投資することを必ず選べる。

③の場合

2期末での期待正味現在価値＝$2.5816\times0.5+(-0.93472)\times0=1.2908$億円

この場合、製造方法がXになるかYになるかは研究開発が終わってみないとわからない。ただし、設備投資の実行可否の意思決定ができるため、製造方法がXになる場合のみ設備投資をし、製造方法がYになる場合は設備投資をしないことができる。

以上の考察のうち、与件と設問の条件を満たしている可能性が高いと考えられる、①と③を根拠として解答を作成する。

●解答作成の手順

①と③のそれぞれについて、1期末での期待正味現在価値を求めてみる。

①の場合（端数処理は設問に従う）

$$1期末での期待正味現在価値 = -0.4 + \frac{0.82344}{1+0.1} = 0.3485\cdots億円 = 35百万円$$

③の場合（端数処理は設問に従う）

$$1期末での期待正味現在価値 = -0.4 + \frac{1.2908}{1+0.1} = 0.7734\cdots億円 = 77百万円$$

いずれの場合も、1期末での期待正味現在価値が正なので、研究開発へは着手すべきだという判断になる。（設問1）の解答をどちらにすべきかの判断は難しいが、解答には③の「77百万円」を採用し、①の「35百万円」は別解とした。その理由は、出題者の意図が③を想定している可能性が高いと考えたためである。

理由Ⅰ

与件文では、「より合理的な意思決定を行うための事前評価が望まれる」と明記している。事業リスクを考慮して事業価値を評価する方法としては、ファイナンスの研究領域において、①(デシジョン・ツリー)よりも③(リアルオプション)のほうが合理的だと考えられている。なぜなら、事業リスクの考慮におけるデシジョン・ツリーの不十分さの克服を目的に、より緻密な考察を組み込んで開発された評価方法がリアルオプションだからである。

理由Ⅱ

設問文では、「経営者は研究開発への着手、および研究開発の結果によって選択される設備投資の実行可否の意思決定を」と問うている。この中で、「設備投資の実行可否」と明記している。また(設問2)でも、「研究開発への着手および設備投資について、それぞれどのような意思決定を行うべきか」と問うている。これらの問いかけから、意思決定者に、「設備投資をしないという選択権(オプション)」が存在すると読み取れる。

理由Ⅲ

製造方法Yへの設備投資はすべきでないことが明らかなので、(設問2)の解答が「製造方法がXならば設備投資をし、製造方法がYならば設備投資をしない」という論旨になることは揺るがないはずである。しかし、①の「35百万円」という数値は、「2期末で設備投資の実行可否の意思決定ができない場合」を前提として導かれるものなので、(設問2)の結論と矛盾する。

理由Ⅳ

①の「35百万円」を(設問1)の解答とした場合、2期末で設備投資の実行可否の意思決定ができない。その条件下でプロジェクトの期待正味現在価値を高めるための意思決定をするならば、研究開発の結果の発生確率をX寄りに高めたり、営業CFを高めたり、割引率を低くしたりするなど、経営の質的な側面を改善するという判断をする必要がある。しかし、これらの方策は設問の数値条件を崩すものである。また、(設問2)で問われている、研究開発への着手と設備投資の実行可否で意思決定せよという条件にも合わない。

理由Ⅴ

理論的には、①の場合は割引率にWACCを用い、③の場合は割引率にリスク・フリー・レートを用いる。設問文では、「トータル5年間にわたって確実な営業キャッシュフローが得られる」、「必要な資金はともに保有する有価証券を売却して充当する」、「同業他社平均より資本コストrは10%とし」と明記している。

平成19年度第1次試験財務・会計の第16問では、キャッシュフローが確実に生じるという条件から割引率がリスク・フリー・レートであることを暗に示している。さらに同第17問では、キャッシュフローが確実に生じるという条件と、自由に借り入れ・貸し付けできるという市場利子率の性質から、市場利子率がリスク・フリー・レートであることを暗に示している。

「同業他社平均より資本コストrは10%とし」という表現がリスク・フリー・レートを意味するとは断言できないが、「トータル5年間にわたって確実な営業キャッシュフローが得られる」という表現と「必要な資金はともに保有する有価証券を売却して充当する」という表現は、それぞれキャッシュフローの発生にはリスクがないことを意味する。以上の理由から、本問における割引率は少なくともWACCではないと理解できるため、割引率10%はリスク・フリー・レートだと考えたほうがよいと判断できる。

一方、①の「35百万円」を完全否定することは難しい。

理由A

与件文と設問文のいずれにも、採用すべき評価方法の記載がない。

理由B

設問文では、「研究開発の結果によって、生産は製造方法Xまたは製造方法Yのどちらかによって行われる」と明記している。ここだけを読むと、2期末で設備投資の実行可否の意思決定ができない、すなわち製造方法Yへの設備投資をやめることはできないと読み取れる。

理由C

(設問1)では、「期待正味現在価値」と問うている。期待値とは、離散的確率変数のとる値に、対応する確率をそれぞれ掛けて加えた値である。そのため、第一義的には、③のように有利なシナリオを一方的に選択することで、確率を人為的に操作して導かれる値は、期待値と呼ばない可能性がある。

理由D

理由Aから理由Cを考慮すると、(設問1)では敢えて①の「35百万円」を解答させ、(設問2)では、③の考え方から「製造方法Yへの設備投資はしない」とすることで、プロジェクトの正味現在価値が高められることを解答させようとした可能性がある。ただし、その出題趣旨であれば、③の「77百万円」という数値も、何らかの形で解答させたほうがよかった。

●デシジョン・ツリーとリアルオプション

3つのプロジェクト形態のうち、①と②はデシジョン・ツリーによる評価である。デシジョン・ツリーでは、プロジェクト実行の途中で不確実性による状況の変化があっても、評価時点で想定されたシナリオが変更されないという前提で、事業価値を評価する。このことは、狭義のDCF法も同じである。

これに対して、③はリアルオプションによる評価である。リアルオプションでは、評価時点での意思決定だけでなく、プロジェクト実行の途中で不確実性による状況変化があった場合に行われるであろう意思決定も考慮して、事業価値を評価する。そのため、リアルオプションによる事業価値は、デシジョン・ツリーによる事業価値よりも大きくなる。本問では、「77－35＝42百万円」が、製造方法Yへの投資はしないという意思決定をできる選択権(オプション)の価値になる。

第4問 (配点25点)

【解答】

(設問1)

個	人	情	報	の	取	り	扱	い	に	関	す	る	規	定	を	専	門	業	者
と	の	契	約	に	定	め	、	委	託	先	が	顧	客	の	個	人	情	報	を
適	切	に	管	理	し	て	い	る	か	を	監	督	す	る	必	要	が	あ	る。

(設問2)

決	済	条	件	の	変	更	に	よ	る	売	上	債	権	の	減	少	と	、	専
門	業	者	へ	の	外	部	委	託	費	の	増	加	が	予	想	さ	れ	る	。

【解説】

●解答導出の根拠

(設問1)

本問は、インターネット販売に進出した際のD社の留意点に関する出題である。設問に「個人情報の観点から」と示されているため、「顧客の個人情報の保護」という方向性を見出すのは容易であったと思われる。

設問文にはさらに、「ウェブサイトの作成・運営は専門業者に委託する予定である」とあることから、この専門業者における個人情報の取り扱いが解答の焦点となることもわかる。

ここでは、解答の根拠として「個人情報の保護に関する法律」(以下、個人情報保護法)および経済産業省「個人情報の保護に関する法律についての経済産業分野を対象とするガイドライン」(以下、ガイドライン)を参照する。

ガイドライン等によると、個人情報保護法による規制の対象となるのは、過去6か月以内のいずれかの日において5,000人を超える個人情報を保有したことのある者である(これを「個人情報取扱事業者」という)。与件、設問文からはD社が個人情報取扱事業者に該当するかどうかを読み取ることはできないが、たとえ該当しなくとも、個人情報保護法の趣旨に基づく対応をとることが望ましいとされている。

個人情報保護法の第22条では、事業者が個人情報の取り扱いを含む業務を委託する場合の義務が記されている。

(委託先の監督)

第22条　個人情報取扱事業者は、個人データの取扱いの全部又は一部を委託する場合は、その取扱いを委託された個人データの安全管理が図られるよう、委託を受けた者に対する必要かつ適切な監督を行わなければならない。

また、この第22条に関し、ガイドラインは次のように述べている。

「必要かつ適切な監督」には、委託契約において、当該個人データの取扱に関して、必要かつ適切な安全管理措置として、委託者、受託者双方が同意した内容を契約に盛り込むとともに、同内容が適切に遂行されていることを、あらかじめ定めた間隔で確認することも含まれる。

以上のことから、①個人情報の取り扱いに関する規定を業務委託契約で定めること、②委託先が契約で定めた内容を遵守し、顧客の個人情報を適切に管理しているかを監督すること、の2点が解答の軸となる。

契約に盛り込むべき具体的な事項についても、ガイドラインに記載がある。参考のため、以下に引用する。

【 個人データの取扱いを委託する場合に契約に盛り込むことが望まれる事項 】

- 委託者及び受託者の責任の明確化
- 個人データの安全管理に関する事項
  - ・個人データの漏えい防止、盗用禁止に関する事項
  - ・委託契約範囲外の加工、利用の禁止
  - ・委託契約範囲外の複写、複製の禁止
  - ・委託契約期間
  - ・委託契約終了後の個人データの返還・消去・廃棄に関する事項
- 再委託に関する事項
  - ・再委託を行うに当たっての委託者への文書による報告
- 個人データの取扱状況に関する委託者への報告の内容及び頻度
- 契約内容が遵守されていることの確認(例えば、情報セキュリティ監査なども含まれる。)
- 契約内容が遵守されなかった場合の措置
- セキュリティ事件・事故が発生した場合の報告・連絡に関する事項

(設問2)

本問は、インターネット販売への進出がD社の財務状況に与える影響を問う設問である。

D社はこれまで、卸売企業を通さずに「取扱薬局」(小売店)へと製品を直接卸してきたが、インターネット販売の場合、販売先は最終消費者(個人)となる。また、インターネット販売に必要となるウェブサイトの作成・運営については、専門業者に委託する予定であると設問文に明示されている。

それらを踏まえたうえで、財務諸表を見ていく。

まず資産構造の面からは、貸借対照表の「受取手形・売掛金」に注目する。小売店への販売は掛売りが主であり、また決済にも手形が使われている可能性がある。一方、個人への販売については、現金決済、もしくはクレジットカードなど回収期間の短い決済方法が主流である。

以上により、販売の主力が対面販売からインターネット販売へと置き換えられていくことで、受取手形・売掛金(売上債権)が減少する可能性が高い。

次に費用構造の面から考える。前述のとおり、ウェブサイトの作成・運営は専門業者に委託する予定である。そのため、専門業者への外部委託にかかる費用がD社の新たな負担となると考えられる。損益計算書

における「販売費・一般管理費」が増加する可能性が高い。

小売業が実店舗を閉鎖し、インターネットのみでの販売に移行するような場合は、資産構造、費用構造は大きく変化する。しかし、D社の場合は生産設備を引き続き持つこと、従来の販売チャネルも(縮小傾向ながら)残すことから、資産構造の変化は比較的小規模にとどまると考えられる。

●解答作成の手順

(設問1)

設問文中に、「インターネット販売に進出**した**D社が〜」との制約条件がつけられている点に注意が必要である。「インターネット販売に進出**する**D社が〜」であれば、個人情報の取り扱いに関する基本方針(プライバシーポリシー)の策定、委託先業者の選定基準なども解答の候補となりうる。しかしここでは、すでにインターネット販売への進出を果たしたと仮定し、そのうえでの留意点を問うていると考えることができるため、運用面を中心に解答を作成する必要がある。

解答の軸は、先述のとおり①個人情報の取り扱いに関する規定を業務委託契約で定めること、②委託先が契約で定めた内容を遵守し、顧客の個人情報を適切に管理しているかを監督すること、である。この2点を60字にまとめればよい。

(設問2)

設問文には「D社の資産と費用の構造は、どのように変化すると予想されるか」との制約条件があるため、資産面・費用面それぞれの変化を述べる必要がある。勘定科目のみを挙げ、単に「〜が増加する」「〜が減少する」と結論づけるのではなく、変化の原因と結果が明確に読み取れるような文章構成が望ましい。

解答例では、前段で「決済条件の変更による売上債権の減少」という資産面の変化を、後段で「専門業者への外部委託費の増加」という費用面の変化を述べた。字数の制約から、「販売費・一般管理費」という勘定科目ではなく、「外部委託費」という用語でまとめている。

〈 参考文献 〉

『速修テキスト 2 財務・会計』 鳥島朗広 渡邉義一 加藤匠編著 山口正浩監修　早稲田出版
『中小企業診断士　2次試験対策講座テキスト　診断助言事例』 TBC受験研究会
『危ない企業の見分け方(製造業編)』 山口正浩著　創己塾出版
『要説　経営分析』 青木茂男著　森山書店
『原価計算五訂版』 岡本清著　国元書房
『企業財務のための金融工学』 葛山康典著　朝倉書店
『図解 個人情報保護法 早わかり』 岡伸浩著　中経出版
『管理会計の基礎』 大塚宗春 辻正雄共著　税務経理協会
『財務管理と診断』 菊井高明 竹本達広著　同友館

平成20年度

第2次試験

本試験問題	I	II	III	IV
解答例・解説	I	II	III	IV

A 社は、国際線で就航する航空会社の多くが旅客に提供している機内食(アントレー)の製造販売を主な事業とする、資本金 3,000 万円の食品加工メーカーである。現在、首都圏に 4 つの工場を所有し、正規・非正規社員あわせて約 300 名の従業員を擁して、およそ 18 億円の売上げを上げている。

1970 年代半ば、A 社は、現社長の父と叔父によって航空会社の機内食用ミニカップ入り食品を製造する食品加工メーカーとして設立された。会社設立と同時に、自宅の一角の小さな工場で、創業者の親族と近隣の主婦らをパート従業員として採用し生産を開始した。数年後、新しい国際空港が開港すると、唯一の取引先であった外国資本の航空会社の日本国内乗り入れの便数も増え供給体制強化を迫られた。そこで、A 社は、新空港近郊に第 2 工場を建設して操業を開始した。第 2 工場も第 1 工場と同様、工程のほとんどは手作業であったが、航空会社から、ミニカップ入り食品に加えてカップ入りジュースも注文されるようになって取引額は大きく伸張した。

同じ頃、ホテルの宴会に食材を提供するケータリング会社からサラダ用カット野菜の注文を受けたことで、事業基盤は固まってきた。もっとも、その後 10 年余りの A 社の成長は、航空会社とケータリング会社の事業拡大によってもたらされたもので、必ずしも自社の営業努力によるものとはいえない。

A 社が次なる事業拡大に向けて一歩踏み出したのは、創業後 15 年を経た頃からである。A 社の主力工場となった第 2 工場に隣接する土地に大型冷蔵室を備えた工場を増築すると、新たに 2 社の外国航空会社との取引も開始するようになった。当時の主力製品は、カップ入りジュース、サラダ用カット野菜とカットフルーツであった。かつて主力であったミニカップ入り食品の売上げは創業以来ほぼ横ばいで推移し、全社の売上げに占める割合は次第に縮小してきた。自宅併設のミニカップ入り食品製造の工場の規模や体制は、現在に至っても創業時とほとんど変わっていない。

1990 年代半ばになって、A 社は、創業以来の取引先である航空会社からアントレーの供給を打診されて社内で検討を加えた結果、アントレー製造をスタートさせるべく第 3 工場の建設を決定し、翌年から本格的供給を開始した。コールド・キッチンと呼ばれるジュースやサラダなどの食材加工に比べて、本格的な調理(ホット・キッチン)を必要とするアントレーを供給するためには、グリルや釜などの設備はもとより、提供する食材のメニューや味、盛りつけ、異物混入対策などの面での品質の高さが求められるようになったことはいうまでもない。また、急速冷凍した食品やチルド(冷蔵)加工した食品の保管・輸送などの温度帯管理に加えて、早朝・深夜にかかわらず航空機の発着時間に合わせてアントレーを確実に配送する体制を確保することも不可欠な条件であった。第3工場は、第2工場と比較にならないほど大規模になり、食品加工、輸送、管理スタッフなどを含めて従業員数(非正規社員を含む)も250名までになった。

さらに、客の嗜好や季節に合わせて、メニューの改訂を定期的に行うことも求められるようになった。航空会社のニーズを充足するためには有能な料理長の存在が不可欠であり、A社でも有名レストランのシェフを長年経験し、料理界でその名をよく知られている人材を料理長として迎えた。

関西地区に新しく国際空港が開港し日本国内に乗り入れる便数がますます増加するようになると、ジュースやサラダだけを供給してきた航空会社からもアントレーの供給を依頼され、A社の生産量は大きく伸張した。その結果、5～6年ほど前から第3工場も手狭になり始めた。そこで、A社は、規模や設備の面で第3工場を上回る近代的な第4工場を建設し、第3工場から生産の全量移管を行った。現在、第3工場は稼働しておらず休眠状態である。こうして2007年に最新の製造設備を備えて、3交代24時間稼働体制で操業を開始した第4工場は、食品の安全性を確保するために、食品に係る危害を確認しそれらを防除する管理手法であるハサップ(HACCP)を導入し、その認定工場となっている。

同年、2代目社長の叔父の後を受けて、40歳台前半の、創業者の長男で専務取締役であった現社長が事業を引き継ぎ、「安心して召し上がっていただける商品をリーズナブルな価格で」という創業以来のモットーを継承しながら、新しい体制をスタートさせた。

創業以来、比較的順調に事業拡大を実現し業績を伸張させてきたA社であるが、一方で、厳しい国際的価格競争の中で生き残りをかけた事業展開を余儀なくされてきた航空会社との取引では、いっそう厳しい条件を求められているのも事実である。ここ数年のA社の業績をみると、供給量の増大に合わせて売上高こそ伸張ないしは横ばいであるものの(2006年度前年度対比7.9％増、2007年度前年度対比0.9％減)、営業利益は大幅に減少している(営業利益率：2005年度8.0％、2006年度3.7％、

2007年度0.9％)。第4工場に投資した資金の返済開始を2009年度に控えて、このことは大きな経営課題となってきた。

新社長に就任した現社長は、二人の創業者とも相談し、すぐに経営の革新に着手した。その一つは、組織体制の変更である。アントレー事業スタートの時から手腕を振るってきた料理長を第一線から相談役に勇退させ、若いシェフを料理長として採用した。また、工場長を取締役に抜擢して、それまで料理長が掌握していた人事権、購買権などの権限を移管した。

併せて、それまで流れ作業で行っていたアントレー生産の最終段階の盛りつけプロセスにも手をつけている。「シングル・ワークステーション(SWS)」と呼ばれるA社が採用したやり方は、担当者が一人で一つのアントレーの盛りつけを行うもので生産性の向上を図ることを目的としている。

こうしたコスト削減と生産性向上の施策を講じるとともに、現社長は、将来に向けて新しい事業の柱を構築することを目的にして、新規事業として一般消費者向けのパック食品の製造販売にも乗り出した。自社ブランド製品を立ち上げ、空港近隣や食材供給先のホテル、近隣スーパーへの納品や百貨店の食品フェアへの参加、インターネットを利用した頒布会によって一般消費市場での事業展開をスタートさせた。このビジネスが本格化し、市場規模が大きくなれば、現在休眠中の第3工場を再稼働させることも念頭に置いている。

第1問(配点20点)

A社の事業の歴史的展開を踏まえた上で、現在のA社の強みは、どのような点にあると考えられるか。A社の強みとそれを形成してきた要因について、100字以内で述べよ。

第 2 問(配点 20 点)

A 社の取引の 80 % 以上を占めている航空業界の近年の厳しい状況が、A 社に対しても強くコスト削減を求めることになっている。その背景を、A 社が取り扱っている商品特性の視点から、100 字以内で述べよ。

第 3 問(配点 20 点)

収益改善に取り組む現社長は、工場長を取締役に昇進させて権限強化を図った。それまで料理長が掌握していた権限を工場長に移管したことが、コスト削減にどのような効果を及ぼしたと考えられるか。それが及ぼす効果について、150 字以内で述べよ。

第 4 問(配点 20 点)

現社長が導入した「シングル・ワークステーション(SWS)」が、生産性向上に効果を生み出す可能性と、それを効果的に機能させる上で必要な点について、150 字以内で述べよ。

第 5 問(配点 20 点)

一般消費市場への展開という A 社の新規事業開拓の成否について、中小企業診断士として意見を求められた。この新規事業が「成功すると思う」か「失敗すると思う」かを明確にして、その立場から、理由を 100 字以内で述べよ。

B社は、S県H温泉にある大正10(1921)年創業の老舗の温泉旅館である。H温泉は、200年以上にわたって湯治場として親しまれてきた。お客様に「非日常」を味わっていただくための「心を和ませる静寂への誘い」をB社はコンセプトとしている。資本金1,000万円、年商は4億円である。また、従業員数は家族従業員を含んで20名である。このうち仲居は10名おり、客室数は10部屋である。仲居は、一人が一部屋を担当することになっており、きめの細かい対応は創業当初から続けている。宿泊料金は一泊二食付きで50,000円からと、H温泉にある他の旅館に比べて高額な価格設定になっているが、それでも予約をとるのが困難であった。

「静寂さ」と「和み」を大切にしているため、団体客は受け入れず、小さな子供連れも基本的には断っている。食材はB社敷地内の山菜と地元契約農家から有機野菜、自然飼育の鶏卵などを調達し、地産地消を原則とした会席料理を提供している。館内には小さな図書室があり、また階段下や廊下の隅を巧みに使った書斎風の読書コーナーやベンチも設けている。思いついた時にいつでも気軽に本が読めるように、本棚も巧みに用意されている。

敷地内には茶室や陶芸工房もある。女将が顧客の到着時にお茶を点ててもてなし、本格的な茶室では茶会も開けるようになっている。また、料理に使われる器はすべてこの工房で作られたものである。インストラクターによる陶芸教室もあり、初心者でも気軽に楽しむことができる。

そもそもH温泉は、畑の中から温泉が湧き出して、それが傷や皮膚病、内臓疾患にも効能があるということで地元の人に利用されていた。その後地元の人だけではなく、その評判を聞いて遠方より湯治客が訪れるようになった。H温泉は湯治場として賑わうようになり、農家の人が片手間に湯治場の宿を始め、次第に規模と設備が整って本格的な旅館形式になったものがB社などの温泉旅館である。その後、H温泉組合が結成され、最盛時には15軒の旅館で組織されるまでに発展してきた。

少子高齢化の影響であろうか、最近では各地の温泉地に、天然温泉付ライフケアマンションという名の定年後の老夫婦をターゲットとした高級分譲マンションが建ち始めた。H温泉にもその波が押し寄せ、湧き出す温泉量の全体に対して需要が超過する傾向もみられるようになった。その影響により、湯量が豊富で温泉の掛け流しが当たり前であったこのH温泉でも、旅館の立地場所によっては、沸かし湯の助けを借りることも考えなければならなくなってきた。しかし、今後、温泉地として生きのびるための新しい方向を模索している。

歴史あるH温泉ではあるが、その中で来客数が減り、経営が悪化して外国資本に買収された旅館も出てきた。これらの旅館は建て直しされ、最新設備の整った大規模な温泉ホテルとして営業を始めた。ちなみに平均価格はB社より低く設定されている。今後、このようなホテルは増えそうである。

また、H温泉を訪れる顧客層にも変化が表れ、外国人観光客が顕著に増えてきている。その中でもアジア地域の富裕層の観光客が半数以上を占めている。彼らの行き先は、ほとんどが旅行代理店とタイアップした外資系ホテルである。しかし、中には和風旅館の風情に親しみたいという人々もいて、温泉組合の観光案内所には問い合わせが増えつつある。

最近H温泉より車で30分程の高速道路のインターチェンジの近くに、アウトレット・モールの建設計画が持ち上がっている。店舗数80以上、2,000台規模の駐車場が予定されている。このインターチェンジには、都心から1時間30分程度で着く距離である。

老舗のB社にとっても、少しずつ変化が表れ、最近では平日の予約状況に空きが出るようになった。B社のプロモーションは、ホームページを開設し予約も受け付けてはいるが、顧客の口コミがほとんどであり、親子代々4代にわたって利用している顧客も重要なメディアとなっている。3代目の現経営者である女将が、すべての宿泊客に毛筆で書く御礼状が重要なコミュニケーションツールとなっている。

また、B社は旅行専門誌やテレビの旅番組にも取材で取り上げられ、問い合わせは増えていた。しかし、建物や設備の老朽化は避けることはできず、外見上は目立たないような内部の補修は続けてきているが、メンテナンスのコストは上昇の一途である。このような状況下で、B社は、4代目の経営者に近々交代する予定である。

4代目の経営者となる若女将は、老舗旅館から脱皮し思い切った改革が必要ではないかと考え、まず建物の建替えと客室(洋室)の追加を考えている。またメインダイニングを作り、食事を部屋出しとメインダイニングから顧客に選択させることなど、和洋折衷のコンセプトへの転換を図ろうとしている。さらにホームページの積極的な活用などを考えている。

地産地消を基本とするＢ社は、地元の契約農家から有機栽培の米、野菜、無農薬の果物、特にみかんとイチゴ、自然飼育の鶏肉と鶏卵、無添加飼料で飼育した豚肉などを調達している。最近、Ｂ社の顧客から地元の食材についての問い合わせが増えてきている。人手不足もあり、丁重に断っているが、昔からの顧客に対してだけは、食材を特別に販売している。また、Ｂ社の宿泊客に、地元の農家が手掛けているみかん狩りやイチゴ狩りの案内をする機会も増えてきた。温泉の熱を利用したハウス栽培も地元では盛んになってきている。

Ｈ温泉全体の環境変化の中で、Ｂ社は伝統と改革の狭間で揺れている。

第１問(配点 10 点)

Ｂ社が長年にわたって顧客に支持された理由は何か。30 字以内で２つ答えよ。

第２問(配点 20 点)

Ｂ社の予約客の数が減少した理由は何か。30 字以内で２つ答えよ。

第３問(配点 20 点)

Ｂ社の４代目経営者の拡大構想には、マーケティング戦略上、どのような問題があるのか。50 字以内で２つ答えよ。

第4問(配点20点)

B社の現在の設備と経営システムを大きく変えずに、顧客を増やすプロモーション戦略はどのようなものか。次の設問に答えよ。

(設問1)

既存顧客に向けてのプロモーション戦略について50字以内で答えよ。

(設問2)

B社の良き伝統を維持しつつ、新規顧客を取り込むためのプロモーション戦略について50字以内で答えよ。

第5問(配点30点)

H温泉組合は集客力を高めるために、地元の資源を活用できるような、協業をベースとした新規事業を考えている。どのような新規事業が考えられるか。それぞれ100字以内で2つ答えよ。

【C社の概要】

C社は、自動車、電機、日用品など幅広い分野のプラスチック製品生産に使われる金型を製作している。たとえば、自動車分野では内装用金型、電機では携帯電話の外装用金型、掃除機等の家電製品用金型、日用品では特殊仕様の容器用金型などである。C社の特徴は、こうした幅広い産業分野に及ぶだけでなく、小型のプラスチック製品用金型から、成形する製品の長さが1メートルほどの中型までの金型製作を得意としていること、難易度の高い金型製作ができること、などがあげられる。また、これまでの豊富なノウハウを駆使し、生産性の高い金型製作を得意としているため、取引先に対して、小型のプラスチック製品であるならば一型でとれる個数を最大限に増やす(複数取り)提案や、プラスチック製品製造におけるコスト低減に結びつく提案などを行うことができる。

現在、従業員は102人、売上高は42億円である。売上高は、ここ数年、年率10％ほど増加するなど好調であったが、平成19年頃からいくらかかげりが見え始めている。その理由として、自動車分野ではプラスチック部品の標準化や共通化の流れが加速してきていること、新車開発の動きが鈍くなりつつあることがあげられる。また、電機分野では数多く手がけてきた携帯電話の外装用の金型製作が減少してきていることもその理由である。

とはいえ、小規模企業が大半を占める金型業界にあって、C社は生産規模と技術水準の高さにおいてトップ集団を構成する1社であり、工場は国内のみであるが、グローバル展開を進める取引先の海外工場における金型調達や修理に応えることのできる企業と評価されている。

【取引先からの大型金型の生産要請】

金型業として一定の力を備えているC社ではあるが、今後の発展については楽観視しているわけではない。それは、単に受注拡大にかげりが見え始めているという理由だけでなく、海外進出企業の金型の現地調達の進展や、国内生産の低迷による金型需要の縮小というわが国の金型業界を取り巻く経営環境の厳しさを受け止めてのことである。反面、C社を含む有力企業には金型発注が集中する傾向にある。

そうした時代の変化の中で、C社は既存取引先から新たな金型製作を求められている。この要請とは、1メートルを超える大型製品用(たとえば、乗用車のバンパーなど)の金型製作である。C社では、この受注が一時的なものか、あるいは長期にわたって継続するかは定かではなく、その取り扱いに苦慮している。当面の要請にとどまるのであれば、多少生産性が悪くとも既存の機械設備で対応したり、大型の機械加工を得意とする企業に発注するという対応もあるが、長期にわたって受注の継続が期待できるのであれば生産効率面からも大型の機械加工に適した機械設備を導入することになる。

【短納期化と社内体制の整備】

金型業界は短納期化の課題に直面している。業界では、受注から納品までが1週間とか10日といった短期間生産を標榜する企業が相次いで出てきている。C社の場合、難易度の高い金型製作が多いこともあり、納期は長いもので2カ月、短いもので2週間となっているが、決して今日の短納期化の傾向から無縁ではない。

ところで、金型製作の概略的な流れは、CADを駆使する「金型設計」に始まり、完成品としての金型を構成する部品の製作工程である「金型部品加工」を経て、加工した部品の組立、調整、みがきなどを行う「仕上げ加工」となる。

さて、納期の短縮化を図るには、「金型設計」が計画通り進捗することが何よりも重要であるとC社では考えている。この点、取引先からの設計変更、仕様変更による「金型設計」の日程変更、納期遅れはC社の責任ではないものの、他の金型設計に混乱を引き起こしているという意味で軽視できる問題ではない。C社では、こうした各種変更等による混乱を、CADによる金型設計要員は20人と決して少なくはないが、その設計要員の増強によってカバーすることを検討している。

「金型部品加工」については、社内では作業指示票に基づき進捗状況が時間単位で管理されている。一方、多くを依存している外注企業に対しては、金型全体の図面ではなく、発注される金型部品に限定した図面と加工データが渡されるが、納入日の設定にとどまり、生産の進捗状況の把握は行われていない。しかし、こうした管理も、外部であるということから日程的に多少の余裕を持たせているため、これまでは最終工程の「仕上げ加工」の生産予定に影響するケースはほとんどなかった。

また、C社は、短納期対応の課題の1つに、「仕上げ加工」における要員不足をあげている。現状では20人(このうち、50歳を超えるベテランが11人)の「仕上げ工」を、今後30人近くまで増やしていきたいと考えている。この要員不足を解消するために、新卒者の採用にこだわらず、中途採用を推進しているが、技能を前提としたものづくり現場である「仕上げ加工」については、要員増が即戦力増につながらないというのが一般的な認識である。

第1問(配点20点)

C社の置かれている経営環境の中で、有効に活用できる「経営資源」を(a)欄に20字以内で1つあげ、それを生かした経営戦略を(b)欄に具体的に80字以内で述べよ。

第2問(配点30点)

これまで手がけてきた小型から中型の金型に加えて、取引先から大型金型の製作をC社は求められている。

(設問1)

取引先からの生産要請に応えることは、C社にとってどのような機会としてとらえるべきかを、外部環境の変化という視点から100字以内で述べよ。

(設問2)

大型金型の生産要請に応えるために検討すべき生産面の課題を100字以内で述べよ。

第3問(配点25点)

外注企業に「金型部品加工」の多くを依存しているC社が、短納期化を図るには、外注企業との間で、どのようなデータを共有すればいいかを、具体的なデータをあげるとともに、そのデータの共有化が「短納期化」だけでなく、生産面でどのような効果を持つかについて140字以内で述べよ。

第4問(配点25点)

C社では、「仕上げ工」の増員を考えている。一人前になるには何年もかかるといわれている「仕上げ工」を育成するにはどのような方法があるかを述べるとともに、「仕上げ工」の増員はグローバル化時代のC社の経営戦略にどのような可能性を持つかについて140字以内で述べよ。

D 社は資本金 1,500 万円、従業員 35 人の企業で、工業製品全般の塗装を行っており、高い技術力により多くの取引先から工業製品の塗装を受注してきた。株式はほぼ 100 % 社長一族が所有している。

D 社の主力は粉体塗装(パウダーコーティング)であるが、その技術力が主要取引先である Z 社から高く評価され、Z 社にとって欠くことができないサプライヤーとして安定的に受注を得ている。D 社は定期的に設備の更新を行っており、主力設備を 5 年前に更新したがこの主力設備は当時の最新機能を備えたものではなかった。最近では、老朽化による故障が多発しているためメンテナンス費用が増加している。

また、熟練した従業員の高齢化が長年の経営上のリスクであった。しかしながら、ここ数年で若手従業員への技術移転が進み、最新設備への更新が可能であれば、メンテナンス費用の減少が見込まれ、平成 21 年度以降は売上の増大も期待できる。その主力設備の更新には 8,000 万円を要する。D 社にとって設備更新に要する資金が体力に比べて過大であることが重要課題である。なお、工場面積の関係で、新主力設備を導入した場合には、現主力設備は売却される。

このような経営環境下で、Z 社からは事業継続を要請され、必要であれば出資を含む資本面での支援をしてもよいとの申し出を受けている。D 社は今日まで同業他社に比べて従業員を手厚く処遇しており、従業員の技術力が競争上の優位性でもある。仮に経営権が Z 社に移動した場合、従業員の退職の引き金にもなりかねない。

平成 20 年度の D 社の予想財務諸表(現設備の稼働を前提とする)と、同業他社の予想財務諸表は次のとおりである。

D 社の社長は、これらの問題の解決策を求めて中小企業診断士に診断・助言を依頼した。

貸 借 対 照 表

(単位：百万円)

	D 社	同業他社		D 社	同業他社
資 産 の 部			負 債 の 部		
流 動 資 産	98	103	流 動 負 債	97	79
現 金 等	30	44	支払手形・買掛金	40	41
受取手形・売掛金	25	34	短 期 借 入 金	48	34
有 価 証 券	5	3	その他流動負債	9	4
棚 卸 資 産	32	19	固 定 負 債	108	90
その他流動資産	6	3	長 期 借 入 金	87	68
固 定 資 産	146	153	その他固定負債	21	22
土 地	53	46	負 債 合 計	205	169
建物・機械装置	86	105	純 資 産 の 部		
その他有形固定資産	3	1	資 本 金	15	25
投 資 有 価 証 券	4	1	利 益 準 備 金	3	6
			別 途 積 立 金	11	37
			繰越利益剰余金	10	19
			純 資 産 合 計	39	87
資 産 合 計	244	256	負債・純資産合計	244	256

(単位：百万円)

	D 社	同業他社
減価償却累計額	210	166

損　益　計　算　書

（単位：百万円）

	D　社	同業他社
売上高	550	600
売上原価	420	412
売上総利益	130	188
販売費・一般管理費	125	175
営業利益	5	13
営業外収益	4	6
営業外費用	12	9
経常利益	−3	10
特別利益	2	1
特別損失	2	6
税引前当期純利益	−3	5
法人税等	0	2
当期純利益	−3	3

（単位：人）

	D　社	同業他社
従業員数	35	40

製造原価報告書

（単位：百万円）

	D　社	同業他社
材料費	104	105
労務費	185	181
経　費	131	126
（うち、電気水道費）	(58)	(66)
（うち、減価償却費）	(11)	(20)
（うち、修繕費）	(43)	(23)
（うち、その他）	(19)	(17)
当期製造費用	420	412
期首仕掛品棚卸高	0	0
期末仕掛品棚卸高	0	0
当期製品製造原価	420	412

第 1 問(配点 30 点)

D 社の平成 20 年度の予想財務諸表を用いて経営分析を行い、D 社の問題点のうち重要と思われるものを 3 つ取り上げ、問題点①、②、③ごとに、それぞれ問題点の根拠を最も的確に示す経営指標を 1 つだけあげて、その名称を(a)欄に示し、経営指標値(小数点第 3 位を四捨五入すること)を(b)欄に示した上で、その問題点の内容について(c)欄に 60 字以内で説明せよ。

第 2 問(配点 25 点)

D 社がおかれた状況を仔細に分析するため、現在の主力設備で事業を継続した場合の分析を以下の条件で行う。

・現主力設備は 5 年前の平成 15 年度期首に 3,500 万円で購入したものであり、耐用年数 10 年、残存価額を取得原価の 10 % とする定額法による減価償却を行っている。
・現主力設備は今後平成 24 年度期末まで 5 年間の稼働が可能で、それがもたらす年間売上高収入は毎期 26,000 万円と予想される。
・平成 20 年度の現金支出を伴う操業費(ランニングコスト)は 22,000 万円であるが、今後は毎年 10 % ずつ増加すると予想される。
・運転資金の増減はないものとする。
・ 5 年後の現主力設備の処分価額は 0 円と予想される。
・すべてのキャッシュフローは各年度末に生じる。

なお、$n=5$, $r=0.1$ の年金現価係数 $\sum_{i=1}^{n}\frac{1}{(1+r)^{i}}$ は 3.7908 である。

(設問 1)

現主力設備の平成 20 年度以降の税引前営業キャッシュフローの現在価値を求めよ。ただし、加重平均資本コストを 10 % とし、四捨五入によって万円単位まで求めよ。

(設問 2)

現主力設備をそのまま稼働させた場合の D 社の経営状況を予想し、とるべき対策を 50 字以内で答えよ。

第3問(配点25点)

平成20年度期首に現主力設備を売却して新主力設備を導入する。新主力設備の導入には8,000万円が必要であるが、それにより、平成21年度以降の決算では税引前純利益が黒字に転ずると予想される。なお、設備投資は期首に行われ、代金は期首に支払われる。

設備投資資金の全額を負債(借入れ)によって調達すると仮定する。資金は年利率8%で平成20年度期首に調達され、年間利息は各年度末に支払われる。資金の返済は半額を3年後の平成22年度期末に、残りの半額を6年後の平成25年度期末に行う予定である。

法人税等の実効税率を40%と仮定し、税の繰越控除は考えないものとして以下の設問に答えよ。

(設問1)

新主力設備の平成20年度の現金支出を伴う操業費(ランニングコスト)は20,000万円と予想される。このとき、固定資産売却損を(a)欄に、平成20年度の予想税引前純利益を(b)欄に、それぞれ四捨五入によって万円単位まで求めよ。

なお、現主力設備の売却価額は100万円である。売却は期首に行うが、代金の受け取りは期末となる。新主力設備の耐用年数は10年で、残存価額を0円として定額法によって減価償却を行う。

(設問2)

平成20年度期首における負債の節税効果の現在価値は最大いくらになるか。割引率は8%として、四捨五入によって万円単位まで求めよ。なお、$n=3$, $r=0.08$の年金現価係数$\sum_{i=1}^{n}\frac{1}{(1+r)^i}$は2.5771、$n=3$, $r=0.08$の現価係数$\frac{1}{(1+r)^n}$は0.7938である。

第4問(配点20点)

D社のおかれた状況に照らし合わせて、設備更新に必要な資金調達に関する以下の設問に答えよ。

(設問1)

資金調達を全額負債に依存した場合の問題点を60字以内で述べよ。

(設問2)

社長一族が過半数を超える出資を受け入れつつも経営権を維持するには、どのような方法があるか。40字以内で答えよ。

事例の分析

平成20年度の組織・人事に関する事例は、国際線就航の航空会社に機内食（アントレー）を製造販売する食品加工メーカー（資本金3,000万円、従業員約300名、年商約18億円）である。

組織・人事に関する事例は、従来の組織・人事寄りの問題から、生産性向上やマーケティングなど、4事例を横断した知識を要求される設問が出題されるようになった。

本事例の設問構造は、次の通りである。

第1問は、内部環境分析からの出題である。A社の事業の歴史的展開を踏まえて、現在の強み（Strengths）の指摘と、強みの形成要因を問うている。第2問は、外部環境の脅威についての設問である。A社は、取引先の航空会社からコスト削減要求を受けており、その背景を商品特性との関連で述べる必要がある。第3問は、収益改善のために組織体制を変更し、工場長に権限を移管したことが、コスト削減にどのような効果を及ぼすかを問うている。第4問は、「シングル・ワークステーション（SWS）」の導入が生産性向上に及ぼす効果と留意点を述べる設問である。第5問は、一般消費市場への展開という新規事業開拓の成否とその理由を問う問題である。

解答はすべて字数制限論述形式であり、100字問題が3問、150字問題が2問、総字数が600字と平成19年度の750字に比べ、総字数で150字（20%）減少した。総字数が少なくなった分、各設問に多くの時間をかけ、文章を練り上げることができたと思う。

第2次試験は、毎年上位700～800人の受験者だけが合格する、事実上の相対評価方式の試験である。「だいたい書けた」と安心するのではなく、"競争優位性の高い答案を書くためにはどうすればよいか"を考えながら解答してほしい。設問構造を理解して、一貫性・整合性のある解答を書けたかどうかが合格のポイントになる。

組織・人事に関する事例を攻略するためには、①SWOT分析、②経営上の問題点の集約、③経営課題の抽出、④ドメインの再定義を行い、そこから逸脱しない解答を設計することが重要である。上記①～④の流れは、限られた時間内で合格答案を作成するために不可欠なプロセスである。

SWOT分析

S	W
●首都圏に4つの工場を所有している ●約300名の従業員（正規・非正規社員あわせて）を擁している ●30年以上の業歴がある ●新空港近郊に第2工場を建設、操業を開始した ●創業15年後に事業拡大に踏み出した ●第2工場に隣接する土地に、大型冷蔵室を備えた工場を増築した ●新たに2社の外国航空会社と取引を開始した ●グリルや釜などの設備はもとより、提供する食材のメニューや味、盛りつけ、異物混入対策などの面での品質の高さに応えている ●急速冷凍した食品やチルド加工した食品の保管・輸送などの温度帯管理が充実している ●早朝・深夜にかかわらず航空機の発着時間に合わせてアントレーを確実に配送する体制を確保している ●有名レストランのシェフを長年経験、料理界でその名をよく知られている人材を料理長として採用した ●ジュースやサラダだけを供給してきた航空会社からもアントレーの供給を依頼され、生産量が大きく伸張した ●2007年、最新の設備を備えて、3交代24時間稼働体制で第4工場の操業を開始した ●第4工場は、ハサップ（HACCP）の認定工場である ●創業者の長男で専務取締役であった3代目の現社長は、40歳台前半である ●「安心して召し上がっていただける商品をリーズナブルな価格で」という創業以来のモットーを継承し、新体制をスタートした ●創業以来、比較的順調に事業拡大を実現し、業績を伸張させてきた ●現社長は、二人の創業者に相談し、すぐに経営革新に着手した（組織体制の変更と新任取締役の抜擢） ●前任料理長を第一線から相談役に勇退させ、若いシェフを料理長として採用した ●工場長を取締役として抜擢し、それまで料理長が掌握していた人事権、購買権などの権限を移管した ●「シングル・ワークステーション（SWS）」を採用し、生産性の向上を図っている ●コスト削減と生産性向上施策を講じている ●新規事業として一般消費者向けのパック食品の製造販売にも乗り出した ●自社ブランド製品を立ち上げ、ホテルやスーパー、百貨店の食品フェアへの参加、インターネットを利用した頒布会によって一般消費市場での事業をスタートした ●現社長は収益改善に取り組んでいる	●自社の営業努力によらずに事業が拡大した ●自宅併設のミニカップ入り食品製造の工場の規模や体制は、現在も創業時とほとんど変わっていない ●現在、第3工場は稼働しておらず休眠状態である ●売上高が横ばいである ●営業利益は大幅に減少している ●第4工場に投資した資金の返済開始を2009年度に控えている ●航空会社との取引が80%以上を占めている
O	**T**
●1978年、新国際空港（成田空港）が開港した ●外国資本の航空会社の日本国内乗り入れ便数が増加し、供給体制強化を迫られた ●航空会社からカップ入りジュースも注文されるようになり、取引額が大きく伸張した ●ホテルと取引しているケータリング会社からサラダ用カット野菜の注文を受け、事業基盤が固まった ●創業以来の取引先である航空会社からアントレーの供給を打診された ●関西地区に新国際空港が開港（1994年）し、日本国内に乗り入れる便数がますます増加した	●国際的価格競争の中で生き残りをかけた事業展開を余儀なくされてきた航空会社との取引では、いっそう厳しい条件を求められている ●近年、航空業界は厳しい状況が続いている ●航空会社は、取引先にコスト削減を強く求めている

平成20年度 解答例・解説

A社の売上高・営業利益の推移

単位：万円、%

	売上高	伸び率	営業利益	伸び率	営業利益率
2005年度	168,336	−	13,467	−	8.0
2006年度	181,635	7.9	6,720	−50.1	3.7
2007年度	180,000	−0.9	1,620	−75.9	0.9

＊金額は概数

A社の2005年度から2007年度の売上高・営業利益の推移を分析すると、2006年度から2007年度にかけて売上高は横ばい状況であるが、営業利益額は2年連続で大幅な減益が続いていることがわかる。

上記のSWOT分析および経営分析の結果、A社の経営上の問題点を列挙すると次のようになる。

【経営上の問題点】

①第4工場の投資資金の返済が迫っているにもかかわらず、返済のめどが立っていない。

②全取引の80%以上を航空業界に依存しており、航空業界の国際的価格競争の影響からコスト削減を求められ、営業利益が急減している。

③第3工場が休眠状態にあり、有効活用されていない。

【経営課題】

①組織体制の変更によるコスト削減および生産性向上により営業利益を改善し、第4工場の資金返済の原資を確保する。

②航空会社に依存する事業構造からの脱却を図り、新しい事業の柱を構築する。

③一般消費者向けの自社ブランド製品を早期に確立し、生産体制を構築する。

【ドメインの再定義】

〈航空会社向けドメイン〉

①**標的顧客（Customer）**…国際線で就航する航空会社

②**顧客機能（Function）**…安全かつ品質の高いアントレーやジュース・サラダなどの提供を通じ、快適な空の旅を演出する

③**経営資源（Resource）**…元有名シェフの料理長（現相談役）のアドバイスの下、若手料理長が客の嗜好や季節に合わせて定期的に改訂するメニュー、HACCP認定工場（第4工場）における3交代24時間稼働体制、SWS方式を最大限に活かせる、訓練され多能工化した担当者、コスト削減と生産性向上による潤沢なキャッシュフロー

〈一般消費者向けドメイン〉

①**標的顧客（Customer）**…食の安全性や味にこだわりを持つ一般消費者

②**顧客機能（Function）**…「安全・安心」なパック食品の製造・販売を通じて、楽しい食事のひとときを演出する

③**経営資源（Resource）**…第3工場の設備を有効活用、元有名シェフの料理長（現相談役）の下に集まった意欲ある人材、有名シェフの持つブランド力と商品開発力、既存事業で生み出した潤沢なキャッシュフロー、取引先（航空会社、ケータリング会社、ホテルなど）と協働した販売促進活動

以上の分析結果を踏まえ、各設問への対応を考える。

解答例と解説

第1問（配点20点）

【解答】

	食	材	の	メ	ニ	ュ	ー	や	味	、	異	物	混	入	対	策	な	ど	の
品	質	面	の	高	さ	、	食	品	の	保	管	・	輸	送	な	ど	の	温	度
帯	管	理	に	加	え	、	24	時	間	確	実	に	配	送	す	る	体	制	を
確	保	し	て	い	る	。	創	業	以	来	事	業	機	会	に	積	極	的	に
対	応	し	、	タ	イ	ム	リ	ー	な	設	備	投	資	を	行	っ	て	き	た。

【解説】

●解答導出の根拠

SWOT分析のうち、内部環境分析に関する問題である。A社の事業の「歴史的展開」を踏まえたうえで、A社の現在の「強み」と、「強み」を「形成してきた要因」を述べる。

内部環境とは、企業の経営資源である。J.B.バーニーは、伝統的なヒト・モノ・カネ・情報・ノウハウといった経営資源の区分を拡張し、経営資源を次の4つに分類している。

①財務資源
②人的資源
③物的資源
④組織資源

バーニーのフレームワークを拡張して、次のようなフレームワークを作り、与件文の内容からA社の事業の変遷を整理すると、次表のようになる。

A社の事業の変遷

	1970年代半ば	1978年頃	1990年代初頭
工場（設備資源）	第1工場 操業	第2工場 操業 （新空港近郊）	第2工場 増築 （第2工場の隣接地）
組織資源	現社長の父（創業者）と叔父（2代目社長）で設立（同族経営）	親会社依存型（自社の営業努力による事業拡大とは言えない）	
人的資源	創業者の親族と近隣の主婦らをパート従業員として採用	（記述なし）	（記述なし）
情報・ノウハウ資源	工程のほとんどが手作業	工程のほとんどが手作業	（記述なし）
設備資源	工場を自宅に併設	新空港近郊の第2工場、主力工場となる	大型冷蔵室装備
財務資源	（記述なし）	（記述なし）	（記述なし）
経緯	（記述なし）	唯一の取引先である外国資本の航空会社からの供給体制強化要請があった	事業拡大のため

	1990年代半ば	2007年〜
工場（設備資源）	第3工場 操業（現在休眠状態、再稼働可能）	第4工場 操業（HACCP認定工場、3交代24時間稼働体制）
組織資源	料理長が人事権・購買権を掌握	●現社長就任 ●組織体制の変更（工場長に人事権・購買権などの権限を料理長から移管、若いシェフを新任料理長に採用）
人的資源	●従業員約250名（非正規社員含む） ●有名レストランのシェフを長年経験、料理界でその名をよく知られている人材を料理長として採用	●従業員約300名（非正規社員含む） ●取締役に抜擢した工場長 ●若い新任料理長 ●相談役に勇退した前料理長
情報・ノウハウ資源	●提供する食材のメニューや味、盛りつけ、異物混入対策などの面での品質の高さ ●急速冷凍した食品やチルド（冷蔵）加工した食品の保管・輸送などの温度帯管理 ●早朝・深夜にかかわらず航空機の発着時間に合わせてアントレーを確実に配送する体制 ●客の嗜好や季節に合わせてメニュー改訂を定期的に行うことができる料理長	●アントレー生産の最終段階の盛りつけプロセスの改善
設備資源	第2工場とは比較にならないほど大規模な設備 ●アントレー製造ができるグリルや釜などの設備（従来のコールド・キッチンに加え、ホット・キッチンに対応）	規模や設備の面で第3工場を上回る近代的な設備 ●ハサップ（HACCP）認定工場 ●24時間稼働体制
財務資源	（記述なし）	2009年度から借入金返済開始予定
経緯	創業以来の取引先からアントレー供給の打診があった	関西地区に新しく国際空港が開港して生産量が伸張し、5〜6年ほど前から第3工場が手狭になった

下線部は、A社が工場を建設・増築したときに蓄積してきた経営資源である。経営資源の中から「現在の強み」を抽出し、解答を作成する。

次に、強みを形成してきた要因について考える。A社は、創業者が現社長の父、2代目社長は叔父であり、いわゆる同族経営である。

同族経営とは、一般には血縁関係・親戚関係にある一族中心に企業を経営している状態をいう。具体的には、

①社長・代表取締役が、親から子（多くの場合息子）に引き継がれる

②創業者の子（多くは息子）を若年から重役に就かせる

③創業者一族が、株式と経営権の大部分を独占している

といったスタイルの企業、および経営を指している。

一般に、同族経営のメリット・デメリットを挙げると、次のようになる。

同族経営のメリット・デメリット

メリット	デメリット
①意思決定が速い ②機動力がある ③最後まで経営責任を取る	①会社を私物化する ②人事が不透明になりがちである ③同族以外が役員になりにくい

A社は同族経営だったため、創業以来、取引先のニーズや要望、事業機会に合わせて迅速かつ柔軟に意思決定し、設備投資をしてきたことがわかる。その結果、比較的順調に事業規模を拡大し、業績を伸張させてきたと考えられる。また、工場長を取締役に抜擢したことから、社長は同族経営からの脱却を図り、新規事業を展開して次の成長ステージに移行しようと考えていることが読み取れる。

●解答作成の手順

因果関係を意識して解答をまとめる。第1文で、現在まで蓄積してきたA社の「強み」について論述する。第2文で、「強み」を形成してきた要因について、同族経営のメリット面から述べる。設問文のキーワード「強み」や「要因」などの言葉を使わないで解答をまとめると、競争優位性および説得力の高い文章になる。

第2問（配点20点）

【解答】

	航	空	会	社	は	厳	し	い	国	際	的	価	格	競	争	の	中	で	生
き	残	り	を	図	る	た	め	、	コ	ス	ト	削	減	努	力	を	強	い	ら
れ	て	い	る	。	A	社	が	取	り	扱	っ	て	い	る	機	内	食	は	、
航	空	会	社	に	と	っ	て	付	随	的	な	サ	ー	ビ	ス	で	あ	り	、
コ	ス	ト	削	減	の	標	的	に	な	り	や	す	い	特	性	が	あ	る	。

【解説】

●解答導出の根拠

SWOT分析のうち、外部環境分析についての設問である。A社が取り扱っている商品特性の視点から、取引先の航空会社からコスト削減を求められている背景を述べればよい。

与件文に「厳しい国際的価格競争の中で生き残りをかけた事業展開を余儀なくされてきた航空会社との取引では、いっそう厳しい条件を求められているのも事実である。」の記述があり、航空業界は国際的な低価格競争に陥っており、各社ともコスト削減を強いられていることがわかる。

与件文「供給量の増大に合わせて売上高こそ伸張ないしは横ばいであるものの（2006年度前年度対比7.9%増、2007年度前年度対比0.9%減）、営業利益は大幅に減少している（営業利益率：2005年度8.0%、2006年度3.7%、2007年度0.9%）。」の記述や、設問文中の「A社の取引の80%以上を占めている航空業界の近年の厳しい状況が、A社に対しても強くコスト削減を求めることになっている。」との記述から、A社は航空業界の国際的価格競争の影響で、取引先である航空会社からのコスト削減要求に応じた結果、営業利益額・営業利益率とも減少してきたことがわかる。

A社では生産量が増えているにもかかわらず、売上高は伸張ないし横ばいで営業利益率が悪化し、営業利益額も減少している（経営分析の図表参照）。このままいくと、2009年度に始まる第4工場に投資した資金の返済が困難になることが予測されるため、A社の経営課題となっている。

A社の商品特性について、コトラーの示す製品の3層構造（3つのレベル）に当てはめて、「中核的便益の提供」「実態部分の提供」「付随的なサービスの提供」の3区分で考える。

製品の3層構造

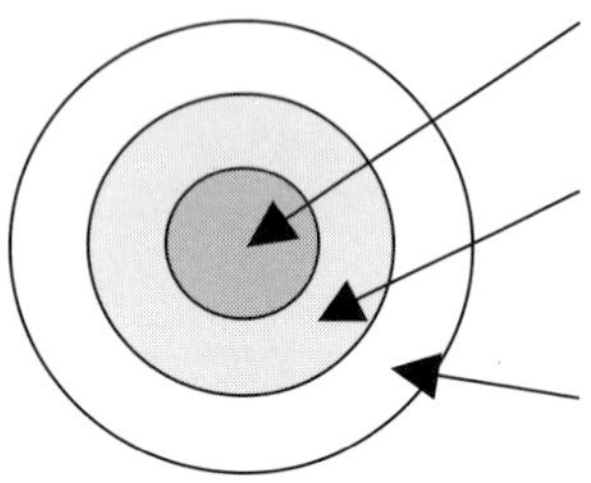

中核部分	中核的便益・サービス	＜例＞ ・安全に早く目的地に着きたい
実態部分	特色・スタイル・品質・ブランドネーム・パッケージ	＜例＞ ・航空会社（JAL、ANA） ・機種（ボーイング777）
付随部分	据え付け・アフターサービス・品質保証・配達・クレジット	＜例＞ ・機内食 ・マイレージサービス ・機内販売

出典：コトラー他著『新版マーケティング原理』ダイヤモンド社　を一部加筆

航空会社では、中核部分や実態部分でコストを削減することは困難である。したがって、A社が取り扱う機内食のような「付随的なサービス」が、コスト削減の対象となりやすい。

●解答作成の手順

航空業界の国際的価格競争によるコスト削減が、付随的なサービスであるA社の機内食のコスト削減要請の背景になっていることを中心にまとめればよい。第1文で航空業界の国際的価格競争の現状を述べ、第2文で機内食の商品特性面からコスト削減対象になりやすいことに触れる。

第3問（配点20点）

【解答】

	工	場	長	に	権	限	が	移	管	さ	れ	、	工	場	内	の	指	揮	命
令	系	統	が	一	元	化	さ	れ	た	こ	と	で	、	生	産	管	理	体	制
の	強	化	が	進	み	、	生	産	効	率	の	向	上	が	期	待	で	き	る。
工	場	長	が	人	事	権	や	購	買	権	を	掌	握	し	た	こ	と	で	、
各	工	場	の	最	適	人	員	配	置	に	よ	る	労	務	費	の	低	減	や、
生	産	量	に	応	じ	た	食	材	の	購	入	や	集	中	購	買	な	ど	に
よ	る	材	料	費	・	廃	棄	ロ	ス	の	削	減	に	よ	り	、	製	造	原
価	の	低	減	が	可	能	と	な	る。										

【解説】

●解答導出の根拠

工場長に権限を移管したことによるコスト削減効果を問うている。要求事項がわかりづらいため、しっかり読み込み、解釈する必要がある。

設問文には、「それが及ぼす効果について」との記述がある。「それ」が何を指しているのかをしっかり読み取る必要がある。設問文から、工場長を取締役に昇進させ、料理長から工場長に権限を移管させたことにより、コスト削減が図られると読み取ることができる。よって、「それ」を「工場長に権限を移管したことが及ぼす効果について」と解釈し、解答する。

設問文の冒頭に「収益改善に取り組む」との記述があり、収益改善を念頭に置きながら解答を導く。収益改善には、①売上高の増加、②原価の低減、③販売管理費の削減、の3つの方法がある。①の売上高増加は、コスト削減の方向とは異なるため、今回指摘することはできない。よって②原価の低減、③販売管理費の削減、の2つの方向に絞られるが、権限を移管されたのは工場長であることから、工場内でのコスト削減効果と捉え、②の製造原価の低減の方向で解答をまとめる。

料理長から工場長へ移管された権限には「人事権と購買権など」があり、以前は工場長が人事権と購買権を掌握していなかったと推測できる。工場長が人事権と購買権を掌握したことで、どのようなコスト削減が期待できるのかを考える。工場長に権限が集中したことで、工場全体の一元管理が可能となり、生産管理体制が強化され、生産の効率化が期待できる。

与件文に「かつて主力であったミニカップ入り食品の売上げは創業以来ほぼ横ばいで推移し、全社の売上げに占める割合は次第に縮小してきた。自宅併設のミニカップ入り食品製造の工場の規模や体制は、現在に至っても創業時とほとんど変わっていない。」との記述があり、人事権を有していた前任料理長は、売上げに見合った工場の人員配置の見直しを実施していなかったと推測できる。

「客の嗜好や季節に合わせて、メニューの改訂を定期的に」「有名レストランのシェフを長年経験し」との記述から、前任料理長は工場での原価管理の意識や多品種の食材発注などのノウハウや経験が乏しく、材料費である食材の無駄が発生していたと推測できる。

以上から、工場長が人事権や購買権を掌握したことで、工場の人員配置の見直しや食材の購買方法の改善に着手することにより、労務費や材料費など製造原価低減の「効果」が表れると考えられる。

●解答作成の手順

150字と長文のため、2文構成で論述する。第1文で工場長に権限を移管したことによる効果について述べる。第2文でその効果の内容について下記の構成でまとめる。

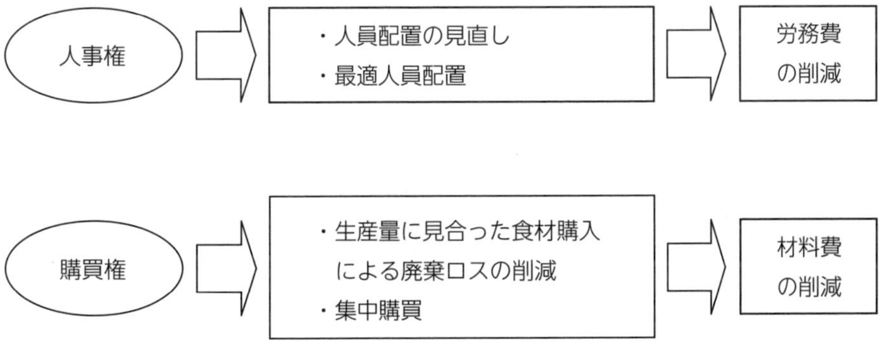

第4問(配点20点)

【解答】

	S	W	S	の	導	入	に	よ	り	担	当	者	の	責	任	感	と	達	成
感	が	高	ま	る	た	め	、	担	当	者	の	モ	チ	ベ	ー	シ	ョ	ン	が
向	上	し	、	生	産	性	向	上	に	結	び	つ	く	。	担	当	者	の	習
熟	度	に	よ	っ	て	技	量	差	が	生	じ	る	た	め	、	作	業	の	マ
ニ	ュ	ア	ル	化	や	計	画	的	な	能	力	開	発	に	よ	り	作	業	水
準	の	向	上	を	図	る	と	と	も	に	、	習	熟	度	に	応	じ	た	イ
ン	セ	ン	テ	ィ	ブ	制	度	を	設	け	、	継	続	的	な	モ	チ	ベ	ー
シ	ョ	ン	の	向	上	を	図	る	。										

【解説】

●解答導出の根拠

「シングル・ワークステーション（SWS）」の導入が生産性向上に及ぼす効果と留意点を述べる設問である。本問はあくまでも「組織・人事に関する事例」であり、生産管理の視点のみからの解答は避けたい。

設問の要求事項は、「SWSが生産性向上に効果を生み出す可能性」と「効果的に機能させる上で必要な点」の2つである。

A社が採用したSWSとは、担当者が一人で一つのアントレーの盛り付けを行うものである。与件文より、SWS導入以前は「流れ作業」で、担当者一人が一つないし二つの作業を行っていたと推測できる。流れ作業は作業に幅がなく、単純であり、それを持続的に行うことになれば、単調な仕事になり、モチベーションを低下させる要因になる。そこで盛り付けを一人で行うSWSの導入により、担当者の責任感と達成感が高まり、担当者のモチベーションが向上することで、生産性の向上が期待できる。

SWSを効果的に機能させるには、A社は品質の高さを強みとしていることから、担当者の習熟度による技量差を小さくするため、作業マニュアルを作成するなど盛り付けを行う担当者の作業の標準化を図る必要がある。また、作業水準の向上を図るため、OJTを含めた計画的な担当者の能力開発を行い、継続的なモチベーション向上を図るため、習熟度に応じたインセンティブ制度を設け、担当者の動機づけを行う必要がある。働くことに対するモチベーションに、組織がインセンティブをうまく組み合わせて応えれば、担当者のやる気と努力を引き出し、組織としてのアウトプットを最大にできる。

●解答作成の手順

150字と長文のため、2文構成で論述する。第1文でSWSが生産性向上に結びつく可能性を述べ、第2文でSWSを効果的に機能させるための留意点について記述する。

●参考

A社は、担当者の作業単位を増やす「職務拡大（職務の水平的拡大）」を通じて生産性を向上するために、SWSを導入したと考えられる。職務拡大は、モチベーション向上のためのHRM（人的資源管理）施策として、「職務充実（職務の垂直的拡大）」とともに、中小企業でも導入しやすい手法である。

職務拡大と職務充実

職務拡大	担当職務の数を職務の遂行過程に沿って水平的に拡大させ、能力発揮の機会を増やすこと。
職務充実	担当職務の計画や統制など判断の幅を広げる要素を垂直的に拡大させ、能力の伸長を目指すこと。

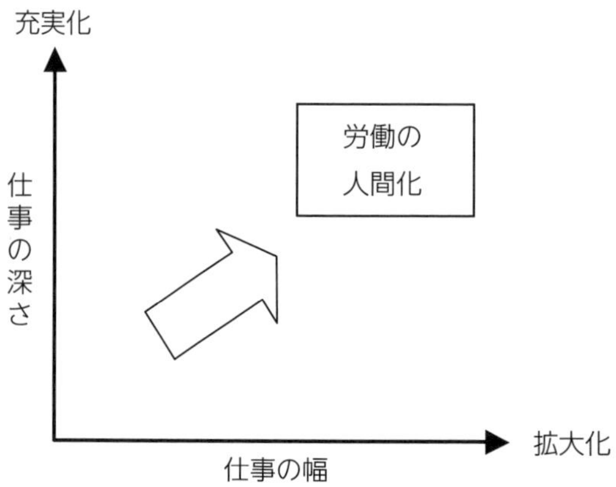

出典：田尾雅夫著『組織の心理学』有斐閣ブックス

第5問（配点20点）

【解答】

（成功すると思う）・ 失敗すると思う

	①	一	般	消	費	者	に	、	ハ	サ	ッ	プ	認	定	工	場	と	航	空
会	社	へ	の	納	入	実	績	を	「	食	の	安	全	性	」	と	し	て	訴
求	で	き	る	。	②	第	3	工	場	の	設	備	と	メ	ニ	ュ	ー	開	発
ノ	ウ	ハ	ウ	を	活	用	し	、	消	費	者	ニ	ー	ズ	に	合	っ	た	自
社	ブ	ラ	ン	ド	製	品	を	手	頃	な	価	格	で	提	供	で	き	る	。

【解説】

●解答導出の根拠

A社の新規事業開発の成否に関する問題である。A社は既に、新規事業として自社ブランドを立ち上げ、一般消費市場での事業展開をスタートさせている。本問は、A社の今後の経営戦略、つまりドメインに関する設問と読み替えて判断すべきである。

新規事業が成功するか失敗するかを判断する前に、A社が新規事業開発を行った理由を考える。

第2問の設問文より、A社が取引の80%以上を国際線就航の航空会社に依存する下請企業であることがわかる。取引先である国際線就航の航空会社からのコスト削減要請のなかで、現社長は組織体制を変更してコスト削減を図ったり（第3問）、シングル・ワークステーション（SWS）を導入して生産性向上を図ったり（第4問）するなど、各種施策を講じることで「第4工場の投資資金返済」という経営課題に取り組んできた。一方で、A社が創業以来蓄積してきた「強み」（第1問）も有しており、第3工場を再稼働することも念頭に置いている。

つまり、現社長はA社の持つ経営資源を活用して、将来に向けた新しい事業の柱を構築することで国際線就航の航空会社依存型の事業構造からの脱却を図り、下請構造のリスクを回避しようと考えたのではないかと推測できる。

果たして、一般消費者向けの新規事業は成功するのだろうか。ポイントは、以下の3点である。

①自社ブランド製品の品質保証について

A社は今まで、一般消費者向けに製品（商品）を提供してこなかったため、現段階ではブランドは認知されていないと考えられる。しかし、A社はハサップ（HACCP）認定工場を保有しており、食品加工技術を活かして長年国際線就航の航空会社に機内食を納入してきた実績がある。これをブランド資産として活用し、食の「安全・安心」に関心の高い一般消費者に、安全性をアピールすることができる。

なお、ブランドが認知されていないことは、新規事業の失敗の理由にはならない。なぜなら、どんな有名ブランドでも最初から認知されているブランドはないからである。

②第3工場の活用と消費者ニーズへの対応について

休眠中の第3工場を再稼働して有効活用しなければならない。ビジネスが本格化し、市場規模が大きくなっても、設備投資にほとんどコストをかけずに済むため、手頃な価格で商品を提供することができる。安全性を訴求する以上、第3工場のハサップ認定は必要になるが、第4工場で認定を受けた経験があるので、迅速に生産体制を構築することができる。「安心して召し上がっていただける商品をリーズナブルな価格で」という、A社創業以来のモットーにも合致する。

さらに、前任料理長だった相談役は、嗜好や季節に応じたメニューや味、盛り付けを行うノウハウを有している。相談役のメニュー開発ノウハウを新規事業に活かすことで、消費者ニーズに対応することができる。相談役もメニュー開発に協力することで、相談役の意欲向上につながることも期待できる。

第3工場の売却については問われていない。売却して別の新規事業に投資する意思決定も考えられるが、新規事業失敗の理由には当たらない。
③販売チャネルについて

販売チャネルについてはどうだろうか。食材供給先のホテルへの納入や百貨店の食品フェアへの参加により、ブランドイメージを高めることができる。また、空港近隣や近隣スーパーへの納入で、近隣住民に対し地元の商品としてアピールできる。さらに、インターネットを利用した頒布会での申込者に対しては、直販が可能となり、準拠集団による口コミが期待できる。成功するとも失敗するとも断定できないが、販売チャネルには問題ない。ただし、一般消費者に対するブランド認知とともに、販売チャネルの拡大は今後の課題である。

与件文に「もっとも、その後10年余りのA社の成長は、航空会社とケータリング会社の事業拡大によってもたらされたもので、必ずしも自社の営業努力によるものとはいえない。」との記述がある。一般消費者向けの新規事業に失敗する根拠として、「営業能力が低いから」「営業努力をしない組織風土があるから」などの解答をした方がいるかもしれない。しかし、これらは20年以上前のことであり、現在まで続いているとの記述は見当たらない。必ずしも否定はできないが、失敗要因の根拠としては不十分である。

以上のポイントを踏まえ、A社の新規事業は「成功すると思う」と断定できる。

●解答作成の手順

「成功する」立場を明確にする。理由の論述にあたっては、①自社ブランド製品の品質保証、②第3工場の活用と消費者ニーズへの対応、の2つの切り口から、A社の創業以来の「モットー」を意識しながらまとめる。

〈 参考文献 〉

『速修テキスト 3 企業経営理論』 竹永亮 平岡哲幸 柳沢隆 岩瀬敦智編著 山口正浩監修　早稲田出版
『中小企業診断士　2次試験対策講座テキスト　診断助言事例』 TBC受験研究会
『新版マーケティング原理』 コトラー他著　ダイヤモンド社
『組織の心理学』 田尾雅夫著　有斐閣ブックス
『2007年版中小企業白書』 中小企業庁編　ぎょうせい
『2008年版中小企業白書』 中小企業庁編　ぎょうせい

中小企業の診断及び助言に関する実務の事例 II

事例の分析

老舗温泉旅館B社の環境変化に伴うマーケティング戦略の問題である。先行きが不透明な中、既存顧客の維持や新規顧客の獲得をテーマにした典型的なマーケティング事例である。

今回出題された老舗の温泉旅館に馴染みのない受験生もいると思う。しかし、業界知識がなくても、事例問題を攻略することは可能である。経営戦略の基本的な考え方がしっかり定着している受験生なら、手応えを感じることができたはずである。

第1問は、SWOT分析（内部環境）からの出題である。設問文に"長年にわたって顧客に支持された理由"と指示されており、B社の強みの中から持続的競争優位の源泉を導けばよい。解答は2つ求められているので、優先順位の高い2つの要因に絞り込む。

第2問も、SWOT分析（外部環境）からの出題である。B社を取り巻く外部環境から、B社の平日の予約客数が減少した理由を考える。2つの項目の切り口を明確にし、解答間での重複や他の設問の解答との矛盾が生じないように注意して解答する。

第3問は、既存事業のドメインからの出題である。4代目経営者の拡大構想に関して、マーケティング戦略上の問題点を指摘すればよい。ドメインを再定義していれば、解答は容易に導くことができる。ドメインの3要素を切り口に、解答間の重複に留意しながら解答する。

第4問は、減少している客数を増加させるためのプロモーション戦略に関する問題である。"現在の設備と経営システムを大きく変えずに"という制約条件があることに留意しながら解答する。（設問1）が既存顧客、（設問2）が新規顧客の増加を求めている。プロモーション戦略の体系を意識しながら、B社内部の経営資源や外部の機会を活かした実現可能なプロモーションを提案することが重要である。

第5問は、H温泉組合の新規事業開発に関する問題である。温泉地全体の集客力を高めるために、"地元"との協業をベースにした具体的な新規事業を提案する。与件情報をもとに、多少想像の翼を広げて解答する。中小企業白書からヒントを得ても良い。

設問の解説に入る前に、B社の経営環境を分析し、B社の全体戦略の方向性を明らかにしておこう。設問はマーケティング戦略に絡む内容が大半であるが、全体戦略が定まらなければ、個々のマーケティング戦略は策定できない。

始めに、B社の環境分析を行う。限られた時間内で最も有効な手段はSWOT分析である。【 解答・解説 】という性格上丁寧にまとめるが、実際の解答中は、簡素なメモにならざるを得ない。自分の分析結果と比較して、不足や大きな相違がないか確認してほしい。

本年度の事例IIは、平成18年度のテニススクール同様、強み（Strengths）が多く、弱み（Weaknesses）が少ない。したがって、強みと機会の連合軍で弱みを克服する戦略を見つけづらい。弱みが少ないときの問題点の集約方法は、強みが十分に活かしきれていないのではないかという視点を持てばよい。

SWOT分析

S	W
●大正10年創業の老舗の温泉旅館である ●H温泉は、200年以上にわたって湯治場として親しまれてきた ●お客様に「非日常」を味わっていただくための「心を和ませる静寂への誘い」をコンセプトとしている ●仲居は10名おり、客室数は10部屋である ●仲居は一人が一部屋を担当しており、創業当初からきめのの細かい対応を続けている ●H温泉にある他の旅館に比べて高額な価格設定（威光価格）になっているが、予約を取るのが困難な状況であった ●「静寂さ」と「和み」を大切にしているため、団体客は受け入れず、小さな子供連れも基本的には断っている ●食材は敷地内と契約農家から調達し、地産地消を原則とした会席料理を提供している ●館内に小さな図書室があり、読書コーナーも用意されている ●敷地内に茶室や陶芸工房がある ●茶室があり、顧客到着時に女将がお茶を点ててもてなしている ●本格的な茶室では茶会も開ける ●料理用の器はすべて陶芸工房で作成したものを使用している ●インストラクターによる陶芸教室を開催し、初心者でも気軽に楽しめる ●ホームページを開設し予約も受け付けているが、コミュニケーションツールとしては口コミや手紙を重要視している ●プロモーションは顧客の口コミがほとんどで、親子4代にわたって利用している顧客も重要なメディアとなっている ●女将がすべての顧客に毛筆で御礼状を出している ●旅行専門誌やテレビの旅番組にも取り上げられ、問い合わせは増えていた ●外見上は目立たないような内部の補修は続けてきている ●近々、4代目へ事業承継を予定している ●若女将は、ホームページの積極的な活用などを考えている	●最近、平日の予約状況に空きが出るようになった ●建物や設備の老朽化が進んでおり、メンテナンスコストは上昇の一途である ●4代目の経営者となる若女将が、和洋折衷のコンセプトへの転換を図ろうとしている ●地元食材の販売は、人手不足もあり一部の顧客以外は断っている
O	**T**
●H温泉組合が組織され、最盛時には15軒の旅館が加盟していた ●H温泉組合は、温泉地として生き延びるための新しい方向を模索している ●外国人観光客が顕著に増えてきている（アジア地域の富裕層が約半数を占める） ●外国人観光客の中には和風旅館の風情に親しみたいという人々もいて、温泉組合の観光案内所には問い合わせが増えつつある ●H温泉から車で30分程のインターチェンジ近くに、アウトレット・モールの建設予定がある（店舗80店、駐車場2,000台） ●顧客から地元の食材に関する問い合わせが増えてきている ●みかん狩りやイチゴ狩りの案内をする機会も増えてきている ●温泉の熱を利用したハウス栽培も地元では盛んになってきている	●定年後の老夫婦をターゲットにした高級分譲マンション（天然温泉付きライフケアマンション）が建ち始めた ●沸き出す温泉量の全体に対して、需要が超過する傾向も見られる ●旅館の立地場所によっては、沸かし湯の助けを借りることも考えなければならなくなってきた ●来客数が減り、外資に買収される旅館もある ●外国資本に買収された旅館が、最新設備の整った大規模な温泉ホテルとして営業を始めており、今後このようなホテルは増えそうである ●外資系温泉ホテルは、B社より低い価格を設定している ●外国人観光客の行き先は、ほとんどが旅行代理店とタイアップした外資系ホテルである

SWOT分析の結果から、**経営上の問題点**を以下の3つに集約することができる。

①平日の予約に空きが出るなど、集客力に陰りが見えているにもかかわらず、新たなプロモーション戦略を打ち出していない。(**プロモーション戦略上の問題点**)

②B社のコンセプトを支持する固定客がいるにもかかわらず、4代目の経営者となる若女将が和洋折衷のコンセプトへの転換を図ろうとしている。(**経営戦略上の問題点**)

③地域資源に恵まれているにもかかわらず、それを活かすための協業体制や新規事業が明確にされておらず、

H温泉の魅力が高まっていない。(**協業戦略や新規事業開発上の問題点**)

以上3つの**経営上の問題点**から**経営課題を抽出**すると、以下のようになる。

①標的顧客を明確にし、B社の魅力を訴求する効果的なプロモーション戦略を展開すること。(**プロモーション戦略上の経営課題**)

②B社の真の強みや競合状況を分析したうえで、和洋折衷のコンセプトへの転換による拡大構想を見直すこと。(**経営戦略上の経営課題**)

③地域資源を活用した協業による新規事業を立ち上げ、H温泉の集客力を高めること。(**協業戦略や新規事業開発上の経営課題**)

上記経営課題と各設問との関係を明らかにしておこう。

①の経営課題→第1問、第2問、第4問と関連

②の経営課題→第1問、第2問、第3問と関連

③の経営課題→第5問と関連

以上を踏まえ、前述の**経営課題**を克服することによって実現する、**B社の戦略ドメインを再定義**してみよう。

①**顧客**(C:Customer):「非日常」の温泉旅館の風情を堪能したいと考えている個人観光客

②**機能**(F:Function):湯治効果のある温泉、心休まる時間と空間の提供、地元の食材を使った美味しい食事を通じて、心温まる旅や日本文化を提供

③**経営資源**(R:Resource):仲居のきめ細かい対応、高級老舗温泉旅館として風情のある建物や施設、心のこもった手書きの御礼状やDM、更新の行き届いたホームページ、H温泉協同組合の活用、地元農家との協業、旅行会社とのタイアップ、アウトレット・モールの存在

解答例と解説

第1問(配点10点)

【解答】

宿	泊	客	を	選	別	し	、	静	寂	さ	と	和	み	を	大	切	に	「	非
日	常	」	を	提	供	し	て	い	る。										

価	格	に	見	合	っ	た	良	質	な	料	理	や	き	め	細	か	な	接	客
を	提	供	し	て	い	る	。												

【解説】

B社の強み(持続的競争優位の源泉)を問う問題である。SWOT分析で見たとおり、B社には数多くの強みが存在する。しかし、どの強みを解答しても得点できるわけではない。解答にあたっては、常に設問文の要求事項、つまり題意を的確に読み取って、出題者の求めている点に素直に答えることが必要である。設問では、「長年にわたって顧客に支持された理由」を問うている。設問文からわかることは、①標的顧客のニーズを十分に満たす価値を持った強みを挙げる必要がある、②その強みには継続性も必要である、ことである。

B社が持つ強みの中で、標的顧客にとって価値の源泉となっているものの第一は、「非日常的な静寂さや和み」である。なぜなら、これがB社のコンセプトそのものであり、かつ、標的顧客の支持を獲得しているからである。そうでなければ、一泊二食付で50,000円からという他の旅館に比べて高額な価格設定(威光価格)で、予約を取るのが困難なほどの状況が長く続くことは考えにくい。静けさと和みをコンセプトとして大切に育

んできたからこそ、標的顧客の期待に応え続けることができているのである。

第二の強みとして、きめ細かな接客がある。①10部屋ある客室に対して10名の仲居を配置して、仲居一人が一部屋を担当すること、②女将自らが行う顧客到着時のお茶点てによるもてなし、③陶芸教室に配置されたインストラクター、④女将が書くすべての宿泊客への毛筆による御礼状、などである。これらはかつてのH温泉で農家の人が行っていた片手間仕事の対極に存在している。与件文には、「きめの細かい対応は創業当初から続けている。」とあるので、継続性の点からも問題がない。

また、食材を自社敷地内の山菜と地元契約農家から有機野菜、自然飼育の鶏卵などを調達して、地産地消によって会席料理を提供していることも強みである。今日、食の安全は多くの国民の関心事となっている。自社と契約農家から調達する食材に限定しているので、トレーサビリティがしっかりしている。有機栽培や自然飼育された食材ばかりなので、アレルギー体質の顧客でも安心して食べることができる。会席料理を提供しているため、高級感を求める顧客ニーズにも対応できている。つまり、食への安心と、味わいという二つの観点を共に満たす、良質の料理を提供していることがわかる。

館内にある「小さな図書室」や「階段下や廊下の隅を巧みに使った書斎風の読書コーナーやベンチ」「本棚」「茶室」「陶芸工房」といった施設も強みであるが、その重要度は高くはない。こうした施設は「静けさ」という根本的な強みを活かして和みを生み出すべく、後からつけ加えられたものと考えられるからである。字数の問題もあり、まずは静寂さや和みについて答えるべきである。

ドメインにおける機能を考えるとき、商品やサービスそのものである「モノ」だけでなく、商品・サービスが提供する時間や空間、ライフ・スタイルなどの「コト」についても考慮することが極めて大切である。本事例でいえば、

　　モノ：湯治効果のある温泉
　　コト：心休まる時間と空間の提供

である。

「コト」を示すためには、「小さな図書室」等の設備を挙げるより、「非日常的な静寂さや和み」等のコンセプトに関連する内容を挙げたほうが適切である。B社の真の強みを表すことができるからである。

第2問（配点20点）

【解答】

最	新	設	備	を	保	有	す	る	外	資	系	ホ	テ	ル	が	、	顧	客	を
低	価	格	で	集	客	し	て	い	る。										

マ	ン	シ	ョ	ン	や	温	泉	ホ	テ	ル	が	増	え	、	温	泉	街	全	体
の	魅	力	が	低	下	し	て	い	る。										

【解説】

本問もB社の環境分析からの問題である。B社の予約客が減少した理由は、外部環境から考えることができる。

ひとつは、外国資本のホテルの存在がある。外資ホテルは、①最新設備が整っている、②低価格である、という特徴がある。外資ホテルにとっては、これだけで観光客の注目を集める強みとなっているが、さらに、③強力な販売促進活動を行っていることも考えられる。ホテルや旅館などでは、開業直前・直後に多額の資金を投下して広告・PR活動を行うものである。したがって、買収後、新たに温泉ホテルとして営業を開始した外資ホテルも、開業時には積極的な販売促進活動を行ったことが容易に想像できる。近年顕著に増えている外国人観光客の多くが、旅行代理店とタイアップした外資系ホテルに宿泊していることから、開業以来、販売促進活動に力を入れてきているはずである。また、大規模かつ最新設備への投資を行ったことから、外

国資本はH温泉の既存の旅館より資金力に優れていることも推察できる。

以上のことから、新規開業した外資ホテルが、最新設備や低価格をセールス・ポイントにして強力な販売促進活動を行ったことで、新規顧客を取られていると考えられる。

もうひとつは、温泉ホテルや天然温泉付きライフケアマンションの影響である。H温泉は最盛期に15軒が温泉組合に加入していたということから、小規模な温泉街であることがわかる。そういった、こぢんまりとした温泉街の風情を楽しみたい旅行客にとっては、ホテルやマンションが立ち並ぶとたちまち魅力を感じなくなってしまう。温泉街として魅力が失われると旅行者の数も減ってしまい、当然、その温泉街の中にある旅館の利用客は減ってしまう。

湯量低下による風評について解答した受験生もいると思うが、与件文をよく読んで欲しい。与件文には「旅館の立地場所によっては、沸かし湯の助けを借りることも考えなければならなくなってきた」とある。つまり、今の時点ではまだ、湯量は足りていると読み取ることができる。湯量不足の風評被害が出ることは考えにくい。

天然温泉付きライフケアマンションの購入者が増加したため、B社の利用客が減ったという解答を考えた受験生もいると思うが、ひとつ考えて欲しいことがある。それは、旅行者は単に「温泉」だけを求めてB社を利用しているのかということである。もちろん、そうではない。B社に「非日常」を求めているのである。天然温泉付きライフケアマンションの購入者は、マンションの中で食事を作り、蛇口をひねって浴槽に湯をはるのである。そしてそれが彼らの「日常」となる。H温泉で過ごす時間を「日常」としたい人と「非日常」としたい人は、完全に棲み分けられている。B社を支持する利用客が天然温泉付きライフケアマンションを購入したため、B社の利用が減ったとは考えにくい。

このように、①解答の切り口を明確にし、②与件文をしっかり読み込むことができれば、本問は難しくはない問題であり、確実に得点を重ねることができる。また、既に気づいた受験生もいるかもしれないが、今回のB社に関する事例問題では、第1問で内部環境を問うており、第2問で外部環境を問うている。設問の構造化をしっかりやった受験生は、迷わず解答できたはずである。

第3問（配点20点）

【解答】

和	洋	折	衷	の	コ	ン	セ	プ	ト	を	採	用	す	れ	ば	、	標	的	顧
客	が	不	明	確	に	な	り	、	老	舗	和	風	旅	館	に	共	感	し	て
い	た	顧	客	が	離	反	す	る	。										

洋	室	を	追	加	し	、	メ	イ	ン	ダ	イ	ニ	ン	グ	を	作	れ	ば	、
外	資	系	ホ	テ	ル	と	サ	ー	ビ	ス	が	同	質	化	し	、	価	格	競
争	に	陥	る	お	そ	れ	が	あ	る。										

【解説】

B社のドメイン、競争戦略およびマーケティング戦略に関する問題である。

B社では従来、純和風スタイルの旅館において、仲居が一人一部屋を担当するというきめ細かい対応を行うことによって、顧客ニーズに応えてきた。

しかし、4代目となる若女将は建物の建替えを行い、洋室を追加し、食事の部屋出しに加えてメインダイニングから顧客に選択させる和洋折衷のコンセプトへの転換を始める考えである。これによって、標的顧客が変化し、B社のドメインが再定義されることになる。しかし、本問ではこのドメイン再定義において、マーケティング戦略上の問題が存在するとしている。

解答にあたっては、まず、ポーターの「競争優位の戦略」を確認する。ポーターによると、競争戦略には、①コスト・リーダーシップ戦略、②差別化戦略、③集中戦略がある。集中戦略はさらに、コスト集中戦略と差別化集中戦略に分けられる。

競争優位獲得の基本戦略

		競争優位性	
		他社より低コスト	他社と比べて差別化
ターゲット	広い	コスト・リーダーシップ	差別化
	狭い	コスト集中	差別化集中

コスト・リーダーシップ戦略	規模の経済の追求、革新的な独自技術の開発などを通じて低コストで優位に立つ戦略である。
差別化戦略	製品の品質、製品のデザイン、ブランド・イメージ、アフターサービスなどで他社にない特異性で優位性を発揮する戦略である。
集中戦略	業界や地域の特定セグメントに焦点を絞り、効率よくそのセグメントに奉仕して優位性をつかむ戦略である。一般に、中小企業に適するのは集中戦略である。さらにコスト面で優位性を獲得するコスト集中戦略と、製品機能やイメージ面での優位性を獲得する差別化集中戦略に分かれる。

出典：『競争優位の戦略』M.E.ポーター著、ダイヤモンド社　を加筆修正

これまでB社が採ってきたのは、差別化集中戦略である。一方、外資ホテルはコスト・リーダーシップ戦略を採って、市場に参入してきている。

解答の切り口としては、マーケティングの4Pも考えられる。

マーケティングの4Pは、①Product（製品）、②Price（価格）、③Place（立地）、④Promotion（販売促進）である。ポーターの「競争優位の戦略」を考慮して、今回は製品と価格から解答するのが適切である。

製品（サービス）の切り口では、和洋折衷となった場合、これまでの和風を好む顧客だけでなく、洋風を好む顧客が標的顧客に加わる。若女将はこのように、標的顧客を多層化することによって客数の拡大を図ろうと考えている。しかし、和洋折衷戦略では顧客から見てどのような宿なのかというイメージがはっきりしなくなるので、顧客に対して効果的なメッセージを発信できなくなる。

また、従業員にかかる負担も大きくなる。和室に滞在する顧客にはきめ細かな接客を提供し、コミュニケーションを大事にする一方で、洋室に滞在する顧客にはプライバシーを尊重することを優先し、コミュニケーションは必要最小限に抑える、といった具合である。これによってB社内部で混乱をきたし、サービス低下につながるおそれが生じる。サービスの低下はB社の強みである「きめ細かな接客」という差別化要因の低下につながり、和風を好む顧客から見た魅力を低下させる。一方、洋風を好む顧客にとっても、和風旅館としてのサービスや雰囲気が残っているため、ホテルとしての洗練されたイメージが薄められ、魅力の低下につながる。

価格の切り口では、新しい標的顧客が外資の温泉ホテルの客層と重なることと、「きめ細かな接客」などの差別化要因が機能しなくなるため、高価格戦略を維持できなくなることが問題である。外資の温泉ホテルと同じ市場に打って出ることにより、低価格競争に巻き込まれてしまう可能性が生じることになる。

以上より、若女将の拡大構想では顧客への差別化要因が失われ、競争上の優位性を失うことで客数と客単価が共に減少し、将来の売上低下を招く可能性が高いことがわかる。

第4問（配点20点）

（設問1）

【解答】

既	存	顧	客	に	、	期	間	限	定	の	料	理	メ	ニ	ュ	ー	や	地	域
の	イ	ベ	ン	ト	情	報	に	女	将	直	筆	の	メ	ッ	セ	ー	ジ	を	添
え	た	D	M	を	送	付	す	る	。										

【解説】

第4問は、既存顧客と新規顧客それぞれをターゲットとした場合の、顧客を増やすためのプロモーション戦略について問われている。設問に「B社の現在の設備と経営システムを大きく変えずに」とあるので、与件文にあるB社の「強み」や「外部の機会」を活用した、効率的かつ実現可能なプロモーションを提案する必要がある。「顧客データベースの作成・活用」等、短絡的な内容の解答では、合格点は望めない。

参考までに、リレーションシップ・マーケティングにおける、顧客開発プロセスについて触れておきたい。企業が顧客を引きつけ維持するプロセスは、次の通りである。出発点は「可能性のある顧客」である。企業は「可能性のある顧客」の中から的確な「見込み客」を選定し、その多くを「初回顧客」へと転換、続いて「リピート客」への転換を図る。その後、「クライアント」、「メンバー」、「信奉者」、「パートナー」と、顧客と企業がより積極的に協力し合う関係への転換を図っていく。

顧客開発プロセス

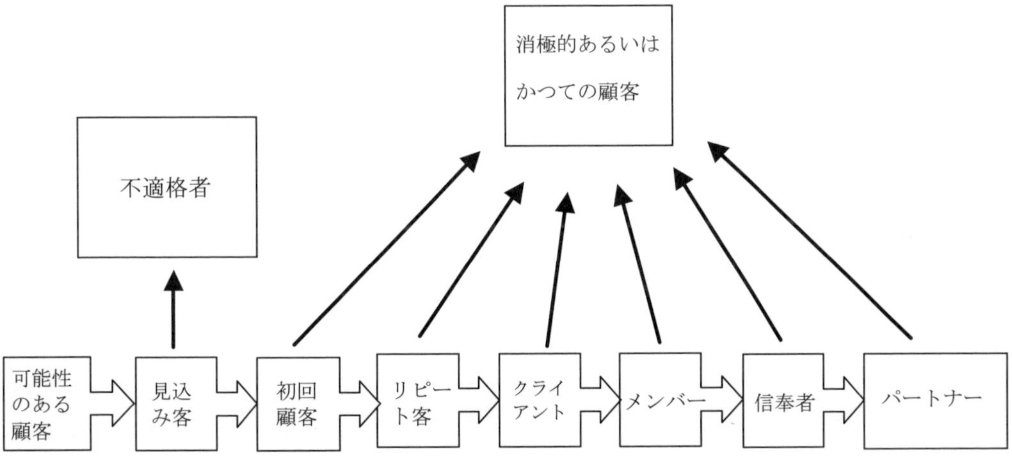

出典：『コトラーのマーケティング・マネジメント基本編』フィリップ・コトラー著、ピアソン・エデュケーション　をもとに加筆修正

（設問1）は、既存顧客をターゲットとした場合である。現在、プロモーションは顧客の口コミがほとんどであることから、既存顧客の多くが顧客開発プロセスの「クライアント」以降の段階にあると考えられる。長年の営業努力により、B社のコンセプトを支持する既存顧客と信頼関係・協力し合う関係を構築できていることが、プロモーション戦略におけるB社の最大の強みである。現在、既存顧客に対して行っているプロモーションは「毛筆で書く御礼状」だけであるが、四季折々の季節感あふれる料理やイベントの情報を定期的に提供することで、既存顧客のリピート回数を向上させることが可能である。また、「毛筆で書く御礼状」同様に手書きのメッセージを添え、「親近感」・「温かさ」を伝えたい。

(設問2)

【解答】

旅	行	代	理	店	や	イ	ン	タ	ー	ネ	ッ	ト	を	通	じ	、	外	国	人
観	光	客	に	和	風	旅	館	の	風	情	、	茶	会	や	陶	芸	を	体	験
で	き	る	こ	と	を	Ｐ	Ｒ	す	る。										

【解説】

(設問2)は、新規顧客をターゲットとした場合であり、顧客開発プロセスの「可能性のある顧客・見込み客」の段階である。B社は、ホームページを開設して予約を受け付けており、また旅行専門誌やテレビの旅行番組で取り上げられ問い合わせは増えているものの、新規顧客を取り込むまでには至っていない。言い換えれば、ホームページやPRが新規顧客の取り込みにおけるB社の強みとなっていない。よって、与件文にある「外部の機会」を活用したプロモーションの提案が有効であると考える。

そこで、旅行会社とのタイアップによる富裕層の外国人受け入れを挙げた。ビジット・ジャパン・キャンペーンや観光庁の設立等、観光立国への取り組みにより、アジア地域を中心とした訪日外国人旅行者数が年々増加している。マーケティング・ターゲットとして魅力的であり、東京銀座の百貨店においては、多言語パンフレットの作成や専用コンシェルジュの配置、銀聯(ぎんれん)カードの導入等、来店客の利便性向上を目的とした各施策を行っている。

設問に「B社の良き伝統を維持しつつ」とあるので、日本文化やB社のコンセプトに理解度の高い外国人だけを受け入れられるよう、旅行会社で顧客のフィルタリングをしてもらう必要がある。解答では触れていないが、日々の宿泊客における外国人の比率にも留意すべきである。外国人客を受け入れるにあたっては、英語、韓国語、中国語などによる接客が可能な態勢を整えておく必要がある。もしくは、カタコトでも日本語が話せる外国人のみに利用してもらうかである。「老舗高級温泉旅館のおもてなし」を体験してもらうのに、コミュニケーションがとれないでは本末転倒となるからである。

第5問(配点30点)

【解答】

	地	元	農	家	の	新	鮮	で	安	心	な	食	材	を	取	り	揃	え	た
こ	だ	わ	り	の	朝	市	を	定	期	開	催	す	る	。	温	泉	街	内	の
散	歩	コ	ー	ス	の	一	つ	に	設	定	し	、	旅	行	者	の	楽	し	み
の	ひ	と	つ	に	す	る	。	朝	市	を	農	家	と	共	に	盛	り	上	げ
Ｈ	温	泉	の	「	見	ど	こ	ろ	」	と	し	て	広	く	Ｐ	Ｒ	す	る	。

	Ｈ	温	泉	組	合	と	ア	ウ	ト	レ	ッ	ト	・	モ	ー	ル	の	共	催
で	、	Ｈ	温	泉	の	内	湯	巡	り	が	楽	し	め	る	ツ	ア	ー	を	企
画	す	る	。	み	か	ん	狩	り	や	イ	チ	ゴ	狩	り	を	コ	ー	ス	に
組	み	込	み	、	ア	ウ	ト	レ	ッ	ト	・	モ	ー	ル	に	訪	れ	た	顧
客	に	、	シ	ョ	ッ	ピ	ン	グ	以	外	の	楽	し	み	を	提	供	す	る。

【解説】

第5問は、H温泉組合が温泉街の集客力を高めるために講じる新規事業について問われている。キーワードは「地域資源の有効活用」と「連携・協業」であり、特に「連携・協業」については、中小企業白書をヒントにしたより具体的な発想・記述が必要である。単なるアイデアフラッシュ的な解答にならないよう留意したい。それぞれ100字以内と全設問内で最大の字数であり、「連携・協業」の効果・メリットまで記述して欲しい。

「地域資源の有効活用」と「連携・協業」は、『2007年版中小企業白書』の第2部第1章で取り上げられている。参考までに、当該章の「まとめ」を以下に転載する。食材や自然を活用した新サービスを提供して、顧客満足度を高めている温泉宿泊施設等、事例も多く掲載されており、再度全内容を白書で確認しておいて欲しい。

【中小企業白書2007年版　第2部第1章第4節　まとめ】

「大消費地に遠く、また比較的小規模な地域の中小企業が、大企業や安価な海外製品との競争の中で存続・成長していくためには、自社特有の強みを見出して差別化を図ることが一つの方法となる。実際に地域の農林水産品や産地の技術、自然資源を背景とした品目の中には、中小企業の商品の方が高価格帯となっている事例を見ることができる。

地域資源の活用は付加価値や販売数量を増加させるなど、企業経営にプラスの効果を与えるとともに、地域の活性化にも繋がると認識されている。」

＜中略＞

「地元が持つものの市場価値を、まずは地域の中小企業が十分に認識して、外部の意見も参考にしつつ活用していくことが必要である。」

＜中略＞

「資金調達や情報発信など、地域資源を活用する際の課題は多岐にわたっているが、連携体制や外部人材の活用により、これらを克服していくことで、地域外へ販路が広がる可能性がある。

消費者のニーズが多様化している中では、『地域』自体が差別化されたものとなる。改めて地域を見直し、地域資源の活用により地域内外の需要を取り込むことで、中小企業の持続的成長と地域全体の活性化が図られるであろう。」

解答では、与件文にある「地元契約農家の新鮮で安心な食材」「みかん狩りやイチゴ狩り」という地域資源を活用した連携・協業として、「地元農家との朝市の開設」「アウトレット・モールの集客力との共催による、みかん狩りやイチゴ狩りと温泉をパックにした日帰りツアー」を挙げた。H温泉より車で30分程度の場所に建設計画が持ち上がっているアウトレット・モールは、店舗数80以上、2,000台規模の駐車場を予定しており、広い商圏から多数の来客が見込まれる。

参考までに、国内のアウトレット・モールの代表的なディベロッパーのホームページで、各モールの店舗数・駐車台数を確認しておいて欲しい。

- チェルシージャパン株式会社　ホームページ
  http：//www.premiumoutlets.co.jp/
- 三井アウトレットパーク　ホームページ
  http：//www.31op.com/index2.html

建設計画段階からディベロッパーとの交渉を行い、モール内でH温泉のPRが実現できれば、新規顧客の取り込みが期待できる。解答例では触れていないが、アウトレット・モールのホームページにB社ホームページをリンクしてもらうことにより、B社ホームページのアクセス数が向上し、ホームページから新規顧客の予約を獲得できる可能性もある。

連携・協業の効果・メリットとして、各解答で「H温泉のPR効果」「B社の平日の稼働率向上」を挙げることができる。

解答例以外にも素晴らしい新規事業を思いついた受験生もいると思うが、結果としてその新規事業を立ち上げることで、現状のH温泉組合や旅館の抱える具体的な問題点が解消できるような内容にして欲しい。
　最後に繰り返しになるが、「具体的な発想力」を問う問題においては、中小企業白書の事例が参考になる。本試験における白書の重要度を再認識して欲しい。

〈参考文献〉

『速修テキスト 3 企業経営理論』竹永亮 平岡哲幸 柳沢隆 岩瀬敦智編著 山口正浩監修　早稲田出版
『中小企業診断士　2次試験対策講座テキスト　診断助言事例』TBC受験研究会
『スモールビジネス・マーケティング』岩崎邦彦著　中央経済社
『経営戦略論』寺本義也 岩崎尚人編　学文社
『マーケティング戦略論』上原征彦著　有斐閣
『経営戦略』大滝精一 金井一頼 山田英夫 岩田智著　有斐閣アルマ
『2007年版中小企業白書』中小企業庁編　ぎょうせい
『コトラーのマーケティング・マネジメント　基本編』フィリップ・コトラー著　ピアソン・エデュケーション
『競争優位の戦略』M.E.ポーター著　ダイヤモンド社

事例の分析

本事例は、自動車、電機、日用品など幅広い分野のプラスチック製品生産に使われる金型を製作するC社が、取引先からの高度化した生産要請へ対応するために自社の課題を整理し、グローバル化が進む経営環境に対して経営戦略を策定しようとするものである。

小規模企業が大半を占める金型業界にあって、C社は生産規模と技術水準の高さにおいてトップ集団を構成する1社である。しかし、現在の主力製品である小型・中型金型の外部環境が悪化しているため、大型金型を新製品と位置づけた多角化戦略の採用を検討している。

多角化戦略の必要性を考慮すると、各設問の要旨は次のようになる。

第1問

現在の強みの中で、(a)大型金型の製作に有効活用できる経営資源の指摘、(b)大型金型の製作を採用した場合の新しい経営戦略の説明、をする。

第2問（設問1）

外部環境の変化という視点から前向きに機会を見出し、大型金型の製作をすべきだとする理由として説明する。

第2問（設問2）

大型金型の製作をすべきだとする前提で、内部環境の視点から生産要請の不確実性を考慮し、生産面の課題を説明する。

第3問

現在および将来ともに重要な課題である短納期化を図る場合に、外注企業との間で共有すべきデータを挙げ、データの共有化がもたらす生産面の相乗効果を説明する。

第4問

技能承継の視点から「仕上げ工」の育成方法を示し、育成できた「仕上げ工」が増えることは、第1問で解答した経営戦略にどのような可能性を持つかを説明する。

【参考】

『2008年版中小企業白書』のサブ・タイトルは「生産性向上と地域活性化への挑戦」であり、本事例では特に金型の生産性向上に着目している。

同白書第2部では、「今後、我が国社会の少子高齢化が一層進展し、労働力人口が減少していく中で、中小企業が利益を確保し、持続的な発展を遂げていくためには、中小企業の労働生産性の向上を図ることが重要である。こうした観点から、第2部では、中小企業の労働生産性の現状を示すとともに、中小企業の労働生産性の向上を図る上で重要な取組を分析する」と述べている。経営環境面では「我が国経済は、グローバル化、IT化、少子高齢化等の大きな構造変化に直面している」と述べている。

以上のことを考慮してドメインを策定する。なお、有効に活用できる「経営資源」を生かしたC社の経営戦略は、多角化戦略の中でも水平型多角化に位置づけられるため、ドメインは既存製品事業と新規製品事業に分けて水平展開した。

〈既存製品の事業ドメイン〉

顧客（Customer）：自動車、電機、日用品分野で、小型・中型プラスチック製品を使用する企業

機能（Function）：難易度の高い金型製作、生産性の高い金型製作、複数取りやコスト低減に結びつく提案

技術（Technology）：豊富なノウハウの蓄積とノウハウを駆使できる社内体制

〈新規製品の事業ドメイン〉

顧客（Customer）：自動車分野を中心とした、大型プラスチック製品を使用する企業

機能（Function）：取引先の要請を適切に満たす生産能力と工程能力

技術（Technology）：豊富なノウハウを有効活用し、業界水準以上の短納期化や高い生産性を実現するための工程管理および人材育成

SWOT分析

S	W
●小型・中型の金型製作を得意とし、幅広い産業分野へ提供している ●難易度の高い金型製作ができる ●豊富なノウハウを駆使し、生産性の高い金型製作を得意としている ●複数取りやコスト低減の提案などを取引先に行える ●生産規模と技術水準の高さにおいてトップ集団を構成する1社である ●金型業として一定の力を備えているが、今後の発展については楽観視していない ●難易度の高い金型製作が多いこともあり、短納期化の傾向による影響は、短期間生産を標榜する企業よりも今のところ小さい ●短納期化を経営課題の1つとして位置づけている ●CADによる「金型設計」要員を20人と、決して少なくはない人数を有している ●納期短縮に関し、「金型設計」での進捗管理の重要性を認識している ●「金型部品加工」については、作業指示票に基づき進捗状況が時間単位で管理されている ●「仕上げ工」に11人のベテランがいる	●売上高は、ここ数年、年率10%ほど増加するなど好調であったが、平成19年頃からいくらか陰りが見え始めている ●大型金型の製作をしていないため、大型金型の生産要請に対し、その取り扱いに苦慮している ●取引先からの設計変更、仕様変更により「金型設計」の日程変更や納期遅れが生じると、他の金型設計に混乱を引き起こしてしまう ●「金型設計」の混乱を設計要員の増強によってカバーすることを検討している ●短納期化の課題を重視しているものの、外注企業に対しては、金型全体の図面ではなく、発注される金型部品に限定した図面と加工データを渡している ●短納期化の課題を重視しているものの、外注企業に対しては、納入日の設定にとどまり、生産の進捗状況の把握は行っていない ●納期順守に関する外注企業への対策は、日程的に多少の余裕を持たせることのみで行っている ●「仕上げ加工」は技能を前提としたものづくり現場なので、短納期対応において要員不足である
O	**T**
●グローバル展開を進める取引先の海外工場における金型調達や修理に応えることのできる企業と評価されている ●C社を含む有力企業には金型発注が集中する傾向にある ●既存取引先から大型金型の生産要請がある	●自動車分野ではプラスチック部品の標準化や共通化の流れが加速し、新車開発の動きが鈍くなっている ●電気分野では携帯電話の外装用の金型製作が減少している ●海外進出企業の金型の現地調達が進展している ●国内生産の低迷により金型需要が縮小している ●大型金型の受注が一時的なものか、あるいは長期にわたって継続するかは定かではない ●金型業界は短納期化の課題に直面している ●取引先からの設計変更、仕様変更が生じる

解答例と解説

第1問（配点20点）

【解答】

(a)欄

金	型	製	作	の	高	い	技	術	に	基	づ	く	豊	富	な	ノ	ウ	ハ	ウ。

(b)欄

大	型	金	型	の	製	作	を	中	核	と	し	た	水	平	型	多	角	化	戦
略	で	あ	る	。	既	存	取	引	先	か	ら	の	要	請	に	応	え	な	が
ら	新	規	取	引	先	も	開	拓	し	て	受	注	量	を	増	や	し	、	短
納	期	化	も	進	め	る	こ	と	で	競	争	優	位	を	確	立	す	る	。

【解説】

●解答導出の根拠

C社の置かれている経営環境を与件から読み取ると、単に受注拡大に陰りが見え始めているだけでなく、海外進出企業の金型の現地調達の進展や、国内生産の低迷による金型需要の縮小というわが国の金型業界を取り巻く経営環境の厳しさの存在がわかる。反面、有力企業には発注が集中する傾向があるとわかる。

以上から、金型業界では淘汰が進むと読み取れるので、C社の経営戦略は生き残りを重視した成長戦略になる。成長戦略とは、環境の変化に対応したり、あるいは創造的に働きかけて環境を変えたりするために、自社の事業構造を変革する戦略である。

経営戦略の本質が環境適応であるという基本に戻って考えると、現在時点で機会と捉えられることは、取引先から有力企業だと評価されていることであり、将来の成長において機会と捉えられることは、大型金型の生産要請があることである。

生き残りを図るためには競争優位を確立し、参入障壁を高くすることも重要である。金型業界では短納期化の傾向が進んでいるが、難易度の高い金型製作では、一般的な金型よりも納期に対する制約が緩やかである。しかし、現在の緩やかな制約に甘えることなく、難易度の高い金型製作でも一般的な金型の水準で短期間生産を実現し、一般的な金型の製作では競合他社と同等以上の水準で短期間生産を実現すれば、競争優位を確立できる。

●解答作成の手順

(a)

有効に活用できる「経営資源」とは、独自性の高い強みのうち、機会との親和性が高いものである。SWOT分析から、独自性の高い強みとして次のものが挙げられる。

①小型・中型の金型製作を得意とし、幅広い産業分野へ提供している。

②難易度の高い金型製作ができる。

③豊富なノウハウを駆使し、生産性の高い金型製作を得意としている。

④複数取りやコスト低減の提案などを取引先に行える。

本問では、4つの強みのうち、最も重要なものを1つ挙げることが問われている。そこで、C社の経営戦略にとって重要な機会である大型金型の生産要請との親和性が高く、また本質的な強みを選ぶ。大型金型の生産要請へ応えることの重要性は、第2問の問いかけ方からもわかる。

①について、小型・中型の金型製作を得意とすること自体は、大型金型の製作との直接的な関連性が低い。②について、大型金型が必ずしも高い難易度を必要とするとは限らない。③について、豊富なノウハウは小

型・中型の金型製作で蓄積したものだが、ノウハウは関連する業務に活用できる可能性が高い。④について、取引先に対して付加価値を具体的に示すときには重要だが、その本質は③である。

有効活用できる「経営資源」を端的に挙げれば「豊富なノウハウ」だが、その表現だけでは抽象的であり、20字で解答するという条件も満たせないため、「金型製作の高い技術に基づく」というノウハウの源泉に関する説明を付け加えた。

(b)

C社は生産規模と技術水準の高さにおいてトップ集団を構成する有力企業だが、そのC社でさえ大型金型の製作は新しい製品部門への進出になる。また現状では、大型金型の生産要請は既存取引先からのものだが、グローバル化が進展する経営環境においては、既存取引先との関係を維持しつつ、既存取引先に似た属性を持つ新しい取引先を開拓していく可能性がある。

現在とほぼ同じ顧客で新しい製品部門に進出する新事業の展開は、アンゾフの成長ベクトルにおいて、多角化戦略の中の水平型多角化に該当する。

成長ベクトル

製品 / 市場	現在の製品	新しい製品
現在の市場	市場浸透戦略	製品開発戦略
新しい市場	市場開発戦略	多角化戦略

多角化戦略

水平型多角化戦略	現在とほぼ同じ顧客で新しい製品部門に進出
垂直型多角化戦略	川上から川下にかけての複数分野に進出
集中型多角化戦略	既存と新規の製品を関連づけて新市場に進出
集成型多角化戦略	現在の製品市場と関連性のない新規事業に進出

アンゾフは経営戦略の構成要素として、次の4つを挙げている。

①製品・市場分野

②成長ベクトル

③シナジー

④競争上の利点

ここまでは、①と②について考察してきたが、③と④についても解答すべきである。③シナジーについては、短納期対応から派生する、第3問の「生産面でどのような効果を持つか」、第4問の「グローバル化時代の経営戦略にどのような可能性を持つか」に対して解答すればよい。

④の競争上の利点については、市場で顕在化している短納期化の課題へ高度に対応することを示せばよい。C社が大型金型の生産要請に応えることは自社にとって新しい事業だが、競争を考えた場合、大型金型の生産要請に応えるだけでは競争上の利点がない。現在のC社は難易度の高い金型製作が多いこともあり、一般的な金型製作よりも納期が長いことが許容されている。しかし、現状で満足することなく、グローバル化によって多様化する取引先のニーズに応えつつ、取引先が期待する以上の短納期化を実現すれば、競争上の利点を得ることができる。

第2問（配点30点）

（設問1）

【解答】

	業	界	の	グ	ロ	ー	バ	ル	化	に	対	応	し	た	成	長	機	会	と
と	ら	え	る	。	海	外	進	出	企	業	の	現	地	調	達	等	に	よ	る
需	要	縮	小	へ	の	対	応	が	難	し	い	中	、	C	社	は	取	引	先
か	ら	有	力	企	業	と	評	価	さ	れ	て	い	る	た	め	、	要	請	に
応	え	る	こ	と	で	受	注	の	更	な	る	集	中	が	見	込	め	る	。

【解説】

●解答導出の根拠

大型金型の製作に対する考え方は第1問で定まっているが、経営戦略の本質は環境適応なので、第1問で提案した経営戦略の採用理由に相当する内容を外部環境の変化という視点から解答する。大型金型の生産要請へ応えることを前提に、与件から読み取れる外部環境を機会として捉えると、次の通りである。

①小型・中型金型の受注に陰りが見える。
　→要請に応えることで受注量を増やせる。
②大型金型の生産要請がある。
　→豊富なノウハウを生かして成長できる。
③グローバル化が進んでいる。
　→グルーバル化へ対応するためのきっかけになる。
④有力企業だと評価されている。
　→要請に応えれば受注の更なる集中が見込める。
⑤短納期化が業界の課題である。
　→業界平均以上の水準で短納期化できれば競争優位を確立できる。
⑥取引先から各種変更がある。
　→短納期対応へ積極的に取り組めば、グローバル化への対策にもなる。

以上の6つの機会を考慮して解答する。

●解答作成の手順

アンゾフの経営戦略論における経営戦略の構成要素のうち、経営戦略の基本部分を成すものは、製品・市場分野と成長ベクトルである。解答導出の根拠で示した6つの機会のうち、製品・市場分野と成長ベクトルとの関連性が強いものは①～④なので、基本部分を重視して解答とした。

⑤は競争上の利点との関連性が強く、⑥は競争上の利点との関連性を持つとともにシナジーとの関連性が強い。⑤と⑥については、第3問と第4問で問われているため、本問では解答していない。

(設問2)

【解答】

	①	外	注	す	る	場	合	は	、	外	注	企	業	を	選	定	す	る	基
準	の	明	確	化	、	②	既	存	の	設	備	で	対	応	す	る	場	合	は、
技	術	開	発	や	ノ	ウ	ハ	ウ	を	蓄	積	す	る	方	法	の	確	立	、
③	大	型	用	設	備	を	導	入	す	る	場	合	は	、	需	要	予	測	と
経	済	性	を	考	慮	し	た	導	入	計	画	の	立	案	、	で	あ	る	。

【解説】

●解答導出の根拠

大型金型の受注は一時的なものか、あるいは長期にわたって継続するかは定かではなく、C社はその取り扱いに苦慮している。すなわち、不確実性が高いことを前提に、「検討すべき生産面の課題」を考える必要がある。

C社では大型金型の製作について、生産面の事業構造が決まっていないが、代替案として次の3つがあがっている。

①外注する。

②既存設備で内製する。

③設備投資をして内製する。

この状況は、長期的意思決定を必要とする段階である。意思決定は、経済学や意思決定会計の立場から、次の2つに分かれるからである。

①長期的意思決定（戦略的意思決定）

事業構造が決まっていない中での意思決定である。

②短期的意思決定（戦術的意思決定、業務的意思決定）

事業構造が決まっている中での意思決定である。

長期的意思決定では、代替案としてあがっている事業構造のいずれかを選択するという視点から、事業構造ごとに異なる重要な要素を課題として、それぞれ検討する。

●解答作成の手順

①外注する場合の課題

一般的には、外注依存度、外注する仕事の範囲、外注先の選定方針などが重要である。C社が外注する場合、外注依存度と仕事の範囲はC社の都合を重視して決められるが、外注先の選定は不確実性が高いため、慎重に行うべきである。そこで、外注する場合の課題は「外注企業を選定する基準の明確化」とした。

②既存設備で内製する場合の課題

与件には「多少生産性が悪くとも既存の機械設備で対応したり」とあるため、生産性を高めることが重要である。C社は高い技術に基づく豊富なノウハウを駆使して強みを創造してきた。そこで、既存設備で内製する場合の課題は「技術開発やノウハウを蓄積する方法の確立」とした。

③設備投資をして内製する場合の課題

設備投資の経済性計算の視点で課題を考えればよい。C社にとって設備投資をするための重要な前提条件は、まず受注の継続が期待できることである。受注の継続は、一般的な設備投資の経済性計算でも毎年のキャッシュ・イン・フローを規定する重要な要素である。次に投資プロジェクトとして経済性の考察が重要である。そこで、設備投資をして内製する場合の課題は「需要予測と経済性を考慮した導入計画の立案」とした。

第3問（配点25点）

【解答】

	金	型	全	体	の	図	面	を	共	有	す	る	こ	と	で	、	外	注	企
業	の	参	画	意	欲	と	設	計	へ	の	理	解	度	が	高	ま	る	。	外
注	企	業	の	作	業	予	定	お	よ	び	進	捗	デ	ー	タ	を	共	有	す
る	こ	と	で	、	日	程	の	余	裕	を	減	ら	せ	る	可	能	性	が	高
ま	る	。	相	乗	効	果	と	し	て	外	注	企	業	と	の	協	力	関	係
が	強	ま	る	た	め	、	「	金	型	設	計	」	で	生	じ	て	い	る	混
乱	の	低	減	、	品	質	改	善	、	原	価	低	減	の	効	果	を	持	つ。

【解説】

●解答導出の根拠

外注企業に「金型部品加工」の多くを依存しているC社が短納期化を図るためには、外注管理の強化が重要である。なぜなら、与件から、納期管理体制における進捗管理に問題のあることがわかるからである。

問われていることは、次の2つである。

①当面の目標を短納期化の実現とし、共有すべきデータを挙げる。

②短納期化の枠を超えた生産面での効果を述べる。

両方に共通して重要なことは、「外注方針」の明確化に伴うメリットを考えることである。C社と外注企業が互いにデータ共有へ積極的に取り組めば、短納期化に寄与することはもちろん、両社の親密度が高まり、外注方針が明確になる。

以下に、『生産管理用語辞典』（日本経営工学会編　日本規格協会）の説明を引用する。外注方針に関する考え方が、本問の解答を導出する根拠である。

外注方針（一部抜粋）

企業経営をうまく遂行するためには、経営の長期方針の中で、外注管理に対する方針を決める必要がある。これを外注方針という。

外注方針には、自社内に明示する方針だけでなく、外注先に明示する方針が必要である。外注企業にとっては、買手がどのような長期的方針のもとに外注を依頼してきているかを明確に理解することにより、継続的に高品質な製品を低コストで製造することに注力することが可能となる。逆に外注方針をもっていない場合、外注企業は買手の経営方針が理解できないために積極的な連携や協力が不可能である。

●解答作成の手順

①当面の目標を短納期化の実現とし、共有すべきデータを挙げる。

短納期化を図るために必要なデータを与件重視で挙げる。与件から、C社が外注企業に対して金型全体の図面を渡していないことと、外注企業の進捗状況をC社が把握していないことがわかる。そこで現状改善の立場から、それぞれを共有すべきデータとして挙げ、さらに直接的な効果を補足して説得力を高める。

②短納期化の枠を超えた生産面での効果を述べる。

短納期化以外の視点から期待できる効果は、基本的に外注方針の考え方から導く。ただし、最初に重視すべきものは与件なので、与件で明示されている「金型設計」の混乱が低減できる可能性を述べる。金型全体の図面を共有していれば、外注企業に対して変更内容の伝達がしやすくなるほか、外注企業からも改善のアイデアが出る可能性がある。その他の効果については外注方針の考え方に基づき、品質や原価の視点から解答する。

【参考】

『2006年版中小企業白書』第2部では、図面などのデータは安易に提供しないことが望ましいとしている。

3.アイデア・ノウハウの保護(一部抜粋)

例えば、部品の図面やCAD/CAMのデータにはその企業固有のアイデア・ノウハウが数値や独自の表現方法といった形で具現化されているのだが、製造物とともに発注側企業へ引き渡されれば、当該アイデア・ノウハウがそっくり社外へ流れ、伝播してしまいかねない。そうすると、せっかく産み出したアイデアやノウハウも他社との差別化としては取引上機能しなくなり、特に伝播する市場が海外であった場合には、価格競争を加速しかねない要素ともなってしまう。

この例で言えば、直接の取引先に対しては図面やデータを安易に提供しないことが望ましく、提供する場合でも契約を書面化し、アイデアやノウハウの秘密保持を明確にする必要があるだろう。

同白書に基づくと、金型全体の図面は共有しないほうがいいのではないかとも考えられる。ただし、同白書でも、情報の提供を全否定しているわけではない。契約の書面化により秘密保持を明確にすれば、情報提供の可能性があることも述べている。

C社が金型全体の図面を提供することは、短納期化に寄与する。反面、情報の保護に対するリスクが高まる。相反する事象を同時に考えるときは、最初にそれぞれを独立事象として考察し、その後に摺り合わせをすべきである。本問では、短納期化を図る視点から解答を求めているので、短納期化に寄与する内容を積極的に考えて解答すればよい。

第4問(配点25点)

【解答】

	段	階	的	な	マ	ン	ツ	ー	マ	ン	の	O	J	T	と	技	能	の	形
式	知	化	で	技	能	承	継	す	る	。	ベ	テ	ラ	ン	が	若	手	と	の
ペ	ア	で	実	地	指	導	し	、	若	手	は	ベ	テ	ラ	ン	の	チ	ェ	ッ
ク	を	受	け	な	が	ら	マ	ニ	ュ	ア	ル	を	作	る	。	採	用	者	の
指	導	は	若	手	が	担	当	す	る	。	増	員	は	海	外	向	け	金	型
の	増	産	や	海	外	工	場	で	の	仕	上	げ	な	ど	、	ニ	ー	ズ	の
増	加	と	多	様	化	へ	対	応	す	る	際	の	柔	軟	性	を	高	め	る。

【解説】

●解答導出の根拠

本問は、C社の弱みを克服し、将来は強みに変えるための技能承継について、実現方法および経営戦略との関係を問うている。

技能承継の方法について、『2006年版中小企業白書』第3部では、次の3つを挙げている。

①高齢層の再雇用による現状の技能の保持

②社内におけるOJTなどのための意識的人材配置

③IT化、マニュアル化などによる技能の形式知化

一方、グローバル化時代の経営戦略について、『2008年版中小企業白書』第3部では、「中小企業の海外展開は労働生産性の向上に寄与する効果がある」としながら、課題として「海外の拠点において国内と同じ品質の製品・サービスを安定的に供給する体制の整備」を挙げている。同白書の内容と、第1問で解答した経営戦略の内容が重要である。

●解答作成の手順

解答導出の根拠に記した中小企業白書の内容に基づき、与件と設問を考慮し、C社への提案として解答する。

①「仕上げ工」の育成方法について

問われていることは、技能承継の方法の中でも「育成」についてなので、「社内におけるOJTなどのための意識的人材配置」と「IT化、マニュアル化などによる技能の形式知化」の視点から解答する。

C社では、新卒と中途の採用を推進しているが効果が出ていない。そこで、要員不足という目先の問題に直接対処しようとすることをやめ、段階的に人材育成することを提案する。

第1段階

20人の「仕上げ工」のうち、約半数の11人がベテランなので、若手とペアを組んだマンツーマンの指導が可能である。この段階で、一般的に承継が難しいとされる暗黙知を可能な限り伝える。

第2段階

単なるIT化やマニュアル作りの段階にはしない。技能の形式知化は、ベテランから指導を受けた若手が行い、ベテランのチェックを受ける方法にする。技能を形式知化するプロセスを若手が中心になって担当することで、若手の理解度を高める段階とする。

第3段階

現在は採用者に対する育成の仕組みができていないため、即戦力化が難しい。しかし、第2段階までの取り組みをしていれば、指導者の数が増えており、育成の体系もできているので、承継はしやすい。さらに、このプロセスは若手育成の最終段階でもある。若手が習得した技能を採用者に承継できれば、若手は次代のベテランとも言える人材に成長しているはずである。

②増員がグローバル化時代のC社の経営戦略へ与える可能性について

グローバル化は労働生産性の向上に寄与するとされているので、経営戦略との関係を前向きに捉える。増員しつつ労働生産性を高めるということは、付加価値の向上が必須であることを意味する。

経営戦略の基本部分は第1問と第2問（設問1）で解答したので、本問では、特に「グローバル化」に着目して解答する。

中小企業白書では「海外の拠点において国内と同じ品質の製品・サービスを安定的に供給する体制の整備」を課題として挙げている。しかし、C社の拠点は原則として国内であり、なおかつ国内と同じ製品を海外でも供給するというよりも、多様なニーズに応えていくという傾向が強い。

グローバル化に対応しようとすれば、ニーズの量は増加し、技術力や提案力を評価されているC社ならば、ニーズの質はさらに多様化する。こうした状況に対する増員のメリットは、柔軟性の向上である。

生産の4要素は、人、機械・設備、資材、生産方法だが、このうち人に対して金と時間をかけるということは、人が持つ多様な対応力や、無限とも言える潜在能力に可能性を見出そうということである。人の育成に力を入れれば、知恵に相当する生産方法の水準も向上する。

中小企業基本法の基本理念は「独立した中小企業の多様で活力ある成長発展」である。このことに関して中小企業白書では、大企業と比べた場合の中小企業の強みを「機動性、柔軟性、小回り性」といった用語で表現している。その強みの源泉は、規模が小さいことと、人の多様性・柔軟性にあることを覚えておこう。

〈 参考文献 〉

『速修テキスト 4 運営管理』 鳥島朗広 谷口克己 岩瀬敦智 松崎研一編著 山口正浩監修　早稲田出版
『中小企業診断士　2次試験対策講座テキスト　診断助言事例』 TBC受験研究会
『2006年版中小企業白書』 中小企業庁編　ぎょうせい
『2007年版中小企業白書』 中小企業庁編　ぎょうせい
『2008年版中小企業白書』 中小企業庁編　ぎょうせい
『生産管理用語辞典』 社団法人日本経営工学会編　日本規格協会

事例の分析

本事例は、工業製品全般の塗装を行っている従業員35人の企業の経営分析、取替投資および資金調達に関する出題である。

財務・会計に関する事例では、結果である数値の変化に惑わされずに、制約条件に基づき因果関係を的確に把握することが必要である。

まず、財務・会計に関する事例で頻出かつ、解答する際に必要な「因果関係」、「経営分析」、「制約条件」について解説する。

【 因果関係の理解 】

因果関係とは、「原因」とそれによって生ずる「結果」との関係である。「原因」とは、ある物事を引き起す元である。「結果」とは、「原因」によって生み出されたものである。

財務・会計に関する事例において経営分析指標を選択する場合や各設問に解答する場合には、因果関係をしっかりと把握してから選択・解答する必要がある。因果関係の「結果」部分は、「貸借対照表」や「損益計算書」などに現れている場合が多い。これは数値の読み取りや分析により顕在化する。また「原因」部分は、問題の与件文中にある場合が多い。

特に、第1問では因果関係を把握したうえで、適切な経営指標を挙げ、経営指標値を計算し、原因を記述しないと合格点の獲得が困難になる。

【 経営分析の定義 】

「経営分析」は、今回も本試験で出題された。まず、解答する際に「経営分析」と「財務諸表分析」の違いに留意してほしい。

日本経営分析学会の大家である青木茂男氏の『要説　経営分析』(森山書店)によると、経営分析の定義は次のとおりである。「経営分析とは、企業活動を貨幣金額で表現した財務諸表と貨幣金額では表現できない非財務資料を用いて収益性と流動性(支払能力)を判断することであり、それをもって意思決定に役立てることである」とあるため、財務諸表以外に、問題文中にある、人、物、金、情報に関する内容も考慮し解答する必要がある。

【 制約条件の把握 】

出題者(＝採点者)は、短期間のうちに4千枚もの答案を採点するため、記述式の国家試験では、採点の都合上、与件文中に出題者が望む解答になるような制約条件が記してある。この制約条件を外れると自己満足な解答となり、得点となりにくい。そこで、事例問題では採点者志向の解答作成のため、制約条件をしっかりと把握する必要がある。

解答例と解説

第1問 (配点30点)

【 解答 】

①

<table>
<tr><td>(a)</td><td colspan="9">売上高原価率</td><td>(b)</td><td colspan="10">76.36%</td></tr>
<tr><td rowspan="3">(c)</td><td>前</td><td>回</td><td>の</td><td>主</td><td>力</td><td>設</td><td>備</td><td>の</td><td>更</td><td>新</td><td>時</td><td>に</td><td>、</td><td>最</td><td>新</td><td>機</td><td>能</td><td>を</td><td>備</td><td>え</td></tr>
<tr><td>た</td><td>も</td><td>の</td><td>を</td><td>購</td><td>入</td><td>し</td><td>な</td><td>か</td><td>っ</td><td>た</td><td>た</td><td>め</td><td>、</td><td>老</td><td>朽</td><td>化</td><td>に</td><td>よ</td><td>る</td></tr>
<tr><td>故</td><td>障</td><td>の</td><td>多</td><td>発</td><td>と</td><td>共</td><td>に</td><td>、</td><td>修</td><td>繕</td><td>費</td><td>が</td><td>増</td><td>加</td><td>し</td><td>て</td><td>い</td><td>る</td><td>。</td></tr>
</table>

②

(a)	棚卸資産回転率	(b)	17.19回
(c)	主要取引先から安定的に受注を得ているが故障が多発しており、納期を遵守するため、同業他社と比較し多くの在庫を保有している。		

③

(a)	固定比率	(b)	374.36%
(c)	前回の主力設備の更新時に、資金調達手段に増資を用いず長期借入金に依存した意思決定をしたため、長期の安全性が悪化している。		

【解説】

●解答導出の根拠

⑴ 第1問の問題文での表現と経営分析に対応した解答作成

第1問の問題文には「D社の平成20年度の予想財務諸表を用いて経営分析を行い」とあるため、財務諸表以外に、与件文中にある、人、物、金、情報に関する内容も考慮し解答する必要がある。

⑵ 問題文中にある3つの「制約条件」の読み取り

第1問では、「小数点第3位を四捨五入」や「60字以内で説明せよ」といった端数処理や字数制限のほかに、下記のⅠ～Ⅲの制約条件の把握が必要である。

Ⅰ：「D社の問題点のうち重要と思われるものを3つ取り上げ」

Ⅱ：「問題点①、②、③ごとに、それぞれ問題点の根拠を最も的確に示す経営指標を1つだけあげて」

Ⅲ：「その問題点の内容ついて(c)欄に60字以内で説明せよ」

財務諸表にはD社の数値のほか、同業他社の数値も記載されているため、競合比較分析をする必要がある。そのため、同業他社の財務諸表の数値も考慮する。

以上より、第1問を解答する際には、D社の抱える経営上の問題点を考えてから、問題点の根拠を最も的確に示す経営指標を選択して計算する。

●解答作成の手順

問題点と内容①～③の解答作成の手順について解説する。第1問の制約条件である「問題点」と「内容」について、便宜上、「問題点」を「表面的な問題点」とし、「内容」を「本質的な問題点」として解説する。

広辞苑によると「内容」とは、「事物・現象を成り立たせている実質や意味」とあるため、本質的な問題点の指摘が得点に大きく影響することが読み取れる。

●問題点①

【問題点の抽出と(c)欄の解答】

まず、D社における「表面的な問題点」を考える。

D社の損益計算書を見ると、同業他社と比較して売上高は50百万円低いにもかかわらず、売上原価が同業他社より8百万円高い。

売上高：600百万円(同業他社)－550百万円(D社)＝50百万円

売上原価：420百万円(D社)－412百万円(同業他社)＝8百万円

また、製造原価報告書を見ると、D社の修繕費が43百万円で、同業他社の修繕費が23百万円のため、D社の修繕費が同業他社より20百万円も高いことがわかる。

つまり、修繕費の増加が、当期製造費用の増加につながり、売上原価が同業他社より高くなっていることがわかる。

それでは、なぜ、D社の修繕費が高くなっているのだろうか。これは、与件文1頁上から7行目に「最近では、老朽化による故障が多発しているためメンテナンス費用が増加している」とあるように、老朽化によりメンテナンス費用が増加し、製造原価報告書の修繕費が同業他社より高くなっているからである。

次に、「本質的な問題点」を考える。第1問の制約条件に合わせて解答するためには、(c)欄に必要とされる内容の記述、すなわち「本質的な問題点」の記述が必要である。「本質的な問題点」は、なぜ、老朽化によりメンテナンス費用が増加しているのかを考えればよい。

与件文を読むと、1頁上から6行目に「主力設備を5年前に更新したがこの主力設備は当時の最新機能を備えたものではなかった」とある。もし、最新機能を備えた設備を購入していれば、修繕費は同業他社より20百万円も高くならなかったと考えられる。

同業他社との修繕費の差額20百万円は、与件文1頁上から12行目に「主力設備の更新には8,000万円を要する。D社にとって設備更新に要する資金が体力に比べて過大である」とあることから考えると、過大といわれる資金8,000万円の25%にもなる。

それならば、過去の主力設備への更新の際に、最新機能を備えたものに投資していれば、現在の修繕費は軽減されたはずである。

そのため、解答欄(c)には「本質的な問題点」である「過去の主力設備へ更新の際に、最新機能を備えたものを購入していなかった」ことを説明する必要がある。

【 経営指標の選択 】

D社の問題点①の根拠を最も的確に示す経営指標として、第1問の制約条件に合わせて、「修繕費の増加が、当期製造費用の増加につながり、売上原価が同業他社より高くなっている」といった「表面的な問題点」に対応する売上高原価率を選択した。また、経営指標値は、売上高修繕費比率、売上高総利益率でも整合性がとれるため正解となる。

●問題点②

【 問題点の抽出と (c) 欄の解答 】

まず、D社における「表面的な問題点」を考える。

D社の貸借対照表を見ると、売上高は同業他社と比較して50百万円低いにもかかわらず、棚卸資産が同業他社より13百万円高い。

売上高：600百万円(同業他社) − 550百万円(D社) = 50百万円

棚卸資産：32百万円(D社) − 19百万円(同業他社) = 13百万円

また、負債の部を見ると、D社の短期借入金が48百万円で、同業他社の短期借入金が34百万円のため、D社の短期借入金が同業他社より14百万円も高いことがわかる。

さらに、損益計算書を見ると、営業外費用が同業他社より3百万円も高くなっていることがわかる。

つまり、財務諸表を見ると、棚卸資産の増加が、短期借入金の増加につながり、損益計算書の営業外費用に含まれる支払利息を増加させていることがわかる。

もし、営業外費用が同業他社と同じ9百万円だとしたら、経常利益は0百万円となり、3百万円の赤字を回避できたはずである。

次に、「本質的な問題点」を考える。第1問の制約条件に合わせて解答するためには、(c)欄に必要とされる内容の記述、すなわち「本質的な問題点」の記述が必要である。「本質的な問題点」は、なぜ、D社の棚卸資産が同業他社と比較して多くなっているのかを考えればよい。

与件文を読むと、1頁上から8行目に「老朽化による故障が多発している」とあるように、老朽化による故障で、メンテナンスを必要とすることがわかる。もちろん、メンテナンス中は製品の製造を停止する必要がある。

また、与件文1頁上から4行目に「その技術力が主要取引先であるZ社から高く評価され、Z社にとって欠くことができないサプライヤーとして安定的に受注を得ている」とある。安定的に受注を得ていることから、受注予測は容易であることがうかがえ、在庫管理上、適正在庫の維持は比較的容易だと考えられる。

もちろん、主要取引先であるZ社への納品遅れはD社の立場上避けなければならない。D社では納品遅れのリスクを回避するため、在庫を同業他社よりも多く保有することで対応していることがわかる。

そのため、解答欄(c)には「本質的な問題点」である「老朽化により故障が多発している」ことを説明する必要がある。

【 経営指標の選択 】

D社の問題点②の根拠を最も的確に示す経営指標として、第1問の制約条件に合わせて、「棚卸資産の増加が、短期借入金の増加につながり、損益計算書の営業外費用に含まれる支払利息を増加させている」といった「表面的な問題点」に対応する棚卸資産回転率を選択した。また、経営指標値は、棚卸資産回転期間でも正解である。その他に、当座比率でも関連性があるため許容解答となる。

●問題点③

【 問題点の抽出と (c) 欄の解答 】

まず、D社における「表面的な問題点」を考える。

D社の貸借対照表を見ると、純資産合計は同業他社と比較して48百万円低いにもかかわらず、固定資産合計は7百万円低いだけである。

純資産合計：87百万円(同業他社) − 39百万円(D社) = 48百万円

固定資産合計：153百万円(同業他社) − 146百万円(D社) = 7百万円

また、負債の部を見ると、D社の長期借入金が87百万円で、同業他社の長期借入金が68百万円のため、D社の長期借入金が同業他社より19百万円も高いことがわかる。

さらに、損益計算書を見ると、問題点②で分析したとおり、営業外費用が同業他社より3百万円も高くなっていることがわかる。

つまり、財務諸表を見ると、過去の主力設備への更新を自己資金で賄わず、長期借入金で賄ったことで長期借入金が増加し、損益計算書の営業外費用に含まれる支払利息が同業他社よりも多くなっていることがわかる。

長期借入金による資金調達額を軽減できたならば、問題点②で説明した短期借入金の軽減とともに支払利息が減少し、D社の赤字を回避できたはずである。

次に、「本質的な問題点」を考える。第1問の制約条件に合わせて解答するためには、(c)欄に必要とされる内容の記述、すなわち「本質的な問題点」の記述が必要である。「本質的な問題点」は、なぜ、D社は過去の主力設備への更新を長期借入金で賄ったのかを考えればよい。

D社は、長期借入金による資金調達以外に調達ができなかったのだろうか。与件文を読むと、1頁上から15行目に「Z社からは事業継続を要請され、必要であれば出資を含む資本面での支援をしてもよいとの申し出を受けている」とあり、現在は赤字にもかかわらず、増資で資金調達できる可能性が高い。

また、与件文1頁上から2行目に「株式はほぼ100%社長一族が所有している」とあり、1頁下から5行目に「経営権がZ社に移動した場合、従業員の退職の引き金にもなりかねない」とあるため、社長一族の自己資金以外での増資は困難だと考えられる。Z社からの出資を受ける場合は、社長一族が経営権を維持できる手段を講じなければならない。

例えば、D社が前回に主力設備を更新した5年前の平成15年は、平成13年11月の商法改正後であるため、会社法以前の商法においても議決権を制限する株式が発行可能であった(旧商法 222 条1項5号)。ただし、議決権制限株式の総数は発行済み株式の総数の2分の1を超えないことという規定(同条5項)があった。

ちなみに、平成13年11月の商法改正以前は、「無議決権株式」(一切の議決権がない)の規定があり、発行済み株式総数の3分の1まで、配当は優先的に行う必要がある(旧商法 242 条)といったものであった。

上記より、D社は経営権を維持しつつ、発行済み株式総数の2分の1、つまり、資本金の2分の1まで外部から出資を受けて増資できる可能性があった。しかしD社は、長期借入金に依存した資金調達の意思決定をした。

そのため、解答欄(c)には「本質的な問題点」である「資金調達を増資ではなく長期借入金に依存した意思決定をした」ことを説明する必要がある。

【経営指標の選択】

D社の問題点③の根拠を最も的確に示す経営指標として、第1問の制約条件に合わせて、「過去の主力設備への更新を自己資金で賄わず、長期借入金で行った」といった「表面的な問題点」に対応する固定比率を選択した。

また、経営指標値は、自己資本比率、負債比率でも整合性がとれるため正解となる。

【参考：財務諸表分析の結果（収益性・その他）】

	D社	同業他社
総資本経常利益率＝経常利益÷総資本×100（%）	−1.23	3.91
売上高総利益率＝売上総利益÷売上高×100（%）	23.64	31.33
売上高営業利益率＝営業利益÷売上高×100（%）	0.91	2.17
売上高経常利益率＝経常利益÷売上高×100（%）	−0.55	1.67
総資本回転率＝売上高÷総資本（回）	2.25	2.34
売上債権回転率＝売上高÷売上債権（回）	22.00	17.65
棚卸資産回転率＝売上高÷棚卸資産（回）	17.19	31.58
固定資産回転率＝売上高÷固定資産（回）	3.77	3.92
従業員一人当たり売上高＝売上高÷従業員数（百万円）	15.71	15.00
売上高修繕費比率＝修繕費÷売上高×100（%）	7.82	3.83
売上高販売費及び一般管理費比率 ＝販売費及び一般管理費÷売上高×100（%）	22.73	29.17

【参考：財務諸表分析の結果（安全性）】

	D社	同業他社
流動比率＝流動資産÷流動負債×100（%）	101.03	130.38
当座比率＝当座資産÷流動負債×100（%）	61.86	102.53
固定比率＝固定資産÷自己資本×100（%）	374.36	175.86
固定長期適合率＝ 固定資産÷（固定負債＋自己資本）×100（%）	99.32	86.44
自己資本比率＝自己資本÷総資本×100（%）	15.98	33.98
負債比率＝負債合計÷自己資本×100（%）	525.64	194.25

第2問(配点25点)

【解答】

(設問1)

－1,439万円

【別解】

－1,440 万円

(設問2)

平	成	22	年	度	か	ら	税	引	前	営	業	キ	ャ	ッ	シ	ュ	フ	ロ	ー
が	赤	字	に	な	る	た	め	、	操	業	費	を	低	減	で	き	な	い	な
ら	ば	設	備	を	更	新	す	る	。										

【解説】

(設問1)

●解答導出の根拠

現主力設備の税引前営業キャッシュフローの現在価値を求める問題である。「税引前営業キャッシュフロー」という言葉は聞き慣れないかもしれないが、法人税を考慮せずに営業キャッシュフローを計算すればよい。

現主力設備による営業キャッシュフロー

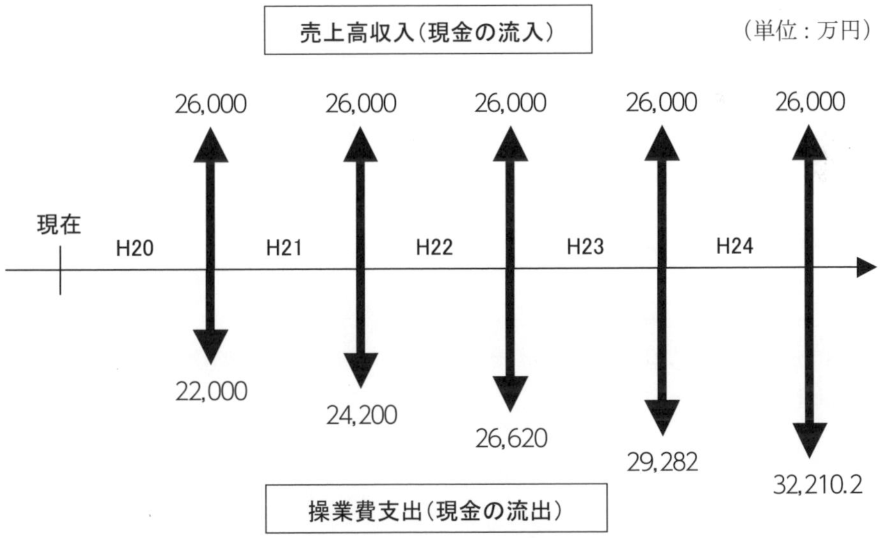

設問から、現金の流入・流出を図式化したものが【 現主力設備による営業キャッシュフロー 】図である。設問には、どの時点での現在価値を求めるのか、という明確な指示がない。しかし「現行設備は5年前の平成15年度期首に」という記述があることから、「現在」とは平成20年度期首時点であることをまず理解する必要がある。

【 現主力設備による営業キャッシュフロー 】図から各期の現金の流入流出差額を求め、割引計算によって現在価値合計を求めると、(設問1)の解答は【 別解 】の－1,440万円となる。

本解の－1,439万円を求めるときにポイントとなるのは、設問で与えられている「$n=5$、$r=0.1$の年金現価係数」である。この年金現価係数を用いる（その他の現価係数を必要としない）単純な計算方法の存在に気づけば、短時間で解答を得ることができる。

まず、現金の流入（キャッシュインフロー）について見ていく。

年間売上高収入は、毎期26,000万円の一定額である。設問に与えられている年金現価係数を用い、今後5年間の現金の流入額の現在価値合計を求めると

26,000（万円）×3.7908＝98,560.8（万円）

となる。

次に、現金の流出（キャッシュアウトフロー）について見ていく。

設問によると「すべてのキャッシュフローは各年度末に生じる」ので、平成20年度の操業費22,000万円（現金の流出）を平成20年度期首時点の価値に割引くと、

$$22{,}000（万円）\times \frac{1}{(1+0.1)^{1}} = 20{,}000（万円）$$

となる（割引率rには、加重平均資本コスト10％を用いる）。

操業費は平成20年度の22,000万円以降、毎年10%ずつ増加する。一方、毎年の費用の増加率が10％で、加重平均資本コストが10%であることに気づいてほしい。つまり、費用の増加分と費用の割引分とが現在価値計算において相殺されるのである。よって、平成21年度以降の操業費はいずれも、平成20年度期首時点での価値が20,000万円となる。参考のため、計算表を以下に示す。

操業費の現在価値

（単位：万円）

	H20	H21	H22	H23	H24
操業費	22,000	24,200	26,620	29,282	32,210.2
現価係数	0.9091	0.8265	0.7513	0.6830	0.6210
H20年度期首時点の現在価値	20,000	20,000	20,000	20,000	20,000
H20年度期首時点の現在価値合計	100,000				

現金の流入額の現在価値から現金の流出額の現在価値を差し引くと、現主力設備の税引前営業キャッシュフローの現在価値を求めることができる。

98,560.8（万円）－100,000（万円）＝－1,439.2（万円）
≒－1,439（万円）

【別解】

上記の計算方法を用いず、各期の現金の流入流出差額から現在価値を求める場合の計算表を次に示す。

現主力設備の税引前営業キャッシュフローの現在価値

(単位：万円)

	H20	H21	H22	H23	H24
■現金の流入額					
売上高収入	26,000	26,000	26,000	26,000	26,000
■現金の流出額					
操業費支出	22,000	24,200	26,620	29,282	32,210.2
現主力設備の税引前営業CF	4,000	1,800	－620	－3,282	－6,210.2
現価係数	0.9091	0.8265	0.7513	0.6830	0.6210
各年度の現在価値	3,636.37	1,487.60	－465.82	－2,241.65	－3,856.05
現主力設備の税引前営業CFの現在価値	－1,439.55				

設問の年金現価係数を使用する計算方法だと－1,439万円、年金現価係数を使用せず各期の税引前営業キャッシュフローの現在価値を合計する方法だと－1,440万円が解答となる。ただし、設問に年金現価係数を示している作問者の意図を考慮し、－1,439万円を本解にし、－1,440万円を別解とした。

(設問2)

●解答導出の根拠

現主力設備をそのまま稼働させた場合のD社の経営状況を予想し、とるべき対策について問う設問である。第2問と第3問とは、併せてひとつの取替投資の問題になっていると考えることができる。この(設問2)は、取替投資を行うべきか否か、および取替投資を行うときの条件は何か、といった結論を問うている。

現主力設備をそのまま稼働させた場合、(設問1)の【 現主力設備による営業キャッシュフロー 】図において示した通り、平成22年度から税引前営業キャッシュフローがマイナスへと転じてしまう。その原因は操業費支出の増加なので、操業費支出の増加を抑制できるならば、税引前営業キャッシュフローはプラスを維持する。

一方、新主力設備を導入した場合については、第3問の設問文に平成20年度の操業費が20,000万円と示されているだけで、平成21年度以降の操業費がどのように推移するかは示されていない。ただし、

①第3問(設問1)に関連するが、平成20年度には新主力設備によって6,000万円(売上高収入26,000万円－操業費支出20,000万円)の税引前営業キャッシュフローが発生する

②与件文に「最新設備への更新が可能であれば、メンテナンス費用の減少が見込まれ、平成21年度以降は売上の増大も期待できる。」との記述がある

ことから、平成20年度以降、新主力設備からは継続的にプラスの税引前営業キャッシュフローが生み出されると考えられる。

以上により、操業費の低減が可能ならば、現主力設備を継続稼働できる可能性がある。しかし、操業費の低減が不可能ならば、新主力設備を導入すべきである。

●解答作成の手順

(設問2)

取替投資を実施すべきかどうかの判断基準は、現主力設備の操業費を低減できるかどうかである。解答では、具体的に税引前営業キャッシュフローが赤字となる時期として「平成22年度から」と明記した。

第3問（配点25点）

【解答】

（設問1）

(a)	1,825万円
(b)	－1,250万円

（設問2）

922万円

【解説】

（設問1）

●解答導出の根拠

現主力設備を売却し、新主力設備を導入した場合の固定資産売却損、および予想税引前純利益を求める問題である。

現主力設備の減価償却状況は、第2問に記されている情報を用いる。第2問によると、現主力設備は5年前に3,500万円で購入し、耐用年数10年、残存価額を取得原価の10%とする定額法で減価償却している。毎期の減価償却額は、次の計算により求められる。

$$\frac{3{,}500(\text{万円})\times(1-0.1)}{10(\text{年})}=315(\text{万円})$$

平成15年度期首に購入されており、これを平成20年度期首に売却するので、5年分の減価償却は完了している。そのため、売却時点での現主力設備の簿価は次の通りである。

$$3{,}500(\text{万円})-315(\text{万円})\times 5(\text{年})=1{,}925(\text{万円})$$

この設備を100万円で売却すると、平成20年度の固定資産売却損（(a)欄）は1,925（万円）－100（万円）＝ 1,825（万円）となる。

なお(a)欄では、「固定資産売却損」を問うているので、「－1,825万円」のようにマイナス符号をつける必要はない。

次に、平成20年度の予想税引前純利益について考える。解答にあたり、「予想税引前純利益」が何を意味するのかを考える必要がある。具体的には、①D社全体での税引前当期純利益、②新主力設備によってもたらされる税引前純利益、の2つが考えられる。以下に、それぞれについて検討する。

①D社全体での税引前当期純利益

新主力設備導入後のD社全体での税引前当期純利益は、与件文にある予想損益計算書（現主力設備の稼働を前提としている）に対し、収益・費用の加減算を行うことによって求められる。

- **現主力設備の稼働による税引前当期純利益**

  与件文にある予想損益計算書から、現主力設備の稼働を継続させた場合の平成20年度の税引前当期純利益は、－300万円である。

- **操業費**

  現主力設備の平成20年度の操業費は22,000万円である。新主力設備の導入によってこの22,000万円は不要となるが、新主力設備の操業費20,000万円が新たに発生する。

- **減価償却費**

  現主力設備の減価償却費は（設問1）で求めた通り、毎期315万円である。新主力設備の導入によってこの315万円は不要となるが、新主力設備の減価償却費が新たに発生する。新主力設備の取得価額は8,000万円、耐用年数は10年で、残存価額を0円とする定額法によって減価償却を行うから、毎期の減価償却費は次の通りとなる。

$$\frac{8{,}000\,(\text{万円})}{10\,(\text{年})} = 800\,(\text{万円})$$

● **支払利息**

平成20年度期首に、8%の年利率で8,000万円を借り入れる。平成20年度中には元本の返済がないため、当期の支払利息額は8,000（万円）×8%＝640（万円）となる。

● **固定資産売却損**

現主力設備の売却によって、1,825万円の固定資産売却損が計上される。

以上を踏まえ、現主力設備で事業を継続した場合の予想税引前当期純利益をもとに、新主力設備を導入した場合の予想税引前当期純利益を計算する。

新主力設備を導入したときの、D社全体での予想税引前当期純利益

（単位：万円）

	H20
税引前当期純利益	－300
現主力設備の操業費	＋22,000
現主力設備の減価償却費	＋315
新主力設備の操業費	－20,000
新主力設備の減価償却費	－800
支払利息	－640
現主力設備の売却損	－1,825
新主力設備導入後の税引前当期純利益	－1,250

この場合、平成20年度における税引前当期純利益は－1,250万円となる。

②新主力設備によってもたらされる税引前純利益

新主力設備の導入によってもたらされる税引前純利益を求めるには、以下の額を求めたうえでの損益計算を行う。

● **売上高**

新主力設備による売上高は、明記されていない。ただし、

(1) 第2問において、現主力設備がもたらす年間売上高収入は毎期26,000万円と示されていること。

(2) 与件文において、「最新設備への更新が可能であれば、（中略）平成21年度以降は売上の増大も期待できる。」と述べられている。このことは、設備を更新しても平成20年度における売上の増大はないと読み取れる。

(3) 一般的な取替投資の問題では、一定額の収益や収入が続くという前提で、費用や支出が変化するという効率性の視点から、設備を取り替えるべきか否かを論ずることが基本である。

以上の3点を根拠として、ここでは売上高収入（現金の流入額）を26,000万円とした。

● **操業費**

設問によると、新主力設備の平成20年度の現金支出を伴う操業費は20,000万円である。

● **減価償却費**

新主力設備の減価償却費は、①で求めたように毎期800万円である。

- **支払利息**

①での計算通り、新主力設備の導入に伴う借入れによって、支払利息は640万円増加する。

- **固定資産売却損**

(a)欄で求めた通り、平成20年度には1,825万円の固定資産売却損が発生する。

以上を踏まえ、新主力設備の導入による平成20年度の損益計算を行い、税引前純利益を計算する。

新主力設備によってもたらされる税引前純利益

(単位：万円)

	H20
売上高	26,000
操業費	－20,000
減価償却費	－800
支払利息	－640
固定資産売却損	－1,825
税引前純利益	2,735

この場合、平成20年度における税引前純利益は2,735万円となる。

では、①と②のどちらの値を解答とすべきか。一般的に取替投資の問題においては、プロジェクト単位での損益や収支を計算し、新設備の導入に投資すべきかどうか（設備を取り替えるべきかどうか）を検討する。また「税引前当期純利益」ではなく、「税引前純利益」という語句を使っていることから考えても、プロジェクト単位での損益計算をさせようとしているのではないかと判断できる。これらの視点から考えると、②の値を解答とするのが本来妥当である。

しかし設問において、「平成20年度期首に現主力設備を売却して新主力設備を導入する。（中略）それにより、平成21年度以降の決算では税引前純利益が黒字に転ずると予想される。」との記述がある点に注目したい。これは、「平成20年度の決算では税引前純利益が赤字となる」と断言しているに等しい。②の結果はプラス（黒字）であるから、作問者はこの解答を期待していないと考えられる。

そのため、ここでは①の計算結果である－1,250万円を「平成20年度の予想税引前純利益」((b)欄）の解答とした。

（設問2）

●解答導出の根拠

平成20年度期首における負債の節税効果の現在価値を求める計算である。負債の節税効果とは、負債の利用によって法人税等の負担が減ることである。負債の存在によって支払利息が発生し、税引前当期純利益が圧縮されることで課税所得が減少し、法人税等の負担額が減少するからである。設問に「現在価値は最大いくらになるか。」とあるのは、税引前当期純利益が予想よりも減少したりマイナスになったりした場合、節税効果が最大限に発揮されないためである。

設問によると、D社は平成20年度期首に8,000万円を借入れる。返済は3年後（平成22年度期末）に半額の4,000万円、6年後（平成25年度期末）に残る半額の4,000万円である。年利率は8%なので、各期の支払利息は次の計算により求められる。

平成20～22年度の支払利息　：　8,000（万円）×8%＝640（万円）

平成23～25年度の支払利息　：　4,000（万円）×8%＝320（万円）

支払利息の額と発生時期を図式化すると、次のようになる。

借入れによる支払利息

（単位：万円）

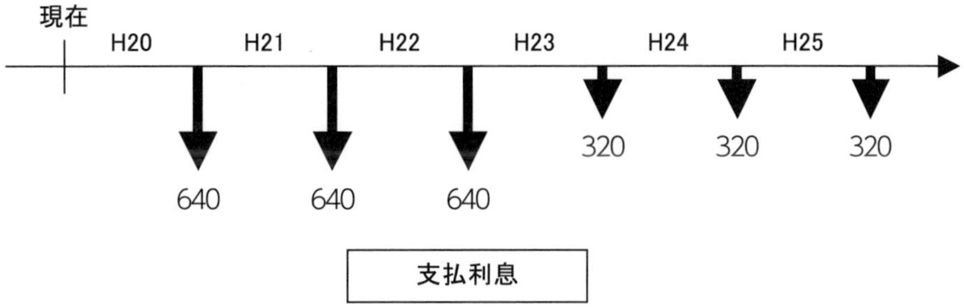

法人税等の実効税率が40%の場合、節税効果は各期の支払利息額に40%を掛けた額となる。節税効果の額と発生時期を図式化したものを、次に示す。

負債による節税効果

（単位：万円）

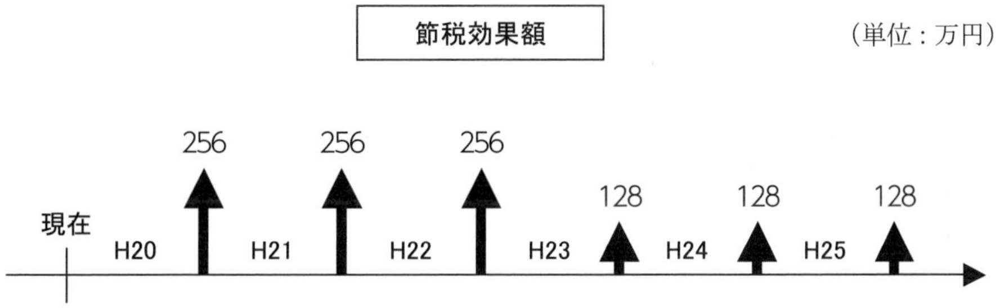

各期の節税効果額を個別に割引いて現在価値合計を求めてもよいが、第2問（設問1）と同じくこの設問でも「$n = 3$、$r = 0.08$の年金現価係数」「$n = 3$、$r = 0.08$の現価係数」が与えられている。これらの値を用い、次の計算によって負債の節税効果の現在価値を求めることができる。

（256（万円）× 2.5771）＋（128（万円）× 2.5771）× 0.7938
＝921.58745…（万円）
≒922（万円）

まず平成20～22年度の3年分について、各期の節税効果額256万円に「$n = 3$、$r = 0.08$の年金現価係数2.5771」を掛け、平成20年度期首時点での現在価値を求める。

次に平成23～25年度の3年分については、各期の節税効果額128万円にまず「$n = 3$、$r = 0.08$の年金現価係数2.5771」を掛け平成23年度期首（平成22年度末とみなせる）時点での現在価値を求めたのち、続いて「$n = 3$、$r = 0.08$の現価係数0.7938」を掛けることで、平成20年度期首時点での現在価値に換算している。

参考のため、各期の節税効果額を個別に割引いて現在価値合計を求めた場合の計算表を次に示す。第2問（設問1）とは異なり、計算方法が違っても端数処理の結果である解答数値は同じなので、別解はない。

節税効果額の現在価値

（単位：万円）

	H20	H21	H22	H23	H24	H25
節税効果額	256	256	256	128	128	128
現価係数	0.9259	0.8573	0.7938	0.7350	0.6806	0.6302
H20年度期首時点の節税効果額	237.037	219.479	203.221	94.084	87.115	80.662
H20年度期首時点の節税効果額合計	921.598					

なお、第3問の設問文において作問者は、新主力設備を導入した場合であっても、平成20年度の税引前純利益が赤字であることを前段で示唆している。この「税引前純利益」は、（設問1）の考察から税引前当期純利益を意味すると思われる。厳密な解釈では、赤字の場合、法人税等は原則としてゼロになるので、節税効果は発生しない。すると、（設問2）で求める最大の節税効果についても、平成20年度が赤字であることを前提に計算しなければいけないことになる。

しかし、設問で「$n=3$の年金現価係数」が与えられていることから、平成20年度も黒字になる可能性があることを含めて「最大」という語句を使ったのだろうと善意に解釈すべきである。そこで、厳密な解釈はせずに922万円を解答とした。

第4問（配点20点）

【解答】

（設問1）

①	支	払	利	息	の	増	加	に	よ	る	利	益	構	造	の	悪	化	、	②
自	己	資	本	比	率	の	低	下	に	よ	る	資	金	調	達	環	境	の	悪
化	に	よ	っ	て	、	倒	産	リ	ス	ク	の	増	大	が	予	想	さ	れ	る。

（設問2）

発	行	済	み	の	全	株	式	に	譲	渡	制	限	を	設	け	た	上	で	、
出	資	者	に	は	議	決	権	制	限	種	類	株	式	を	発	行	す	る	。

【解説】

●解答導出の根拠

（設問1）

資金調達を全額負債に依存した場合の問題点を問うている。設問には「設備更新に必要な資金調達」とあるため、第3問で示されている借入金額、借入条件を踏まえて考える必要がある。

第3問（設問1）で求めたように、8,000万円を年利率8%で借入れた場合、利息の支払額は毎期640万円となる。新主力設備の稼働により営業キャッシュフローが改善されることはわかったが、平成20年度の予想財務諸表における税引前当期純利益が－300万円で、純資産が3,900万円の企業にとって、毎期の費用640万円は無視できない。

また、借入れによってD社の平成20年度の自己資本比率は10%程度へと低下する。これは同業他社の33.98%と比較しても著しく低い。借入金への依存度が高まると、融資元(金融機関等)の発言力が強まるので、経営の自主性が低下する。自主性の低下が新たな資金調達のしにくさ、例えば運転資金としての短期借入れのしにくさにつながると、会社の存立にも関わる倒産リスクを増大させる。

なお『2007年版中小企業白書』では、メインバンクへの借入れ申込みと自己資本比率との関係を分析しており、「自己資本比率、借入依存度、債務償還年数といった経営指標の水準がよい企業ほど、思い通りに資金調達を受けており、返済余力のある企業が思い通りの調達をできる傾向にある。」と結論づけている。

(設問2)

社長一族が過半数を超える出資を受け入れつつ、経営権を維持する方法について問うている。

平成18年に施行された会社法では、株式会社が発行する株式の権利内容は同一であるということを原則としながらも、権利内容の異なる複数の種類の株式を発行することを認めている。株式会社が、権利内容の異なる2種類以上の株式を発行した場合、その株式を種類株式と呼ぶ(会社法108条)。

会社法に規定されている種類株式

	株式の特徴	種類株式
①	配当・残余財産分配に関する取り扱いが異なる	配当・残余財産分配についての種類株式 (108条1項1号・2号)
②	議決権が制限される	議決権制限種類株式 (108条1項3号)
③	譲渡が制限される	譲渡制限種類株式 (2条17号、108条1項4号)
④	株主が会社に取得を請求できる権利が付与されている	取得請求権付種類株式 (2条18号、108条1項5号)
⑤	会社が株主に取得を請求できる取得条項が付与されている	取得条項付種類株式 (2条19号、108条1項6号)
⑥	会社がその全部を取得することができる全部取得条項が付与されている	全部取得条項付種類株式 (108条1項7号)
⑦	拒否権が付与されている	拒否権付種類株式 (108条1項8号)
⑧	取締役・監査役の選解任権が付与されている	選解任種類株式 (108条1項9号)

「経営権」は具体的に法で定められた権利ではないが、企業の運営管理を主体的に行える権利、権力のことであると解される。株式会社の場合、株主総会における一定以上の議決権を持つことによって経営権を保持できることになる。与件文には「株式はほぼ100 %社長一族が所有している。」とあるから、株主総会における議決権も社長一族が100 %近くを占めていると思われる。

そのような状況にあって、Z社の出資を受けるにあたり普通株式を発行してしまうと、Z社にも議決権を与えることになる。過半数を超える出資を受け入れた場合、議決権の過半数をZ社に持たれることになり、経営権はZ社に移動する。与件文から、経営権の移動は従業員の退職の引き金になり、従業員が退職すると技術力が低下し、D社は競争上の優位性を失ってしまうことがわかる。

そこで、上掲の【 会社法に規定されている種類株式 】表にある「議決権制限種類株式」の発行が方法の一つとして考えられる。議決権制限種類株式は、その名の通り株主総会の全部または一部の事項について議決権を行使することができない株式である。発行には定款の定めが必要だが、議決権制限種類株式をZ社に発行することで、社長一族は経営権を維持できる。ただし公開会社においては、議決権制限種類株式の数は、発行済み株式総数の2分の1を超えてはならないとされている（会社法115条）。公開会社以外の会社（譲渡制限会社）にはそのような規制はない。

その他に、D社の社長一族が「拒否権付種類株式」（いわゆる黄金株）を持つ、という方法も考えられる。拒否権付種類株式の発行に先立ち、定款に「取締役の選解任については取締役会決議に加え、拒否権付種類株主総会の決議を必要とする。」「定款の変更については株主総会の特別決議に加え、拒否権付種類株主総会の決議を必要とする。」といった条項を追加しておけば、経営権について社長一族は大変強い力を持つ。

なお、Z社に議決権制限種類株式を発行する、社長一族が拒否権付種類株式を保有する等、社長一族に有利となる株式発行戦略を採用する場合、Z社からの出資が拒まれる可能性もある。その場合は、Z社に発行する株式は配当・残余財産分配における優先株式にするという対策が必要になる。

●解答作成の手順

（設問1）

借入れによって生じる影響のうち、支払利息の増加だけを述べるのではなく、D社の経営全体を考えた解答づくりをすべきである。そこで、①損益計算書上の影響、②貸借対照表上の影響、③その2点から導き出される経営上の問題点、という構成とした。利益率の低下や安全性の低下は財務諸表上の問題点なので、実効性との関連が低い。実効性との関連を考えれば「倒産リスクの増大」こそが経営上の問題点である。

（設問2）

出資者（Z社）には議決権制限種類株式を発行することで、株主総会における議決権を引き続き社長一族に集中させることを解答の本筋とした。

ただし、設問にある「過半数を超える出資を受け入れつつも」という条件を詳細に考察する必要がある。公開会社においては、議決権制限種類株式は発行済み株式総数の2分の1を超えることができない。そのため、もしD社が公開会社であった場合、過半数を超えない範囲の出資しか受け入れることができない。

D社の規模、および「株式はほぼ100%社長一族が所有している」という与件文から、D社は高い確率で譲渡制限会社（譲渡制限株式のみを発行する会社）だと考えられるが、与件文には明確な根拠がない。そこで、まず発行済みのすべての株式に譲渡制限を設けることで譲渡制限会社になることを担保したのち、議決権制限種類株式を発行することを解答とした。譲渡制限会社になることで議決権制限種類株式の発行数への制限はなくなるため、過半数を超える出資を受け入れつつ社長一族が経営権を維持できる。

〈 参考文献 〉

『速修テキスト 2 財務・会計』 鳥島朗広 渡邉義一 加藤匠編著 山口正浩監修　早稲田出版
『中小企業診断士　2次試験対策講座テキスト　診断助言事例』 TBC受験研究会
『危ない企業の見分け方（製造業編）』 山口正浩著　創己塾出版
『要説　経営分析』 青木茂男著　森山書店
『原価計算五訂版』 岡本清著　国元書房
『企業財務のための金融工学』 葛山康典著　朝倉書店
『管理会計の基礎』 大塚宗春 辻正雄共著　税務経理協会
『財務管理と診断』 菊井高明 竹本達広著　同友館
『2007年版中小企業白書』 中小企業庁編　ぎょうせい

平成21年度

第2次試験

本試験問題	Ⅰ	Ⅱ	Ⅲ	Ⅳ
解答例・解説	Ⅰ	Ⅱ	Ⅲ	Ⅳ

A社は、地方都市W市に拠点をおく菓子メーカーである。資本金4,000万円、店舗数15店舗で、前年売上高約12億円、従業員はパート・アルバイト社員を含めて130名程度である。もともと、地元で採れた農産物を主原料とした地産地消の安全安心な菓子づくりをモットーに、和菓子をメインに評判を得てきた老舗菓子メーカーである。1年半ほど前に、事業拡大を企図して地元の洋菓子メーカーF社を傘下に収め、今日に至っている。

F社を傘下に収める以前、A社はW市市内の工場で生産した菓子を、地元デパートや県内の観光名所にある10店舗で販売していた。販売員を含め120名程度の従業員のうち80％近くが、パート・アルバイト社員であった。

A社社長が創業者の先代社長から事業を引き継いで以降、A社の売り上げはほぼ横ばいであった。地元限定の地産地消のビジネスモデルでは、現状以上の市場拡大が望めないと判断した成長志向の強いA社社長は、4年ほど前に大都市圏市場への進出を計画し、すぐさまそれを実現した。大都市圏内のデパート進出に際してW市地区産の原材料にこだわる一方で、市場や嗜好の違いに配慮して創作菓子にも取り組み、地元の店とは違った店舗コンセプトも打ち出した。地元農家と専属契約を結び原材料の確保を図ると同時に、社内コンテストの開催、社外の菓子職人やコンサルタントへの依頼などによって新しい創作菓子の開発に積極的に取り組んだ。初めてデパートで採用した創作菓子では、工場から半製品を輸送して売場の顧客の目の前で完成品に仕上げる手法を取り入れた。

さらに、大都市圏市場の拡大を目指すA社社長は、高級スーパーへの納品にも挑戦した。当初取引に難色を示していた高級スーパーも、物産展での試験販売が好評であったことから取引を承諾した。

こうした大都市圏進出によって、A社の売上高は20％程度伸張し、9億円を超えるまでに成長した。この成功の要因のひとつは、原材料重視というコンセプトが消費市場の食の安全に対する意識や自然志向の高まりにマッチしたことである。また、同じ時期に開始したインターネットを活用した通信販売も思いのほか反響が大きく、A社の業績を高めただけでなく、A社と契約していたW市周辺地区の特産品とその生産農家の知名度を高めることにもなった。

確かに、こうした大都市圏での事業展開は成長をもたらしたが、同時に生産体制や販売体制の整備などで新たな対応が求められた。地方都市と比べて競争が激しく市場ニーズの変化が速い大都市圏では新奇さを打ち出すことが必要で、定期的に目先を変える新作菓子を生み出す体制の整備が課題となってきた。とはいえ、これまでW市地区特産原材料へのこだわりを武器に事業展開してきたA社に、卓越した商品開発のノウハウが備わっていたわけではなかった。

他方、大都市圏での事業展開など事業拡大を模索している中で、A社と取引のある地元のG信用金庫からF社の買収の具体的な話が持ち込まれていた。幾度となく提示された案件であったが、A社社長は逡巡していた。A社に買収される直前のF社は、資本金1,000万円、従業員数50名(うちパート・アルバイト社員約20名含む)、売上高約3億円で、市内に店舗併設工場を2カ所所有していた。創業当初からF社に勤めていた菓子職人の技術がその評判を支え、A社同様、W市周辺のデパートや観光名所などに12店舗を出店していた。しかし、2000年以降、W市郊外にも次々と大規模なショッピングセンターがオープンし有名洋菓子店が出店したために、周辺の競争は一挙に激化した。売り上げが3年間で30％近く落ち込んでしまったF社は、パート・アルバイト社員を中心に人員整理を断行した。その上、後継者問題が顕在化し事業継続を断念せざるを得なくなってしまった。G信用金庫の強い後押しもあって、最初の提案から2年以上の年月を経てA社社長はF社の買収を決定することになる。

完全所有の子会社としてA社社長がF社のトップも兼任し、2つのブランドを継続させた。F社を傘下に取り込んだ後、A社社長は、地元に展開していた両社の店舗ネットワークの再編に取り組んだ。早期に経営体質の強化を図るために、両社で重複している売場の整理統合、死に筋商品の排除と売れ筋商品への絞り込みによって経費削減を進めた。また、生産ラインにもメスを入れた。F社の工場1つも閉鎖され、そこで生産を統括していた洋菓子職人の1人と数人の職人がA社の工場に配置転換され、その他の職人はF社のもう1つの工場に残った。最終的に、A社とF社の従業員40名程度の人員整理を実施した。

しかし、昨年来の景気低迷で、消費市場はますます厳しさを増し、大都市圏でのデパートや高級スーパーの事業も大幅に落ち込んだ。A社の売り上げも、W市地域ではF社買収前の売上高にまで落ち込む月も見られるようになった。大都市圏のデパート・スーパーに当初から投入していた商品の売り上げに支えられ、かろうじて営業を続けているが、こうした厳しい状況が続くと大都市圏事業の見直しをも迫られるのが実情である。

第1問(配点20点)

F社を買収する以前のA社、およびA社に買収される以前のF社は、それぞれW市周辺で有力な菓子メーカーであった。和菓子、洋菓子といった取扱商品に違いがあるものの、A社とF社の強みには、どのような違いがあると考えられるか。150字以内で述べよ。

第2問(配点20点)

金融機関の後押しがあったにもかかわらず、当初、A社社長は、F社を傘下に収めることに対して、積極的、前向きではなかった。その理由として、どのようなことが考えられるか。F社が直面していた財務上の問題以外で考えられる点について、100字以内で述べよ。

第3問(配点20点)

A社がF社を傘下に収めた結果、買収されたF社の従業員に比べて、買収したA社の従業員のモラールが著しく低下してしまった。両社の人事構成を踏まえた上で、その理由について、100字以内で述べよ。

第4問(配点20点)

A社社長は、生産体制を見直す際に、F社出身のベテランの洋菓子職人をA社工場の責任者に任命した。こうした施策を講じることによって、どのような成果や効果を期待したと考えられるか。100字以内で述べよ。

第5問(配点20点)

現在、A社は、地元市場の不振と、景気低迷に伴う大都市圏事業の縮小といった厳しい経営状況に直面している。急速な業績回復が期待できない中で、短期的に売り上げを増進させるための具体的施策について、中小企業診断士として助言を求められた。どのような助言を行えばよいか、150字以内で述べよ。

B社は、X市の中心部にあるX銀座商店街の一角に本店店舗を構えるスポーツ用品店である。資本金3,000万円、従業員数20名、年商5億円で、隣接する市に2店舗支店を持つ。本店を含めいずれの店舗においても、地域の学校や団体との関係を深め、緻密な商品供給とサービスに力を入れてきた。また、従業員の顧客対応に関しても住民からの評判が良かった。なおB社は、本店裏にかつて倉庫と駐車場であった土地を保有しており、その再利用を考えている。

X市は大都市近郊にあり、人口30万人を抱え、古くから城下町として栄えてきた歴史と文化や伝統を持つ商業都市である。市の中心に位置する城跡公園は市民に親しまれているだけではなく、史跡や街中の寺院を訪れる観光客の数も多い。この公園を中心に市庁舎や企業のオフィス街があり、X銀座商店街も伝統と近代化の流れの中で時を刻んでいる。100年ほど前の大火事の経験から、耐火建築の蔵造りが注目され、今日の「蔵造りの町並み」が築かれている。公園から商店街を通って徒歩10分ほどのところにX駅があり、都心部と鉄道で直結している。駅には専門店やレストランとホテルが入った駅ビルが隣接している。B社にとって幸いだったのは、駅ビルの中にはスポーツ用品店はなかったことである。

X市内には、小・中学校と高校の他に、中心部を外れた所に複数の大学のキャンパスもあり、X市は昔から教育水準が高いとされている。B社は、長年にわたって、市内の学校の体操着やクラブ活動のユニフォーム、大学のサークルのユニフォームなどの注文を一手に受けてきた。また、B社本店には、市内の草野球リーグやママさんバレーボールリーグの事務局が置かれ、試合会場の手配などをB社はボランティアで引き受けている。その関係でユニフォームや用品の受注も安定している。B社が毎月発行するミニコミ誌やホームページには、地元スポーツの試合結果が掲載されている。最近では、大学生を中心にフットサル（問題文の末尾参照）の人気が高まり、市内でリーグ戦ができるほどにチーム数も増えている。それに伴いフットサル用品の需要も増えてきている。

数年前、X市の郊外に大型小売業がディベロッパーとなるショッピングセンター（以下「SC」という。）が出店した。この影響で、X銀座商店街全体の売り上げも少しずつ減少し始めた。SC内の競合店に客を奪われた店舗の中には、後継者問題も絡んで閉店を考えようとするものも出てきた。SC内には2つのスポーツ用品店があり、1

つは大手チェーンのスポーツ用品店で、もう1つはファッション重視のスポーツ用品店である。大手チェーンのスポーツ用品店は、各種スポーツのプロ志向の需要にも応えようとする品揃えをしている。また、もう1つのスポーツ用品店は、若者向けスポーツカジュアルのファッションに重点を置いた品揃えを行っている。

最近、X市の中心部では、出社前や昼休み、そして早朝や夕方に公園周辺をウォーキングやジョギングする人が増えている。週末や休日になると、さらにその人数は増加しており、高齢者の割合が増えてきている。

このようなランナー達のグループ作りが盛んになっており，企業や大学のサークルだけではなく、お互い面識も無いのに1人で走っているうちに顔見知りとなり、グループを作って一緒に走る者も増えている。

ランナー達の悩みは、着替えとシャワーであるが、商店街の裏通りにある銭湯がランナー達のニーズに応えている。また、夕方になると銭湯が社交場となって、グループ同士で近隣の居酒屋へ出掛けていく者たちも多い。しかし、この銭湯は昔から人気があり、高齢者を中心に数多くの人々が利用してきた。ランナー達がこの銭湯を利用することが増えるにつれ、銭湯が非常に混み合ってきている。そこで、この銭湯は何か事業ができないか模索している。

そのような状況の中で、X市は伝統に配慮した道路整備を行い、城下町であるが故に見通しの悪い入り組んだ道路をできるだけ広くするために、電線の地中化を進めている。また、商工会議所を中心に「街おこし」としての企画を考えていた。そしてその1つとして、全国各地で定着しつつある「市民マラソン」を計画している。「健康」と「観光」を融合させ、「歴史と文化を走りぬけよう」というテーマで、城跡公園がスタートとゴールになり、5km、10km、ハーフマラソンの距離別で、初心者、親子から本格的ランナーまでが楽しめる大会を目指している。特に、5kmでは高齢者の参加希望者が多い。X銀座商店街も、もちろんそのコースの中に入っている。電線の地中化により広くなった蔵造りの町並みの中を、市民と全国から参加するランナーたちが歴史と文化の香りの中を、颯爽と駆け抜ける光景は、毎年秋に行われる祭りと同様の活気を見せるであろう。

さて、少子高齢化の波はX市内の学校の生徒数の減少にも表れてきている。都心部から交通のアクセスが良いことで、マンション建設も増えてはいるが、その影響による生徒数の増加は一時的なもので、長期的に見れば安定的なものとはいえない。また、高齢者の割合も増え、草野球人口も少しずつ減少してきた。B社の売り上げは徐々にではあるが低下してきている。

【フットサル】

「フットサル(futsal)」は、基本的に室内で行われる5人制のミニサッカーのようなもので、ピッチ(コートのこと)の広さはサッカーの約1／7～1／8である。また、スライディングタックルなどの接触プレーは禁止されているので、ジュニアから中高年、女性まで気軽に参加できるスポーツとして人気が出てきている。

第1問(配点20点)

ショッピングセンター内の2つの競合店に対してB社の強みを活かした差別化戦略は、具体的にどのようなものか。80字以内で2つ答えよ。

第2問(配点10点)

B社が需要拡大のために、これからターゲットとすべき顧客層とはどのようなものか。30字以内で2つ答えよ。

第3問(配点40点)

B社は顧客の拡大と自社へのロイヤルティ(愛顧)を高めるために、新しい事業を考えている。どのような事業が考えられるか。

(設問1)

B社は自社だけで行えるサービス事業を考えている。それはどのようなものか、120字以内で答えよ。

（設問 2）

B 社は商店街の裏通りにある銭湯との共同事業を考えている。どのようなサービス事業が考えられるか、120 字以内で答えよ。

第 4 問（配点 30 点）

B 社はインターネットを使って、自社の PR だけではなく、地域内外の人々と何らかのコミュニケーションを図ろうとしている。それはどのようなものが考えられるか、150 字以内で答えよ。

【C社の概要】

1980年創業のC社は、ダイニング用テーブル、チェア、スツールなどを主力にする木製家具製造業である。資本金は5,000万円、従業員は総務・経理部門6名、営業部門12名、製品開発・設計部門18名、製造部門84名の合計120名である。なお、営業部門は販売業務のほか、製品在庫管理、製品出荷業務を担当している。

木製家具製造業は、一般に生産地または消費地の家具問屋を経由して小売店に販売している。その中で、家具専門の中小小売店では総じて売り上げが低迷しているが、消費者に対してライフスタイルの提案を積極的に展開しているインテリア用品・生活用品を扱う小売店や、製造小売型(SPA)の大型小売店の売り上げは比較的好調である。このような木製家具業界にあって、C社は全国の小売店約300社に直接販売している。その販売先の約80%は、主にインテリア用品・生活用品を取り扱う小売店が占め、家具専門の小売店数が少ないのが特徴である。販売先の小売店では、C社製品の一部を展示し、その他の製品はカタログによって販売活動を行っている例が多い。販売実績が大きな有力販売先では、C社製品を中心に生活空間を演出する展示スペースを設けている。現在、この有力販売先の一つである大手インテリア用品小売チェーンから、OEM製品の取引打診があり、先方から製品アイデアの提供を受けて製品化を進めようとしている。

C社製品は、塗料や接着材に有害物質が含まれていないものを使用し、消費者の健康、安全志向にマッチした製品である。ダイニング用テーブル、チェアのセットの平均販売価格は15万円前後と比較的高額であるが、幼い子供を持つ若い主婦層に受け入れられている。近年の低迷する木製家具業界にあって、C社の収益には大きな増加は見られないものの、年商は約18億円前後で推移している。現在進めようとしている大手インテリア用品小売チェーンからのOEM製品受注が現実のものになると、年間で約1割程度の売り上げ増が見込まれている。

【新製品開発と製品アイテム】

C社の新製品開発のコンセプトは「20～30歳代の主婦に喜ばれる家具」である。新製品開発情報は、各営業担当者がそれぞれ担当する販売先の小売店から消費者の嗜好、要望などを情報として入手し、製品開発・設計部門に提案している。このような新製品に関する多くの提案によって、積極的な新製品開発を進めており、その結果、現在の自社ブランド製品は使用する木材の品種違い、塗装の色違いを含めて170アイテムと多くなっている。製品はカタログに掲載され、販売先や消費者に配布されているが、その中には出荷頻度および出荷数量が極端に少ない製品も見られる。

【生産の現状】

小売店からの注文に対しては、その当日に製品を出荷することを取引の基本としている。そのため、製品は見込生産であり、製品ごとにロット生産している。C社の生産工程は、部品切断加工⇒部品機械加工⇒部品仕上げ加工⇒組立て⇒塗装・仕上げ⇒梱包の6工程である。そのうち、部品機械加工の一部と販売数量の少ない製品によっては完成品までを外注工場に依存している。

毎月中旬に開かれる営業部門との製販会議で翌月の販売予測数量が提示され、生産計画では、それを参考に翌月の生産品目、生産順が決められている。生産計画作成後は、営業部門との定期的な情報交換は行われていない。

生産工程上のボトルネック工程は部品機械加工工程である。この工程における段取り作業回数を減らし稼働率を上げるために、生産ロットサイズは部品機械加工工程の1日で加工可能な数量にて決定されており、現在は約100～150個である。この生産ロットサイズは営業部門の月販売予測数をどの製品も上回っている。その結果、製品在庫は全体で月平均出荷量の2倍以上常に存在し、少しずつ増加している。しかし、製品によっては欠品が発生し、販売先に即納できないこともしばしば生じている。毎月後半になると、営業部門から欠品している製品の追加生産依頼があり、生産が不安定になる。製造部門の責任者は生産計画の変更、それに伴う原材料の確保、各工程能力の調整、外注工場への生産依頼など、その日その日の調整作業に追われている。

日々の作業指示は第1工程の部品切断加工着手日を計画して指示するが、その後の工程の作業指示は特になく、現場対応で進められている。生産着手から生産完了までのリードタイムは、最短のもので半月、最長のものでは1カ月半となっている。このため、注文の際に製品在庫が不足している場合には、納品までに1カ月以上顧客を待たせる事態も時には生じているが、幸いにも欠品により注文がキャンセルされる確率は低い。

このような生産工程の状況下で、製造部門は、経営上問題となっている過大な製品在庫の削減、および製品の欠品問題の改善を経営者より指示され、対策に苦慮している。また、現在進めようとしている大手インテリア用品小売チェーンの OEM 製品では、従来の見込生産とは違い、受注生産で一括納品する方向であり、受注後の納期の回答が求められる。

第 1 問(配点 10 点)

低迷する木製家具業界にあって、C 社は安定的な業績を維持している。その考えられる理由を 120 字以内で述べよ。

第 2 問(配点 40 点)

C 社では、経営上大きな問題となっている過大な製品在庫および製品の欠品について改善を検討している。次の設問に答えよ。

(設問 1)

過大な製品在庫と製品の欠品が生じている理由を 100 字以内で述べよ。

(設問 2)

製品の在庫問題を解決するために、生産面で必要な対策を 120 字以内で述べよ。

第3問(配点40点)

C社では、大手インテリア用品小売チェーンからOEM製品の取引要請があり、共同で製品化を進めようとしている。

(設問1)

大手インテリア用品小売チェーンとのOEM製品取引は、C社にとってどのようなメリットがあるのかについて80字以内で述べよ。

(設問2)

C社のOEM事業推進において考えられる課題とその対応策について120字以内で述べよ。

第4問(配点10点)

C社の自社製品は見込生産であり、現在製品化を進めようとしているOEM製品は受注生産で対応する予定である。C社の見込生産と受注生産の違いを、重視すべき情報と管理ポイントの視点から80字以内で述べよ。

D社は、資本金1億円、総資産約50億円、売上高約56億円、従業員80人の企業で、ファッション性の高いスポーツウエアの製造及び販売を行っている。本社を中核都市の駅前に構えており、生産はその郊外にある自社工場で行っている。D社は高い縫製加工技術による自社製品に定評を有しており、その技術力から国内大手のY社より有名ブランド品のOEM生産を受託している。主力製品はY社向けの有名ブランドスポーツウエアで、日本製の高品質・高機能が消費者に支持されており、海外での生産は行っていない。他方で自社ブランドを立ち上げ、最近では米国等への海外輸出も手がけている。

D社の取締役会では、各国の経済状況に伴う売上高の変動リスクが経営の課題として繰り返し議論されている。D社の主力製品は発注元のY社で販売されるが、先進国だけでなくアジア諸国でも順調に売上高を伸ばしている。しかし、スポーツウエアの売上高はもともと景気変動の影響を受けやすいため、特に成長市場であるアジア諸国での売上高変動は経営者にとっての関心事である。近年の経済のグローバル化に伴う影響がD社にとっての経営上の大きなリスクとなっている。

D社の本社は創業当時より現所在地にあるが、事業の拡大に伴って手狭になったため隣地の中古不動産を買い増ししてきた。本社社屋の減価償却後の簿価は7億円である。本社社屋の一部は老朽化しており、建て替えも検討しなければならない時期を迎えている。一方で駅前の再開発事業も進んでおり、本社付近も一体開発される可能性がある。

D社では、本社(土地及び建物)を平成21年度期首に売却してオフィスを賃借すると同時に、本社の管理業務の一部をアウトソーシングすることを検討している。本社を売却した場合、18億円の手取りのキャッシュフローが得られるので、これを全額負債の返済に充当する。オフィスの賃借料は年4,500万円であると推定される。また、本社の管理業務の一部を年間委託費6,000万円(固定費)でアウトソーシングすることによって、従来発生していた販売費及び一般管理費(減価償却費を含む)のうち3億円を削減することが可能である。

平成20年度のD社の財務諸表及び同業他社の財務諸表は次のとおりである。

貸　借　対　照　表

（単位：百万円）

	D　社	同業他社		D　社	同業他社
資　産　の　部			負　債　の　部		
流　動　資　産	2,659	2,645	流　動　負　債	1,938	1,834
現　金・預　金	631	510	支払手形・買掛金	924	839
受取手形・売掛金	961	969	短　期　借　入　金	663	785
有　価　証　券	153	142	その他流動負債	351	210
棚　卸　資　産	789	836	固　定　負　債	1,793	1,189
その他流動資産	125	188	長　期　借　入　金	1,626	1,103
固　定　資　産	2,353	1,640	その他固定負債	167	86
土　　地	1,034	567	負　債　合　計	3,731	3,023
建物・機械装置	1,086	539	純　資　産　の　部		
その他有形固定資産	21	6	資　本　金	100	72
投資有価証券	212	528	利　益　準　備　金	25	18
			別　途　積　立　金	1,075	1,112
			繰越利益剰余金	81	60
			純　資　産　合　計	1,281	1,262
資　産　合　計	5,012	4,285	負債・純資産合計	5,012	4,285

（単位：百万円）

	D　社	同業他社
減価償却累計額	365	350

平成21年度 本試験問題

損　益　計　算　書

（単位：百万円）

	D　社	同業他社
売　上　高	5,611	5,039
売　上　原　価	4,204	3,985
売　上　総　利　益	1,407	1,054
販売費・一般管理費	931	853
営　業　利　益	476	201
営　業　外　収　益	3	12
営　業　外　費　用	208	122
経　常　利　益	271	91
特　別　利　益	0	39
特　別　損　失	0	41
税引前当期純利益	271	89
法　人　税　等	108	36
当　期　純　利　益	163	53

（単位：人）

	D　社	同業他社
従　業　員　数	80	75

第 1 問(配点 40 点)

D 社の平成 20 年度の財務諸表を用いて経営分析を行い、この企業の財務上の長所・短所のうち重要と思われるものを 3 つ取り上げ、その各々について、長所・短所の根拠を最も的確に示す経営指標を 1 つだけあげて、その名称を(a)欄に示し、経営指標値を計算(小数第 3 位を四捨五入すること)して(b)欄に示した上で、その長所・短所が生じた原因を D 社のこれまでの経営状況に照らして(c)欄に 60 字以内で説明せよ。

第 2 問(配点 20 点)

近年の経済のグローバル化に伴って経営環境は不確実性を増している。D 社の平成 20 年度の期首の投下総資本は 4,907 百万円であり、それに対する平成 20 年度の総資本営業利益率は 9.7% であった。平成 21 年度の総資本営業利益率は前年並みになるか、もしくは景気が減速すれば－2.5% になると予想され、それぞれの状況が生起する確率は 1／2 と想定される。負債の平均資本コスト(負債総額に占める利息の割合)を 4.9% とし、支払利息以外の営業外損益および特別損益はゼロと仮定して、次の設問に答えよ。

(設問 1)

本社(土地及び建物)を売却しない場合、平成 21 年度の税引前自己資本利益率の期待値を求めよ(計算結果は % で解答し、小数第 3 位を四捨五入すること)。

(設問 2)

本社(土地及び建物)を売却した場合、18 億円のキャッシュフローが得られる。これを全額負債の返済に充当することを検討している。この場合、景気変動による税引前自己資本利益率のバラツキがどのように変化するかを 100 字以内で説明せよ。

第3問(配点20点)

D社では、売上高と利益の関係を把握するため、経常利益ベースでの損益分岐点分析によるシミュレーションを開始した。平成20年度の売上原価に占める固定費は1,598百万円である。推計によると、平成21年度に景気が減速した場合、20%程度の売上高減少が見込まれることがわかった。

また、本社(土地及び建物)を売却しない場合の平成21年度の固定費および営業外損益は平成20年度と同額とする。

なお、金利を8%とし、販売費及び一般管理費、営業外損益はすべて固定費とする。

(設問1)

D社の平成20年度の損益分岐点売上高を求め、(a)欄に記入せよ。

また、本社を売却しない場合について、平成21年度の売上高が平成20年度より20%減少したときに予想される経常利益を求め、(b)欄に記入せよ。

なお、計算結果は百万円単位で解答し、百万円未満を四捨五入すること。

(設問2)

本社を売却した場合の平成21年度の損益分岐点売上高を求め、(a)欄に記入せよ(計算結果は百万円単位で解答し、百万円未満を四捨五入すること)。

また、この結果、営業レバレッジがどのように変化し、その変化がD社の業績にどのような影響を与えるかを、財務・会計の観点から100字以内で(b)欄に説明せよ。

第4問(配点20点)

D社は、Y社への売り上げは円建てで支払いを受けているが、海外に輸出する自社製品の支払いは上期末と下期末の2回に分けて米ドルで受け取っている。この為替リスクをヘッジするため、D社は、通常、各半期の期首に予想売上高分の為替予約を行っている。平成21年度上期分は1ドル100円で500万ドルの為替予約(ドルの売り建て)を行った。

(設問1)

平成21年度の上期の売上高は、予想を下回り430万ドルであった。上期末の為替のスポットレートは102円であった。この場合の為替による損益を求めよ(単位：万円)。

(設問2)

D社では、オプションを用いて為替リスクをヘッジすることも検討している。1ドル100円で決済するためには、どのようなオプションを用いるべきか、50字以内で(a)欄に説明せよ。

また、オプションを用いた場合の長所と短所を100字以内で(b)欄に説明せよ。

事例の分析

平成21年度の「組織・人事に関する事例」は、地方都市W市に拠点をおく菓子メーカー（資本金4,000万円、店舗数15店舗、前年売上高約12億円、従業員はパート・アルバイト社員を含めて130名程度）である。与件は2ページ強に及び、前年（3ページ弱）に比べると少ない。全5問構成で、小設問の設定はない。設問構造は、次のとおりである。

第1問・第2問は、SWOT分析の応用問題である。第1問は、自社と買収先企業との強みの比較に関する出題である。両社の強みの違いを問うている。第2問は、買収先企業F社に対する、買収前のA社社長による評価についての出題である。

第3問・第4問は、HRM（Human Resource Management；人的資源管理）の設問である。第3問は、A社従業員のモラール低下についての出題である。前年の職務充実に関する出題に続き、行動科学に関する出題である。第4問は、F社買収・買収後の両社の人事交流・配置転換に関する出題である。F社出身者をA社の管理職に登用することでどのような成果・効果があるかを問うている。

第5問は、逆風の外部環境の下で、A社が短期的に売り上げを増進するための具体策を問う出題である。中長期的なビジョンや新規事業開発に関する出題が多い第2次試験としては珍しい、「短期的視点」を要求する出題である。

解答形式は、例年同様、すべて字数制限論述形式をとっている。字数も前年と同様、100字問題が3問、150字問題が2問の合計600字である。

第2次試験は、毎年上位800～900人の受験者だけが合格する、事実上の相対評価方式の試験である。「だいたい書けた」と安心するのではなく、“競争優位性の高い答案を書くためにはどうすればよいか”を考えながら解答してほしい。設問構造を理解し、一貫性・整合性のある解答を書けたかどうかも、合否の分かれ道となる。

受験者の再現答案を拝見すると、過度の「与件重視」により、与件の文言を一言一句抜き書きしながら作成された**「コピー＆ペースト型」答案**が多いことに気づく。第2次試験が、事実上の相対評価方式の試験である以上、「コピー＆ペースト型」答案のままでは、合格できない。出題経験のある大学教授に、第2次試験の高得点を得るための秘訣を伺うと、

① **環境分析**に従い、将来の**「ドメイン」**をイメージし、
② 与件の**「行間」**を読み（論理的な**推測**を行い）、
③ **「創造性」**の高い答案に仕上げること

が重要であるという回答を頂いた。

与件を重視した環境分析（①）は必要条件であるが、十分条件ではない。3つの条件をすべて満たすよう心がけてほしい。「コピー＆ペースト型の答案では、他の受験生と差別化することはできません」（元・出題担当の大学教授）。

第2次試験の事例問題を攻略するためには、①SWOT分析、②経営上の問題点の集約、③経営課題の抽出、④ドメインの再定義、を行い、そこから逸脱しない解答を設計することが重要である。①～④のどの段階と各々の設問が対応するのかを整理し、解答の重複や矛盾がないように配慮したい。

はじめに、A社の環境分析を行う。【 解答・解説 】という性格上、丁寧にまとめるが、本試験の限られた時間中では、与件文にラインを引く、キーワードを抜き出すなど、簡易な方法で対応してほしい。SWOT分析で重要なことは、S（強み）とW（弱み）、O（機会）とT（脅威）に区別しながら、必要な与件情報をすべて拾い出すことである。

次ページ以降に、A社のSWOT分析の結果を示す。重要なのは、SWOT分析から**経営上の問題点**を集約できるかというプロセスである。

経営上の問題点を集約するときの基本ロジックは、「いくつかの強みと機会を結合することで、克服可能な弱み（時として脅威）のグループを見つけること」である。

SWOT分析

S	W
1. 店舗数15店舗（多店舗展開） 2. 従業員130名程度 3. 地元で採れた農産物を主原料としていること（W市地区特産原材料へのこだわり） 4. モットー（地産地消、安全安心の菓子づくり）の存在 5. 和菓子が評判 6. 老舗（「信用力あり」と推測） 7. 事業拡大・外部との提携に積極的活用（農家との契約、社外の菓子職人やコンサルタントの活用） 8. 成長志向の強い2代目A社社長 9. 大都市圏内のデパートに進出、創作菓子への挑戦 10. 社内コンテストの開催 11. 工場から半製品を輸送して顧客の前で完成品に仕上げる手法の存在（演出を考案する力の存在） 12. 原材料重視のコンセプト（市場ニーズとマッチ） 13. 高級スーパーへの納品取引に成功（物産展効果） 14. インターネット通信販売の導入 15. F社の資産の承継（従業員、店舗併設工場2箇所その後1箇所、菓子職人の評判の技術、12店舗、F社ブランド） 16. A社に対する高い信用力（地元G信用金庫のF社買収への強い後押しがあったことから推測） 17. A社社長による2社の合理化断行（売場の整理統合、商品見直し→経費削減、F社工場1箇所閉鎖） 18. F社職人のA社工場への配置転換（うち一人は責任者に任命） 19. 創作菓子の開発への積極的な取り組み	1. 大都市圏での事業拡大に対して、生産体制や販売体制の整備が追いついていない状態 2. 定期的に新作菓子を生み出す体制が整備されていないこと 3. 卓越した商品開発ノウハウがないこと 4. 買収によりA社従業員も人員整理の対象となっており（両社で40人の人員整理）、親会社A社の従業員のモラール（士気）が著しく低下したこと 5. 子会社F社従業員の不安（①2度の人員整理が行われたこと、②買収先企業になったこと、などから不安があると推測する）
O	**T**
1. 食の安全に対する意識や自然志向の高まり 2. インターネット通信販売の反響大 3. A社と契約していたW市周辺地区の特産品とその生産農家の知名度が向上 4. 大都市圏での地方食材への高いニーズ（物産展の成功）	1. 大都市圏は、競争激化、市場ニーズの変化が速い（対応できれば、機会となる） 2. W市郊外の大規模ショッピングセンターへの有名洋菓子店出店→競争激化（F社の行き詰まり） 3. 景気低迷、消費市場の縮小 4. 大都市圏デパート、高級スーパーの事業の大幅な落ち込み（大都市圏事業の縮小） 5. 地元市場の不振

SWOT分析の結果から、**経営上の問題点・経営課題**を次の4つに集約した。SWOT分析の要素に番号を付けてあるので、経営上の問題点・経営課題との関係を確認してほしい。

経営上の問題点・経営課題

	経営上の問題点	克服・回避すべきW、T	活用すべきSとO	経営課題	設問との対応
①	A社従業員のモラールの著しい低下	W4	S4、S7、S8、S9、S13、S14、S17	事業戦略の再徹底、従業員の役割期待の再定義、正規雇用者への登用制度導入、F社の熟練職人の技術を学ぶことができる機会の提供、などによる動機づけ	第3問
②	F社従業員のモラールの低下	W5	S4、S7、S8、S9、S13、S14、S17	事業戦略の再徹底、従業員の役割期待の再定義、F社従業員のA社管理職登用制度を示す、などによる動機づけ	第4問
③	大都市圏事業の縮小	T2 T4	S8、S14、S15、O2、O3	F社製品の投入による大都市圏事業の活性化 大都市圏事業とインターネット事業との連携強化	第5問
④	定期的に新作菓子を生み出す体制が未整備	W1 W2 W3	S7、S8、S12、S14、S15、S17、O1、O2、O3	F社製品のインターネット通販事業・大都市圏事業への投入（短期的課題） 両社の人事交流・技術交流による新しい組織文化の醸成（中期的課題） 両社による共同商品開発（中期的課題）	第1問 第4問 第5問

以上を踏まえ、経営課題を克服することによって実現する、将来におけるA社の事業**ドメイン**を**再定義**してみよう。

A社は、3つの市場で3つの事業を展開しているため、事業別に3つの事業ドメインを再定義した。これらを踏まえたうえで、各設問に臨もう。

ドメイン1：地元市場事業

標的顧客				地元の固定客
顧客機能	モノの提供			自社の和菓子とF社の洋菓子
	コトの提供			安心・安全、地産地消、地元品の名声
主要経営資源	組織	組織構造		自社と完全子会社であるF社との共存
		組織文化		A社の事業拡大の積極性維持、F社の組織文化の流入
	人事	制度別	配置転換	F社従業員の登用
			採用	パート・アルバイト主体、F社従業員の出向・転籍
			能力開発	F社従業員によるパート・アルバイトの能力開発、技術シナジーの実現
			動機づけ	事業戦略の再徹底、従業員の役割期待の再定義、正規雇用者への登用、両社従業員の公平な扱い、A社従業員へのF社技術を学ぶ機会の提供

主要経営資源		階層別	経営者	A社社長によるF社社長兼務
			正規従業員	F社ベテラン従業員の登用
			非正規従業員	A社従業員の能力開発（F社ベテラン従業員を講師として活用）
			外部人材	契約農家、社外菓子職人、コンサルタントとの連携
	生産	工場		F社工場とのすみ分け、不採算工場の処分
		技術		F社生産技術の導入
	マーケティング	商品開発力		社外菓子職人・コンサルタントとの連携、長期的にはF社との共同商品開発
		原材料供給路		契約農家、地元
		販路		A社・F社の地元店舗、不採算店舗の処分

ドメイン2：大都市圏事業

標的顧客				大都市圏のデパート・高級スーパーの利用客
顧客機能	モノの提供			自社の和菓子とF社の洋菓子、定期的な新製品の導入
	コトの提供			安心・安全、菓子作りを見せる楽しさ（斬新な演出）
主要経営資源	組織	組織構造		自社と完全子会社であるF社との共存、大都市圏事業の専任部署の設立または強化
		組織文化		A社の事業拡大の積極性維持、F社の組織文化の流入
	人事	制度別	配置転換	F社従業員の登用
			採用	パート・アルバイト主体、F社従業員の出向・転籍
			能力開発	F社従業員によるパート・アルバイトの能力開発、技術シナジーの実現
			動機づけ	事業戦略の再徹底、従業員の役割期待の再定義、正規雇用者への登用、両社従業員の公平な扱い、A社従業員へのF社技術を学ぶ機会の提供
		階層別	経営者	A社社長によるF社社長兼務
			正規従業員	F社ベテラン従業員の登用 専任管理者の養成、外部人材（コンサルタント、BtoB営業の経験者）の採用
			非正規従業員	A社従業員の能力開発（F社ベテラン従業員を講師として活用）
			外部人材	契約農家、社外菓子職人、コンサルタントとの連携
	生産	工場		F社工場とのすみ分け、不採算工場の処分
		技術		F社生産技術の導入
	マーケティング	商品開発力		社外菓子職人・コンサルタントとの連携、長期的にはF社との共同商品開発
		原材料供給路		契約農家、地元
		販路		大都市圏のデパート・高級スーパー

ドメイン3：インターネット通販事業

標的顧客				インターネット通販利用客
顧客機能	モノの提供			自社の和菓子とＦ社の洋菓子
	コトの提供			安心・安全、特産品を楽しむ喜び（「お取り寄せ」の楽しさ）
主要経営資源	組織	組織構造		自社と完全子会社であるＦ社との共存、インターネット販売部門の強化または実務のアウトソーシング化
		組織文化		Ａ社の事業拡大の積極性維持、Ｆ社の組織文化の流入、顧客との対話を重視する文化
	人事	制度別	配置転換	Ｆ社従業員の登用
			採用	パート・アルバイト主体、Ｆ社従業員の出向・転籍
			能力開発	Ｆ社従業員によるパート・アルバイトの能力開発、技術シナジーの実現
			動機づけ	事業戦略の再徹底、従業員の役割期待の再定義、正規雇用者への登用、両社従業員の公平な扱い、Ａ社従業員へのＦ社技術を学ぶ機会の提供
		階層別	経営者	Ａ社社長によるＦ社社長兼務
			正規従業員	Ｆ社ベテラン従業員の登用 専任管理者の養成、外部人材（コンサルタント、経験者）の採用
			非正規従業員	Ａ社従業員の能力開発（Ｆ社ベテラン従業員を講師として活用）
			外部人材	契約農家、社外菓子職人、コンサルタントとの連携
	生産	工場		Ｆ社工場とのすみ分け、不採算工場の処分
		技術		Ｆ社生産技術の導入
	マーケティング	商品開発力		社外菓子職人・コンサルタントとの連携、長期的にはＦ社との共同商品開発
		原材料供給路		契約農家、地元
		販路		インターネット通販

解答例と解説

第1問（配点20点）

【解答】

	両	社	の	強	み	に	は	、	競	争	優	位	の	源	泉	と	な	る	人
的	資	源	上	の	違	い	が	あ	る	。	A	社	は	、	成	長	志	向	の
リ	ー	ダ	ー	シ	ッ	プ	を	発	揮	す	る	2	代	目	社	長	が	構	築
し	た	、	地	元	農	家	・	社	外	の	菓	子	職	人	・	コ	ン	サ	ル
タ	ン	ト	と	い	っ	た	外	部	の	人	的	ネ	ッ	ト	ワ	ー	ク	を	強
み	と	し	て	い	る	。	F	社	は	、	創	業	当	初	か	ら	勤	め	て
い	る	社	内	の	菓	子	職	人	の	技	術	と	い	う	内	部	経	営	資
源	を	強	み	と	し	て	い	る	。										

【解説】

●解答導出の根拠

第1問は、A社とF社の内部環境における強みの違いに関する出題である。

解答作成にあたっての留意点は、両社の強みを並べるだけでは、「違い」の指摘にはならない点である。設問文に、「和菓子、洋菓子といった取扱商品に違いがあるものの」という制約条件が付けられている点も忘れてはならない。

内部環境とは、企業の経営資源である。近年、第1次試験でも出題があった資源ベース研究（**リソース・ベースド・ビュー**）の第一人者、J.B.バーニーは、伝統的なヒト・モノ・カネ・情報・ノウハウといった経営資源の区別を拡張し、次の4つに分類している。

経営資源の種類

資源の種類	意　　味	具体例
財務資源	戦略を構想し、実行するうえで企業が利用できるさまざまな金銭的資源	自己資本、借入金、信用力、担保となる資産
物的資源	戦略を構想し、実行するうえで企業が利用できる物理的資源	工場・設備・機械・立地、取引先との距離
人的資源	戦略を構想し、実行するうえで企業が利用できる、個々のマネジャーや従業員が保持する資源	研究者、販売員、経営者、フロー型人材、あるいは各個人が持つ経験・判断・知性等
組織資源	戦略を構想し、実行するうえで企業が利用できる、人的資源の集合体としての組織が持つ資源	組織構造、組織文化、組織内のルール、標準化されたマニュアル、非公式組織の活動、各種データベース

出典：『企業戦略論（上）』（J.B.バーニー著　ダイヤモンド社）をもとに加筆

バーニーの分類を拡張して、両社の内部環境における強みを抽出すると、次表のようになる。

両社の強みの比較

比較項目		A社	F社
経営資源全般		外部経営資源重視型 外部とのチームワーク重視型	内部経営資源重視型 熟練職人技術重視型
財務資源		資本金4,000万円 地元信用金庫からの信頼	資本金1,000万円
組織資源	組織文化	革新的志向	(保守的志向)
人的資源	経営者	社長のリーダーシップ	(後継者問題が潜在していた)
	従業員	パート・アルバイトの比率が高い	創業期から勤める菓子職人の技術
	外部人材	社外の菓子職人やコンサルタントへの依頼、地元農家とのネットワーク	(記述なし)
マーケティング資源	顧客機能	和菓子、安心・安全、新製品開発重視(創作菓子への取り組み)	洋菓子 伝統的製品重視
	原材料供給路 (川上チャネル)	地元農家との専属契約 安全、安心へのこだわり	(記述なし)
	販路 (川下チャネル)	市場開発志向(大都市圏進出とインターネット販売の展開)	既存市場重視志向

A社の強みに関する情報に比べて、子会社F社の強みに関する情報は少ない。

組織資源については、A社は革新的志向が強いことは、「成長志向の強いA社社長」「4年ほど前に大都市圏市場への進出を計画し、すぐさまそれを実現」「市場や嗜好の違いに配慮して創作菓子にも取り組み」「地元農家と専属契約を結び」「社内コンテストの開催」「社外の菓子職人やコンサルタントへの依頼などによって新しい創作菓子の開発に積極的に取り組んだ」「高級スーパーへの納品にも挑戦」「インターネットを活用した通信販売」といった与件情報から明らかである。

一方、F社は「創業当初からF社に勤めていた菓子職人の技術がその評判を支え」という与件から、A社とは対照的に、保守的な企業気質であることが推測できる(「行間」を読む)。しかし、保守的な企業気質には良い面もあるが、環境変化に対する適応能力が脆弱であり、「強み」というよりも「弱み」と捉える場合が多い。両社における組織資源上の「強み」の違いを言及することは難しい。

マーケティング資源のうち、「顧客機能」は両社の取扱商品の違いであり、解答から外さなくてはならない。「原材料供給路」については、F社に比較すべき情報がない。「販路」については、両社の比較は可能だが、販路は「市場」と捉えることもでき、「強み」というよりも「機会」と捉えるほうが自然である。両社におけるマーケティング資源についての「強み」の比較も難しい。

人的資源については階層別に考えてみよう。経営者については、A社社長の特質だけが述べられており、F社経営者についての情報はほとんどなく、経営者同士の強みの比較はできない。しかし、A社社長の持つ外部志向・成長志向という側面は、A社の外部経営資源との連携強化と密接に関係しており、「A社経営者+外部経営資源」は一括りでA社の人的資源の強みとなっている。パート・アルバイト主体のA社は、外部経営資源をフル活用し、人的資源についての「持たざる経営」を実践している。

一方のF社は、「創業当初からF社に勤めていた菓子職人の技術がその評判を支え」とあるとおり、技術を持った社内の職人の存在が人的資源上の強みである。

両社の強みは、組織資源面(組織文化)、マーケティング資源面(販路)ではなく、人的資源面を中心に記述すると、最も明確に「違い」を示すことができる。

A社・F社の人的資源の構造比較

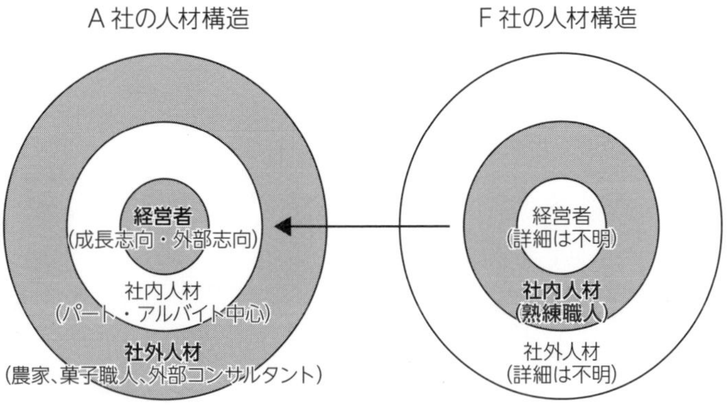

■網がかかっている部分が両社の競争優位の源泉(人的資源上の強み)となっている人的資源の階層
■F社の完全子会社化は、A社の社外人材強化の一環である(合併ではないので、社内人材強化の補完ではない)

●解答作成の手順

受験生の再現答案を拝見すると、第1文でA社の強みを述べ、第2文でF社の強みを述べる、という2文構成で解答をまとめた方が多い。しかし、ここは150字というやや多めの字数であることを考慮し、3文構成で考える。第1文に結論を述べる「**結論先行の法則**」を遵守する。

両社は、活用している人的資源の構成に違いがある。A社は経営者による社外人材の積極的活用に強みがあり、F社は技術を持った職人の存在に強みがある。キーワード密度を高め、両社の違いを明確に示すには、「基盤人材の違い」「両社の原動力となっている人材の違い」といった端的な表現・抽象的な表現への凝縮が必要である。ここでは、バーニーに従い、「**競争優位の源泉**」という用語を用いて、第1文で、両社の人材の違いを表現している。

2文構成でA社・F社の違いを述べるに留まった答案が多いと思うが、合格圏内である上位2割に入るためには、答案の「創造性」が不可欠である。**創造性**とは、頭に思い浮かんだ自分勝手な言葉を羅列するのではなく、与件情報の「行間」を読み、経営学の知識や中小企業白書の表現を転用・応用する力である。創造力の源泉は、国語力やセンスではなく、第1次試験で養った体系的で膨大な**知識(専門用語、フレームワーク)**であることを確認していただきたい。

試験委員はどのような採点方法をとっているだろうか。設問間の**一貫性・整合性**に配慮する採点者であれば、第1問から順番に読み、採点していくと考えるのが自然である。この仮定に従えば、答案全体に占める第1問の役割は非常に大きいことになる。第1問の答案がわかりやすく、採点しやすい答案であれば、「この受験生はよく理解している」という**ハロー効果**が生じ、第2問以降の答案の採点が有利に働く可能性を期待できるからである。第2次試験においても第1問、すなわち、「最初」が肝心である。

最終的に答案を作成する際には、下記のような**設計図**を頭の中に作成する。

第1問の解答設計図

文番号	内容	使用フレームワーク・根拠	予定文字数
1	結論、両社の違い	バーニーのリソース・ベースド・ビュー(競争優位の源泉)	40
2	各論、A社の強み	比較SWOT分析結果	60
3	各論、F社の強み	比較SWOT分析結果	50

予定文字数は、一番情報量の多い第2文を多めに考える。予定であるから、実際の答案の文字数とは異なるが、「目処を立てて」解答を書くことで、落ち着いて書くこともできるし、書き直しの時間的ロスを最小限に抑えることができる。

第2問（配点20点）

【解答】

和	菓	子	事	業	拡	大	に	お	け	る	シ	ナ	ジ	ー	が	期	待	で	き
な	か	っ	た	た	め	で	あ	る	。	①	両	社	の	地	元	市	場	は	同
一	で	、	売	場	が	重	複	し	て	お	り	、	販	売	シ	ナ	ジ	ー	が
小	さ	い	。	②	買	収	後	の	生	産	体	制	は	事	業	規	模	か	ら
考	え	る	と	過	大	で	あ	り	、	生	産	シ	ナ	ジ	ー	が	小	さ	い。

【解説】

●解答導出の根拠

第2問は、買収先企業F社に対する買収前のA社社長による評価についての出題である。通常、SWOT分析を行う場合、主観を排除し、客観に徹することが求められるが、本問はA社社長の**主観**に基づいて解答しなければならない。

「A社は、取引のある地元のG信用金庫からF社の買収の具体的な話が持ち込まれて」から、すぐには買収していない。「最初の提案から2年以上の年月を経てA社社長はF社の買収を決定」している。

本問は、話が持ち込まれた当初、A社社長が「積極的」「前向き」ではなく、「逡巡していた」理由を問うている。「財務上の問題以外」という制約条件にも留意しなければならない。

与件から解答の方向性の候補を5つ見つけることができるが、すべてが適切とは限らない。十分な検討と判断が必要である。100字という字数制限から考えても5つすべてを盛り込むことは不可能である。

解答候補となった理由、判断と解答への採用の是非を一覧にまとめてみよう。

第2問の解答の方向性についての比較・検討

解答の方向性		候補となった理由	判断	採用の是非
①	販売シナジーが小さいことへの懸念	A社とF社はいずれも地方都市W市に拠点をおく菓子メーカーであり、地元における販路（売場・店舗）は重複している。F社はA社が進出していない地域に販路を持っているわけではない。両社の販売活動には、相互補完の関係が成立しない。実際に、買収後に、店舗ネットワークの統合と売場の整理統合を行っている。	買収前から販売シナジーがないことを懸念していた可能性は高い。	採用
②	生産シナジーが小さいことへの懸念	買収後に、F社の工場の閉鎖を行っている以上、A社社長は、両社の事業規模から考えて、買収後の設備を過大設備であると判断している。	買収前から生産シナジーが小さいことを懸念していた可能性は高い。	採用

③	組織文化の違いへの心配	A社は、社長の方針により、成長志向・外部志向であり、変革を好む気質に富む。F社は、熟練職人の技術により評判を維持するなど、保守的な傾向が強い。両社が統合すれば、組織文化上のコンフリクトが発生する。	組織文化が似ていることは買収の絶対条件ではない。本事例のように、F社を別法人として残し、完全子会社化すれば、組織文化の違いによるコンフリクトの発生は最小限に抑えることができる。	不採用
④	後継者問題への不安	後継者問題が発生しているF社の買収はトラブルの種になると考えた。	後継者問題はこの時期、顕在化していない。	不採用
⑤	和菓子による事業拡大に向けた施策が劣後し、スピードダウンすること	A社が単独で事業拡大している時期であり、洋菓子の取り扱いの懸念、F社買収に伴う組織再編と人員整理（実際に、A社社長は買収直後に組織再編と人員整理を行っている）に忙殺されることによる事業拡大スピードへのブレーキを懸念したと推測できる。	A社社長の事業拡大志向からは十分考えられる。	採用

シナジーとは、**相乗効果**のことであり、それぞれが独自に機能することができる部分相互を結合したときに生ずる協働的成果である。各部分の成果の単なる総和よりも協働成果が大きければ，そこに新たに生じたプラスαは、結合効果である。わかりやすく表現すると、「1＋1＞2」という数式で示される。シナジーには、一般に以下の4種類がある。

シナジーの種類

①	**販売シナジー**	販売面ないしマーケティング面において共有性を持っていることから生じるシナジーである。販売管理、広告、販売促進などが利用できる場合に生じる。
②	**生産シナジー**	生産施設や人員の共同利用により生じるシナジーである。間接費の分散、原材料の一括大量購入による価格割引で生産コストの低減が図られる。
③	**投資シナジー**	投資を節約できる時に生じるシナジーである。工場や機械の共通利用による追加投資の節約、類似商品の研究による研究開発費の節約があげられる。
④	**マネジメント・シナジー**	結合時において、両者がマネジメントに密接な関連を持っているために生じるシナジーである。企業の全体的な経営管理に関連して生じるものである。

出典：『経営戦略（新版）』（大滝精一他著　有斐閣アルマ）をもとに作成

解答の方向性についての比較・検討の結果、①**販売シナジー**が小さいことへの懸念、②**生産シナジー**が小さいことへの懸念という2つを採用する。また、⑤和菓子による事業拡大に向けた施策が劣後し、スピードダウンすることへの懸念という要素を盛り込む。

●解答作成の手順

第1問同様、**結論先行の法則**に従い、また、差別化を図るためにも3文構成で解答を設計する。幸い、①販売シナジーが小さいことへの懸念、②生産シナジーが小さいことへの懸念という2つの要素は、シナジーという共通用語で括ることができる。これを第1文に採用する。

第2問の解答設計図

文番号	内容	使用フレームワーク・根拠	予定文字数
1	結論 シナジーの不存在	A社長の和菓子を前提とした事業拡大志向でのシナジーがないこと	20
2	各論 販売シナジーの欠如	「SWOT分析」「第2問の解答の方向性についての比較・検討」①	40
3	各論 生産シナジーの欠如	「SWOT分析」「第2問の解答の方向性についての比較・検討」②	40

要求文字数が100字と少ないため、3文構成では無駄を省くテクニックが要求される。「A社社長が前向きでなかった理由は」といった主語は省略する（**不要な主語の省略**）。不要な主語を省略した分、**キーワード密度**を高め、採点者が**加点しやすい答案**を作成する。

第3問（配点20点）

【解答】

	A	社	の	パ	ー	ト	・	ア	ル	バ	イ	ト	比	率	は	F	社	の	約
2	倍	の	80	%	で	あ	る	。	F	社	買	収	に	伴	う	連	鎖	的	な
人	員	整	理	の	対	象	と	さ	れ	た	こ	と	へ	の	不	満	と	、	再
び	人	員	整	理	が	行	わ	れ	る	場	合	の	矢	面	に	立	た	さ	れ
る	こ	と	へ	の	将	来	的	な	不	安	が	あ	る	た	め	で	あ	る	。

【解説】

●解答導出の根拠

第3問は、従業員の**モラール（士気）**低下についての出題である。前年の職務充実に関する出題に続き、モチベーション分野からの出題である。

本事例では、A社がF社を買収しており、A社は買収者、F社が被買収者という立場にある。通常、買収者側の立場が強い。従業員の雇用についても、買収者側は保護レベルが高く、被買収者側は保護レベルが低いという状況が普通である。しかし、本事例では、買収者であるA社の従業員のモラールが「著しく低下」している。これはなぜだろうか。

設問文に「両社の人員構成を踏まえた上で」という制約条件があるが、これは**制約条件**であると同時に、解答の**ヒント**でもある。両社の人員構成に関する情報を比較すると、A社は既に人員整理を行ったF社に比べて、従業員総数に対するパート・アルバイト比率が高いことがわかる。

両社の人事構成に関する情報の比較（買収直前期）

	A社（買収者側）	F社（被買収者側）
従業員数	120名	50名
非正規従業員の占有比	約80%	約40% （約20名より逆算）
F社買収前の人員整理の有無	なし	あり

これを踏まえ、解答の方向性の代替案を比較・検討しよう。

第３問の解答の方向性についての比較・検討

解答の方向性		候補となった理由	判断	採用の是非
①	買収者企業の従業員であるにもかかわらず、連鎖的な人員整理の対象となったことに対する不満	買収者であるA社の従業員は、本来、保護レベルが高いはずであるが、「A社とF社の従業員40名程度の人員整理を実施した」とあり、人員整理の対象になっている。	本来保護レベルが高いはずである買収者であるA社の従業員が合併後の人員整理に巻き込まれたことで、「とばっちり」を受けたという想いは、モラールを下げる原因となりうる。	採用
②	将来の人員整理の可能性に対する不安	F社では買収前に、「パート・アルバイト社員を中心に人員整理を断行した」とあり、買収後にも、「A社とF社の従業員40名程度の人員整理を実施した」とある。しかも、外部環境は「厳しい状況が続く」とあり、今後も人員整理の可能性は残っている。	企業が人員整理を行う場合、正規従業員とパート・アルバイト（非正規従業員）では、パート・アルバイトのほうが保護レベルは低い。今後も、人員整理の中心は、パート・アルバイト比率の高いA社従業員となると予測すれば、雇用不安は高まり、会社に対する忠誠心は低下し、モラールは低下する。	採用
③	パート・アルバイト比率が高く、人員整理の対象となりやすいことへの不安	①②と似ているが、常識として、「正規従業員に比べてパート・アルバイト（非正規従業員）は、人員整理の対象になりやすい」という点をダイレクトに述べる。	第１次試験の企業経営理論の知識、一般常識として否定できない。買収前F社はパート・アルバイト社員を中心に人員整理したことも判断材料となる。①②と組み合わせて、間接的に盛り込む。	採用
④	買収という組織の移行状態における抵抗と混乱	売場の統合、経費削減、工場閉鎖、人員整理などによる新組織への適応不全による不安、既得権の喪失、秩序の乱れによる混乱が考えられる（稲葉・ナドラー・ショウ・オォルトンの提唱する「移行状態における諸問題」を切り口としている）。	「適応不安」「秩序の乱れ」は考えられるが、与件は、雇用に対する「既得権の喪失」が中心に構成されている。設問文の「人員構成を踏まえた上で」という制約条件との関連も薄い。「移行状態における諸問題」全般に対する記述は、上記①②と比較すると、優先順位が低い。	不採用
⑤	不慣れな洋菓子製造・販売への不安	洋菓子と和菓子では、生産・販売上のノウハウに違いがある。両社の従業員は、相互に他社の商品を生産・販売しなければならないことへの不安を感じている。経験が浅いと考えられるパート・アルバイト比率が高いA社の従業員のほうがより強く不安を感じていると考えられる。生産・販売シナジーがないことについて触れた第２問の解答とも一貫性がある。	与件に「新しいことに挑戦することへの不安」については明記されていない。上記①②に比べると優先順位は低い。	不採用
⑥	正規従業員との立場・待遇の差に対する不安	A社従業員はパート・アルバイトが中心であり、F社従業員は正規従業員が中心である。両社の間に待遇上の差が生じる可能性がある。F社の職人が「A社の工場に配置転換され」とあるとおり、F社の従業員がA社の上司となる配置転換も行われている。	待遇上の差があることは容易に推測できる。しかし、最大の待遇上の問題であり、与件の記述も多い「人員整理」の問題に焦点を絞り、答えるべきである。	不採用

検討の結果、①「買収者企業の従業員であるにもかかわらず、連鎖的な人員整理の対象となったことに対する不満」(**人員整理への不満**)、②「将来の人員整理の可能性に対する不安」(**将来の雇用不安**)の2つを採用し、その中に、一般常識である③「パート・アルバイト比率が高く、人員整理の対象となりやすいことへの不安」を盛り込むという方針を決定する。

●解答作成の手順

100字と短い中で、「両社の人事構成」を踏まえたことを明らかにし、上記①②③について言及しなければならないため、無駄な表現を極力省かなければならない。

第3問の解答設計図

文番号	内容	使用フレームワーク・根拠	予定文字数
1	両社の人事構成	「両社の人事構成に関する情報の比較(買収直前期)」「第3問の解答の方向性についての比較・検討」③	30
2	前半：人事整理への不満 後半：将来の雇用不安	マズローの5段階欲求説、ハーズバーグの動機づけ・衛生理論、アルダファのERGモデル 前半：「第3問の解答の方向性についての比較・検討」① 後半：「第3問の解答の方向性についての比較・検討」②	70 (前半35、後半35)

●参考

雇用不安は、行動科学モチベーション論の諸学説を用いて説明することができる。

マズローの**5段階欲求説**によれば、第2段階の**安全欲求**が満たされていない状態に該当し、モラールが下がったと説明できる。ハーズバーグの**動機づけ・衛生理論(二要因理論)**によれば、衛生要因が欠如しており、職場への不満が高まり、モラールが低下していると説明できる。アルダファの**ERGモデル**によれば、人間にとって基本的な存在であることを否定されていると感じて、モラールが低下していると説明できる。

マズローの5段階欲求説

欲求段階名	欲求の内容	代表的な職場の欲求
生理的欲求	人間の生命維持の欲求で、いわば衣食住に対する欲求である。	賃金
安全欲求	安全ないし安定した状態を求め、危険や恐怖を回避したいとする欲求である。	雇用保障 労働環境
社会的欲求	人々との関係を保ち、かつ認めてもらいたいとする欲求である。集団への帰属や友情、愛情を求める欲求である。	人間関係
自我欲求	人々から認められたい、かつ尊敬されたいという欲求である。	昇進
自己実現欲求	自分の可能性を発現し、チャレンジしたいとする欲求である。	革新的業務 能力開発

ハーズバーグの動機づけ・衛生理論（二要因理論）

	動機づけ要因	衛生要因
説明	個人の職務内容に関連する要因	個人の職務環境に関連する要因
要因の例	●達成 ●承認 ●仕事そのもの ●責任 ●昇進 ●成長	●会社の方針と経営 ●監督 ●監督者との関係 ●作業条件 ●給与 ●同僚との関係 ●個人生活 ●部下との関係 ●身分保障

アルダファのERGモデル

存在（Existence）	人間にとって基本的な存在の欲求
関係（Relatedness）	人間関係にかかわる関係の欲求
成長（Growth）	人間らしく生きたい成長の欲求

出典：『組織論』（桑田耕太郎・田尾雅夫著　有斐閣アルマ）より作成

第4問（配点20点）

【解答】

	①	人	事	交	流	に	よ	る	新	た	な	組	織	文	化	が	生	ま	れ
る	。	②	被	買	収	企	業	の	従	業	員	に	も	管	理	職	の	道	を
開	く	こ	と	で	F	社	従	業	員	を	動	機	づ	け	る	こ	と	が	で
き	る	。	③	F	社	職	人	の	持	つ	技	術	の	承	継	を	通	じ	、
A	社	従	業	員	の	能	力	開	発	を	図	る	こ	と	が	で	き	る	。

【解説】

●解答導出の根拠

第4問は、F社買収後の両社の人事交流・配置転換に関する出題である。F社出身者をA社の管理職に登用することでどのような成果・効果があるかを問うている。第3問に続き、HRMに関する出題である。

設問文の「**成果や効果**」という表現はチェックしなければならない。場合によっては、「効果」で1文、「成果」で1文の合計2文構成で解答を構成する必要が生じるからである。

効果と成果

	効果	成果
『広辞苑』(岩波書店)	ある行為によって得られた、期待通りのよい結果。ききめ。	なしえたよい結果。できばえ。
『大辞泉』(小学館)	ある働きかけによって現れる、望ましい結果。ききめ。しるし。	あることをして得られたよい結果。

効果と成果は「何らかの行為を行った後に生じる結果」という意味であり、ほぼ同義である。また、出題者が、効果と成果について別々の解答を求めているのであれば、「効果と成果」という表現を用いるはずである。

①両者は同義語である点、②両者を分けることを意図していないと思われる点、以上2点より、本設問では、効果と成果については区別せずに扱う。

第4問の解答の方向性についての比較・検討

解答の方向性		判断	採用の是非
①	人事交流の発生	配置転換がある以上、人事交流は実際に行われている。しかし、人事交流は「手段」であって、「成果や効果」ではない。「成果や効果」としては、②③の表記のほうがふさわしい。③を実現する「手段」として条件付の採用とする。	条件付採用
②	新たな組織文化の醸成	ありうる。人事交流により、長期的には、新たな組織文化が生まれる可能性は大きい。A社・F社両社の従業員が享受できる成果・効果である。	採用
③	F社従業員のモラール向上	第3問で「F社の従業員に比べて、A社の従業員のモラールが著しく低下」とあるとおり、A社の従業員のモラールの低下はF社従業員との相対的なものである。2度の人員整理を行い、事業継続が難しくなり、A社に買収されたF社の従業員にとって過去への不満、今後への不安は強いと推測できる。被買収者であるF社の従業員が権限と責任のあるポジションに就ければ、F社の従業員に「管理職登用の道」を示すことができる。	採用
④	洋菓子の製造技術・ノウハウのA社への移転・承継、A社従業員の能力開発	ありうる。経験豊かなF社職人の技術を学ぶ機会が与えられることは、A社従業員にとって貴重な能力開発機会となる。第3問で問われていたA社従業員のモラール低下に対する対策にもなる。一般に、能力開発により自信がつくと、モチベーションは向上する傾向にある。	採用
⑤	組織変革への抵抗の抑制効果	ありうる。しかし、第3問でも述べたとおり、「抵抗」の存在は明記されていない。また、広い意味では②に含まれる内容である。	不採用
⑥	生産ラインの早期統合	A社社長は実際に両社の「生産ラインにメス」を入れている。ただし、②③と重複する内容であり、ここでは割愛する。	不採用
⑦	商品開発ノウハウの共同化・新作菓子の創作	長期的にはありうる。しかし、F社職人の技術が商品開発に結びつくには時間がかかる。F社およびF社従業員が商品開発ノウハウに長けているという記述はない。不確実性が大きいため、成果・効果としての優先順位は低い。	不採用

検討の結果、②「新たな組織文化の醸成」、③「F社従業員のモラール向上」、④「洋菓子の製造技術・ノウハウのA社への移転・承継、A社従業員の能力開発」の3つを採用する。②は「**両社の従業員**」に、③は「**F社の従業員**」に、④は「**A社の従業員**」に対し、それぞれ期待できる「成果や効果」である。**利害関係者別**の解答となっていることを確認してほしい。

●解答作成の手順

100字と短い中で、上記②③④について言及しなければならない。3文構成とする。結論を述べる1文は本設問ではあきらめる。

第4問の解答設計図

文番号	内容	使用フレームワーク・根拠	予定文字数
1	両社の従業員に生じる成果・効果	「第4問の解答の方向性についての比較・検討」②	20
2	F社従業員に生じる成果・効果 (管理職登用の道)	「第4問の解答の方向性についての比較・検討」③	40
3	A社従業員に生じる成果・効果 (技術移転・能力開発)	「第4問の解答の方向性についての比較・検討」④	40

第5問(配点20点)

【解答】

	F	社	製	品	を	2	つ	の	既	存	事	業	に	投	入	し	、	社	内
コ	ン	テ	ス	ト	を	実	施	、	事	業	間	競	争	を	促	進	す	る	。
①	知	名	度	が	向	上	し	て	い	る	イ	ン	タ	ー	ネ	ッ	ト	通	信
販	売	の	対	象	と	し	、	W	市	特	産	品	と	し	て	販	売	す	る。
②	大	都	市	圏	事	業	の	デ	パ	ー	ト	・	高	級	ス	ー	パ	ー	に
F	社	製	品	を	販	売	す	る	売	場	を	併	設	し	、	「	通	信	販
売	で	話	題	の	洋	菓	子	」	と	し	て	、	新	奇	性	を	求	め	る
市	場	の	声	に	対	応	す	る	。										

【解説】

●解答導出の根拠

第5問は、逆風の外部環境の下で、A社が短期的に売り上げを増進するための具体策を問う出題である。中長期的なビジョンや新規事業開発に関する出題が多い第2次試験としては珍しい、「短期的視点」を要求する出題である。組織・人事の知識だけではなく、マーケティングの知識を活用して、解答を構成すべきである(ただし、「短期的視点」という制約条件を忘れてはならない)。近年では、平成19年度の「インストアショップによる店舗展開のメリット・デメリット」についての出題、平成20年度の「製品の3層構造」を意識した出題など、マーケティングの知識を要求する出題が目立つ。

ポイントは「短期的」という制約条件である。時間のかかる「具体的施策」では、出題者の要求を満たすことはできない。

はじめに、アンゾフの成長ベクトルを用いて「具体的施策」の方向性を探ってみよう。

成長ベクトル

		製品	
		既存	新規
市場	既存	市場浸透	製品開発
	新規	市場開発	多角化

出典：『最新・戦略経営』（H.I. アンゾフ著　産能大学出版部）

このうち、市場開発戦略、製品開発戦略、多角化戦略は、いずれも「開発」（市場または製品の開発）を伴うため、時間がかかり、短期的な売り上げを増進する「具体的施策」にはならない。短期的な売り上げを増進させるためには、市場浸透戦略を採用することが定石である。しかし、本事例では、F社買収により、短期間で「F社の洋菓子」という**製品開発**が実現したとみることができる。

そこで、A社が持つ**既存の市場（チャネル、販路）**に、F社が**現在保有**している製品を新製品として、**投入**する方法を提案する。具体的には、成長ベクトルを発展させたPMS（Product Market Strategy：**製品市場戦略分析**）を用い、実現の可能性を調べることができる。

PMSは、縦軸に製品（顧客機能）をとり、横軸に市場（チャネル、販路）をとり、どの製品をどの市場で展開するのが効果的であるかを検討するための分析ツールである。

「F社買収以前のA社のPMS」と、「F社買収後の短期的な将来におけるA社の予想PMS」を比較し、採用すべき「具体的施策」を明らかにする。

F社買収以前のA社のPMS

			市場（顧客）・販路		
			W市周辺（地元）	大都市圏（デパート・高級スーパー）	インターネット通販顧客
製品	既存製品		○	○	○ 反響大 W市周辺地区の特産品とその生産農家の知名度も向上
	新製品	F社の既存製品	−	−	−
		F社買収後の新製品	−	−	−

F社買収後の短期的な将来におけるA社の予想PMS

		市場（顧客）・販路		
		W市周辺（地元）	大都市圏（デパート・高級スーパー）	インターネット通販顧客
製品	既存製品	△ 苦戦	△ 苦戦	○ 反響大 W市周辺地区の特産品とその生産農家の知名度も向上
製品・新製品	F社の既存製品	△ 苦戦	○ 新奇性を好む大都市圏での短期的売り上げを期待 インターネット通販で人気がある点を訴求	◎ 知名度が向上しているW市周辺地区の特産品の一環としてアピール
製品・新製品	F社買収後の新製品	× 短期的には開発は不可能	× 短期的には開発は不可能	× 短期的には開発は不可能

「F社買収後の短期的な将来におけるA社の予想PMS」に示したとおり、解答の方向性として最も適しているのは、インターネット通信販売におけるF社製品（洋菓子）の販売である。設問文に「地元市場の不振」と「景気低迷に伴う大都市圏事業の縮小」とあるが、「インターネット通信販売の不振・市場縮小」については触れられていない。また、「インターネットを活用した通信販売も思いのほか反響が大きく、A社の業績を高めただけでなく、A社と契約していたW市周辺地区の特産品とその生産農家の知名度を高めることにもなった」とある。知名度が高まっている「W市産のF社製洋菓子」であれば、製品も投入しやすいし、販売促進も容易である。「短期的な売り上げ」が最も期待できる方法である。

しかし、要求字数は150字である。戦略代替案を1つ述べるだけでは**リスク**が大きい。2〜3のアイディアを述べておいたほうが安全である。

そこで、「縮小」している大都市圏事業に対しての打開策を提案する。現在、「大都市圏のデパート・スーパーに当初から投入していた商品の売り上げに支えられ、かろうじて営業を続けている」とある。「地方都市と比べて競争が激しく市場ニーズの変化が速い大都市圏では新奇さを打ち出すことが必要で、定期的に目先を変える新作菓子を生み出す体制の整備が課題」とあるため、大都市圏にF社製品（洋菓子）を投入することで、一時的に「**新奇さ**」を打ち出すことになり、短期的な売り上げの増進が期待できる。しかし、「2000年以降、W市郊外にも次々と大規模なショッピングセンターがオープンし有名洋菓子店が出店したために、周辺の競争は一挙に激化した。売り上げが3年間で30%近く落ち込んでしまった」とあるとおり、現在のF社製品にはそれほどの競争力がないことも懸念される。F社製品を改良するという方法もあるが、時間がかかる。

そこで、**インターネットでの評判**を、**大都市圏事業に流用**するという方法を提案する。「インターネットで評判のW市産F社製の洋菓子（A社がお勧めする洋菓子）です」という**キャッチフレーズ**で、A社の大都市圏事業の販売拠点で取り扱う。「市場ニーズの変化が速い大都市圏」で長期的に通用するとは限らないが、一時的に「新奇さ」を打ち出すことになり、短期的な売り上げの増進が期待できる。

また、A社がこれまで行ってきた「**社内コンテスト**」も利用する。2つの事業で同一の新製品（F社製品）を扱うので、期間や目標を決め、両事業の**事業間競争**を促進し、短期的な売り上げを増進する。

これらが、解答における「**独創性**」である。

これまでのA社が成長志向で、新製品開発に積極的であり、かつ、「卓越した商品開発のノウハウが備わっていたわけではなかった」という与件情報があるため、「新製品開発戦略」を採用した再現答案が多かった。しかし、与件には、F社が過去に新製品開発に対して積極的だったという情報はない。「創業当初からF社に勤めていた菓子職人の技術がその評判を支え」という情報はあるが、「菓子を作り続ける技術」についての評価であり、商品開発ノウハウを持っていることを示す情報ではない。

A社がF社を買収して得られるのは、①F社のブランド、②洋菓子を作り続ける職人の技術、③現行のF社の洋菓子商品自体であり、F社に商品開発の即戦力となることを期待しているとは考えにくい。実際に買収後に、A社社長が行ったのも、両社の生産・販売面の再編成であり、商品開発についての情報はない。「生産を統括していた洋菓子職人」の配置転換については触れられているが、配置転換になった洋菓子職人は、F社工場で「生産を統括していた」とだけ記述があり、商品開発のノウハウに長けているかどうかは未知数である。洋菓子職人が持つ技術が商品開発に結びつくにも時間がかかる。

①「短期的な売り上げを増進させる具体的施策」が要求されている点、②F社買収により商品開発ノウハウが吸収できるかどうかは不明である点から考えて、製品開発戦略は提案すべきでない。

製品開発戦略について正解となる可能性があるのは、F社製品の短期間での改良（**製品改良戦略**）である。与件に「2000年以降、W市郊外にも次々と大規模なショッピングセンターがオープンし有名洋菓子店が出店したために、周辺の競争は一挙に激化した。売り上げが3年間で30%近く落ち込んでしまった」とあり、F社の洋菓子にはそれほどの競争力がないとも推測できるため、製品の改良には一定の説得力がある。与件に「W市周辺地区の特産品とその生産農家の知名度」の向上について触れられているので、最も有力な製品改良の方法は、これらの特産品・農産品を原材料とするようF社製品の原材料変更を行うという方法である。しかし、「安全安心」をモットーとするA社が、十分なテスト期間を設けずに、短期的に原材料変更による製品改良を行うという代替案を選択するかどうかという点に疑問が残る。

●解答作成の手順

要求字数は150字である。第1文で結論を述べ、第2文・第3文で各論として、2つの具体策を並列表記する。

第5問の解答設計図

文番号	内容	使用フレームワーク・根拠	予定文字数
1	結論 F社製品のA社既存事業への投入	アンゾフの成長ベクトルにおける市場浸透戦略	30
2	各論 F社製品のインターネット通販事業への投入	「ドメイン3：インターネット通販事業」 「F社買収後の短期的な将来におけるA社の予想PMS」	60
3	各論 F社製品の大都市圏事業への投入	「ドメイン2：大都市圏事業」 「F社買収後の短期的な将来におけるA社の予想PMS」	60

〈 参考文献 〉

『速修テキスト 3 企業経営理論』 竹永亮 平岡哲幸 柳沢隆 岩瀬敦智編著 山口正浩監修　早稲田出版
『中小企業診断士　2次試験対策講座テキスト　診断助言事例』 TBC受験研究会
『経営戦略（新版）』 大滝精一他　有斐閣アルマ
『組織論』 桑田耕太郎 田尾雅夫著　有斐閣アルマ
『入門から応用へ 行動科学の展開　人的資源の活用』 P.ハーシィ、K.H.ブランチャード、D.E.ジョンソン著　生産性出版
『企業戦略論（上）基本編』 ジェイ・B・バーニー著　ダイヤモンド社
『マーケティング・ベーシック・セレクション・シリーズ　コミュニケーション・マーケティング』 竹永亮編著　同文舘出版

中小企業の診断及び助言に関する実務の事例 II

事例の分析

「蔵造りの町並み」で有名な商店街の一角に立地しているスポーツ用品店B社のマーケティング事例である。郊外へのショッピングセンター（以下SC）の出店、少子高齢化などの環境変化に対するマーケティング戦略および新規事業がテーマである。

第1問は、2つの競合店に対するB社の強みを活かした**差別化戦略**を問うている。SWOT分析のB社の強みを踏まえたうえで、現状行われている差別化戦略を答える。与件文には競合店の情報が少ないが、解答を2つ求められているため、切り口を明確にした差別化戦略を記述する必要がある。すなわち、大手チェーンのプロ志向のスポーツ用品店とファッション重視のスポーツ用品店に対し、①品揃え戦略、②サービス戦略、に関する差別化戦略を解答する。

第2問は、B社がこれから**ターゲットとすべき顧客層**についての出題である。将来の戦略ドメインが定義されていれば、第2問から第4問まで矛盾なく、一貫性を持って解答できる。

第3問は、**新規事業**についての出題である。（設問1）、（設問2）の共通の制約条件である、「B社の顧客の拡大と自社へのロイヤルティ（愛顧）を高める」事業であること、「サービス事業」であることに留意し、（設問1）は自社だけで行える新規事業、（設問2）は銭湯との共同事業を解答しなければならない。

第4問は、インターネットを使った**コミュニケーション戦略**に関する出題である。設問に「自社のPRだけではなく、地域内外の人々と何らかのコミュニケーションを図ろうとしている。」とあるため、地域内・地域外を意識して解答する必要がある。

設問の解説に入る前に、B社の経営環境を分析し、全体戦略の方向性を明らかにしておこう。全体戦略が定まらなければ、個々のマーケティング戦略は策定できない。

限られた時間の中で、最も有効な経営環境分析の手段としてSWOT分析がある。【 解答・解説 】という性格上丁寧に行うが、本試験では、メモと与件文にマークしながらSWOT分析を行い、経営上の問題点・経営課題の集約、戦略ドメインの策定まで行わなければならない。そのため、日頃から時間を計り、訓練しておく必要がある。

平成21年度の事例IIは、平成20年度の老舗温泉旅館の事例以上に、弱み（Weakness）が少ない。したがって、強みと機会を活用して弱みを克服する戦略は見つけづらい。与件に機会（Opportunity）が多く含まれているため、機会と強みを最大限に活かすという視点で解答する。

SWOT分析

S	W
1. X市の中心部にあるX銀座商店街の一角に本店店舗を構えている 2. 隣接する市に2店舗支店を持つ（多店舗展開） 3. 地域の学校や団体との関係を深めている 4. 緻密な商品供給とサービスに注力←仕入力・販売力がある 5. 従業員の顧客対応に関して住民からの評判が良い 6. 本店裏に土地を保有している（再利用を考えている） 7. 長年にわたって市内の学校の体操着やクラブ活動のユニフォームの注文を一手に受けてきた（独占販売） 8. 本店に市内の草野球リーグやママさんバレーボールリーグの事務局が置かれ、試合会場の手配などをボランティアで行っている関係でユニフォームや用品の受注も安定している（社会貢献とシグナリング効果を狙っている） 9. ミニコミ誌（毎月発行）やホームページで地域内の情報を発信している（コミュニケーション戦略） 10. 顧客拡大と自社へのロイヤルティを高めるために、新しい事業を考えている（単独および銭湯との共同事業） 11. インターネットを使って地域内外の人々と何らかのコミュニケーションを図ろうと考えている（双方向のコミュニケーション戦略）	1. 売り上げが徐々に低下してきている
O	**T**
1. X市は大都市近郊にあり、人口30万人を抱えている 2. X市は古くから城下町として栄え、歴史と文化や伝統を持つ商業都市である 3. 史跡や街中の寺院を訪れる観光客の数も多い 4. 城跡公園を中心に市庁舎や企業のオフィス街がある 5. 「蔵造りの町並み」が築かれている 6. 公園から商店街を通って徒歩10分のところにX駅があり、都心部と鉄道で直結している 7. 駅には、専門店やレストラン、ホテルが入った駅ビルが隣接しているが、スポーツ用品店はない 8. 中心部を外れた所に複数の大学キャンパスもあり、X市は昔から教育水準が高いとされている（文武両道） 9. 大学生を中心にフットサルの人気が高まり、フットサル用品の需要も増えてきている 10. フットサルはジュニアから中高年、女性まで気軽に参加できる。 11. 最近、X市の中心部では、出社前や昼休み、公園周辺をウォーキングやジョギングする人が増えている 12. 週末や休日になると、ウォーキングやジョギングする人は増加し、高齢者の割合も増えてきている 13. ランナーたちのグループ作りが盛んである 14. ランナーたちは、走っているうちに顔見知りになり、グループを作るケースもある 15. 銭湯がランナーの社交場となっている 16. ランナーたちが活用することで、銭湯が非常に混み合ってきている 17. 銭湯は何か事業ができないか模索している 18. X市は電線の地中化を進めている 19. 「街おこし」の企画として、「市民マラソン」を計画している 20. 距離別のハーフマラソンには、初心者、親子から本格的ランナーまでが楽しめる大会を目指している 21. 「市民マラソン」には、高齢者の参加希望者が多い 22. マンション建設が増えている	1. 数年前、X市の郊外に大型小売業がディベロッパーのSCが出店した 2. SCの影響で、X銀座商店街全体の売り上げも少しずつ減少してきた 3. 商店街の店舗の中には、閉店を考えようとするものも出てきた（SCの影響による商店の顧客離れと後継者問題） 4. SC内には2つのスポーツ用品店がある（プロ志向の需要に応える大手チェーン店と、若者向けのファッション重視のスポーツ用品店） 5. 少子高齢化により、X市内の学校の生徒数の減少がみられる 6. 草野球人口が減少している

※下線の項目は、経営上の問題点・経営課題の集約に使用

SWOT分析の結果より、経営上の問題点、・経営課題を以下の3つに集約することができる。「克服・回避すべきWとT」・「活用すべきSとO」欄にSWOT分析の該当番号を示している。経営上の問題点、経営課題との関係を確認してほしい。

経営上の問題点・経営課題

経営上の問題点		克服・回避すべきWとT	活用すべきSとO	経営課題	設問との対応
①	少子高齢化により、学校の生徒数の減少や草野球人口が減少し、売上高が徐々に低下しているにもかかわらず、新しい顧客層を開拓していない。(顧客開拓上の問題点)	W1 T5 T6	O9 O11 O12	大学生を中心に人気が高まっているフットサルの愛好者や、増加しているウォーキングやジョギングの愛好者など、新しい顧客層を取り込む。(顧客開拓上の経営課題)	第2問
②	SCの出店による商店街からの顧客離れで、商店街全体の売上高が低下しているにもかかわらず、新しい事業を開発していない。(新規事業開発上の問題点)	T1 T2	S6 S9 S10 O15 O16 O17	経営資源を活用し、顧客拡大と自社へのロイヤルティを高めるための新規事業を行うことで、商店街の活性化を図る。(新規事業開発上の経営課題)	第3問
③	ホームページを開設しているが、地域内の一方向のコミュニケーションに限定されており、地域内外の双方向のコミュニケーションができていない。(コミュニケーション戦略上の問題点)	–	S11 S9	インターネットの各種機能を活用し、地域内外の顧客と双方向のコミュニケーションを図る。(コミュニケーション戦略上の経営課題)	第4問

以上を踏まえ、経営課題を克服することによって実現するB社の戦略ドメインを再定義してみよう。標的顧客別に、異なる2つのドメインを定義することができる。

ドメイン1

標的顧客 (C：Customer)		野球・バレーボール・フットサルの愛好者
顧客機能 (F：Function)	モノの提供	野球・バレーボール・フットサルのユニフォームや用品
	コトの提供	地域に根ざしたスポーツ交流の促進
経営資源 (R：Resource)	店舗体制	本店および2支店体制
	仕入販売体制	緻密な商品供給
	コミュニケーション体制	ミニコミ誌、ホームページ、地域タウン誌、電子掲示板、ブログ
	人的資源	顧客対応に長けた従業員

ドメイン2

標的顧客（C：Customer）		ウォーキング・ジョギングの愛好者（初心者、親子、高齢者）
顧客機能（F：Function）	モノの提供	ウォーキング・ジョギング用品
	コトの提供	健康的・文化的なライフスタイルのサポート
経営資源（R：Resource）	店舗体制	本店および2支店体制
	仕入販売体制	緻密な商品供給
	コミュニケーション体制	ミニコミ誌、ホームページ、地域タウン誌、電子掲示板、ブログ
	組織資源	地元の商工会議所、X銀座商店街
	物的資源	本店裏の土地、蔵造りの町並み、城跡公園、商店街裏通りの銭湯、城下町の伝統を持つ商業都市
	人的資源	顧客対応に長けた従業員

解答例と解説

第1問（配点20点）

【解答】

長	年	に	わ	た	る	地	域	の	学	校	や	団	体	と	の	深	い	き	ず
な	を	活	か	し	、	体	操	着	や	ユ	ニ	フ	ォ	ー	ム	な	ど	の	グ
ル	ー	プ	向	け	用	品	を	中	心	と	し	た	品	揃	え	で	、	プ	ロ
志	向	の	大	手	チ	ェ	ー	ン	店	に	対	抗	し	て	い	る	。		

草	野	球	や	バ	レ	ー	ボ	ー	ル	リ	ー	グ	の	事	務	局	、	試	合
会	場	の	手	配	な	ど	の	ボ	ラ	ン	テ	ィ	ア	の	引	き	受	け	、
従	業	員	の	顧	客	対	応	な	ど	サ	ー	ビ	ス	重	視	で	、	フ	ァ
ッ	シ	ョ	ン	重	視	の	ス	ポ	ー	ツ	店	に	対	抗	し	て	い	る	。

【解説】

●解答導出の根拠

既存事業のマーケティング戦略に関する出題である。設問は、ショッピングセンター内の2つの競合店に対するB社の差別化戦略を問うている。解答を2つ求められているので、2つの解答の切り口を鮮明にすべきである。切り口は、①2つの競合店によって分ける方法、②差別化戦略の内容によって分ける方法、③異なる強みによって分ける方法、などが考えられる。最も説得力の高い切り口は、①の業態の異なる2つの競合店によって分ける方法である。設問文の最初に“2つの競合店に対して”との指定があるので、①を尊重しながら、②の視点も入れながら解答を導く。

与件文には2つの競合店に関する情報が少なく、B社の現状の強みと競合店の弱みを類推しながら解答をまとめる。設問文に“具体的にどのようなものか”との指定があるため、“地域密着戦略”、“顧客価値創造戦略”など、マーケティング理論からそのまま抜き書きした“抽象的な”表現は避けるべきである。

●解答作成の手順

80字と字数が少ないため、解答例は1文でまとめた。もちろん、2文構成でまとめてもよい。2文構成でまとめる場合、第1文と第2文の関係をしっかり意識しないと、説得力の弱い答案になってしまうので注意したい。解答例は、最初にB社の現状の強みを記述し、後半で競合店の業態特性を加味してまとめた。

第1問の解答設計図

	目標字数	内容	使用予定キーワード
第1文	80字	プロ志向の大手チェーン店との差別化策	長年の地域の学校、団体との深いきずな→体操着、ユニフォームなどのグループ向け用品の品揃え
第1文	80字	ファッション重視のスポーツ店との差別化策	草野球、バレーボールリーグの事務局、会場手配などのボランティア引き受け&従業員の顧客対応の良さ

第2問(配点10点)

【解答】

フ	ッ	ト	サ	ル	を	気	軽	に	楽	し	み	た	い	大	学	生	・	ジ	ュ
ニ	ア	・	中	高	年	・	女	性	。										

歴	史	や	文	化	に	関	心	の	高	い	マ	ラ	ソ	ン	初	心	者	・	親
子	・	高	齢	者	の	ラ	ン	ナ	ー。										

【解説】

●解答導出の根拠

新規事業のドメインに関する出題である。"需要拡大"、すなわちB社の売上高増加のために、"これから"ターゲットとすべき"顧客層"を問われている。ドメインの3本柱の一つである"標的顧客"に関して、2つの切り口から答える。第1問同様、解答を2つ求められているので、2つの切り口を鮮明にして解答する。

与件のSWOT分析&ドメイン分析がしっかりできていれば、解答を容易に導ける問題である。

●解答作成の手順

30字で2つあげるため、余分なことは書けない。設問の文末表現が"答えよ"となっているため、"である"調でまとめるのが理想であるが、解答例は箇条書きスタイルでまとめた。

解答例は、市場細分化の基準の2つ、①デモグラフィック要因と②サイコグラフィック要因、の両者を意識してまとめた。理由は、顧客機能で"モノ"にこだわりすぎると、"マーケティング・マイオピア"に陥りがちなので、"コト"の重要性を明らかにするためである。

第2問の解答設計図

	目標字数	内容	使用予定キーワード
第1文	30字	フットサル愛好者	デモグラフィック要因:大学生、ジュニア、中高年、女性 サイコグラフィック要因:フットサルを気軽に楽しみたい
第1文	30字	マラソン愛好者	デモグラフィック要因:マラソン初心者、親子、高齢者 サイコグラフィック要因:歴史や文化に関心が高い

第3問（配点40点）

（設問1）

【解答】

	ミ	ニ	コ	ミ	誌	の	発	行	実	績	を	活	用	し	、	地	域	タ	ウ
ン	誌	を	出	版	す	る	。	①	お	薦	め	の	マ	ラ	ソ	ン	コ	ー	ス
や	フ	ッ	ト	サ	ル	特	集	な	ど	の	ス	ポ	ー	ツ	情	報	、	②	史
跡	や	寺	院	な	ど	の	観	光	情	報	、	③	X	銀	座	商	店	街	の
買	物	情	報	、	な	ど	を	掲	載	す	る	。	B	社	の	知	名	度	が
向	上	す	る	と	と	も	に	、	街	お	こ	し	に	も	貢	献	で	き	る。

【解説】

●解答導出の根拠

B社の新規事業に関する設問である。本問は設問文に制約が多い。制約に注意し、与件から逸脱しない事業を記述しなければならない。新規事業を考える場合は、既存事業とのシナジーを重視すると効果的である。シナジーとは、2＋2＝4ではなく、2＋2＞4になるように、総和以上の成果を得ようとすることである。シナジーには、次の図表のように、販売シナジー、生産シナジー、投資シナジー、経営管理シナジー、などがある。今回の新規事業は、既存事業とどのようなシナジーがあるのかを考えながら解答する。

シナジーの種類

①	販売シナジー	新製品と旧製品とが、販売面ないしマーケティング面において共通性を持っていることから生じるシナジーである。販売管理、広告、販売促進、評判などが利用できる場合がこれに当たる。
②	生産シナジー	製造間接部門や生産施設の共同利用により、間接費を分散、原材料の一括大量購入による価格割引などから、生産コストを節約できる場合である。
③	投資シナジー	投資を節約できる時に生じるシナジーで、工場や機械・工具の共通利用による追加投資の節約、共通の部品の利用による在庫投資の節約、類似製品の研究による研究開発費の節約などがこれに当たる。
④	経営管理シナジー	新製品市場と旧製品市場とが、経営管理において密接な関連を持っているために生じるシナジーである。企業の全体的な経営管理に関連して生じるものである。

出典：『経営戦略論』（石井淳蔵他著　有斐閣）をもとに作成

設問文の制約条件を整理すると、①顧客の拡大、②自社へのロイヤルティ（愛顧）を高める、③自社だけで行える、④サービス事業、となっている。

以上の制約条件を念頭におき、与件文からヒントになりそうな箇所を抽出する。「B社が毎月発行するミニコミ誌やホームページには、地元スポーツの試合結果が掲載されている。」の与件文から、B社には取材や編集のノウハウがあると考えられ、地域タウン誌の発行が可能と判断できる。地域タウン誌の発行は、③自社だけで行える、④サービス事業、という制約条件を満たし、実現可能性が高い。観光客が多いことから、地域タウン誌の需要もあると推測できる。

制約条件の①顧客の拡大、②自社へのロイヤルティ（愛顧）を高めるために、地域タウン誌の具体的な内容を検討する。

マラソンやフットサルなどのスポーツ関連情報は、地域スポーツの認知度を高め、初心者などのスポーツへの参加を促すことができる。参加者の裾野が広がることは、自社の顧客拡大にもつながると考えられる。地域タウン誌は、B社の知名度を向上させ、顧客のB社へのロイヤルティを高めることも期待できる。

観光情報の掲載は、地域外の観光客への認知度を高め、地域経済の発展に寄与する。市民マラソンが開催されれば「健康」と「観光」の融合を図ることができ、マラソン参加者の増加が見込め、B社の顧客拡大にもつながる。

X銀座商店街での買物特集は、第4問と関連する。第4問の設問文では、「自社のPRだけではなく、地域内外の人々と何らかのコミュニケーションを図ろうとしている。」とある。設問文から、B社は自社の成長追求だけでなく、地域の発展の中にB社の成長があるとの思いが見てとれる。地域や商店街を活性化させることが、B社の顧客拡大につながり、顧客の自社へのロイヤルティ向上にもつながるとの考えが推測できる。

顧客の拡大とロイヤルティ向上を考えた場合、B社取扱商品の特集記事や割引券の付与なども考えられるが、第4問との関連から地域経済の振興を優先させた。

以上から、地域タウン誌の発行は既存事業の拡大にも貢献すると考えられ、「販売シナジー」が高いと判断でき、B社の新規事業として効果的なことがわかる。

次に、別解として考えられる「フットサルコート事業」について検討する。

①本店裏の倉庫と駐車場であった土地

フットサルコートの面積は、1面当たり平均約20m×40mで、ピッチサイドの余裕スペース、受付、更衣室、シャワールームなどを含めると、最低でも約1,000㎡(300坪)の土地が必要になる。古くからの商業都市X市中心部の商店街という立地条件や、本店と支店2店舗の3店舗体制というB社の企業規模からみて、B社が1,000㎡以上のまとまった遊休地を有している可能性は低い。

②オペレーションについて

フットサルコートを運営する土地を保有していると仮定しても、フットサルコートの運営には、コートの整備や受付、予約システムなど、小売業とは異なる運営方法の習得が必要となる。現有の従業員は全社で20名であり、現業と兼務しながらフットサルを運営していくことは困難なため、大幅な人員の確保が必要となる。運営ノウハウ習熟と運営費用、人員増強は投資額として多大であり、遊休地の保有とフットサル人気だけで、フットサルコート事業を提案することは現実性が低い。

③(設問2)との整合性について

(設問1)でフットサルコート事業を提案してしまうと、(設問2)で銭湯との共同事業で実現可能性の高い事業を提案できなくなる。仮に、更衣室やシャワー付きコミュニティ施設を提案するのであれば、フットサルコート施設を少し改良すれば済むことであり、銭湯との共同事業を考える必要はない。

以上の理由から、フットサルコート事業への参入は難しいと結論づけることができる。

●解答作成の手順

新規事業のヒントを与件から抽出し、新規事業の仮説を立てる。ヒントは強みと機会に着目する。次に、立てた仮説を設問の制約条件と照らし合わせ、仮説に無理はないかを検証する。最後に、仮説に具体性を持たせ実現可能性を高めるために、与件の言葉を引用した具体策を提示する。与件から外れてしまうと、ただのアイディアで終わってしまい得点が伸びない。実現可能性のある事業を記述するよう留意してほしい。

第3問（設問1）の解答設計図

	目標字数	内容	使用予定キーワード
第1文	30字	結論	ミニコミ誌の発行実績 地域タウン誌の出版
第2文	60字	具体例	スポーツ関連情報 X市の観光情報 X銀座商店街の買物情報
第3文	30字	効果	B社の知名度が向上 街おこしにも貢献
合計	120字		

（設問2）

【解答】

	本	店	裏	の	遊	休	地	を	活	用	し	、	銭	湯	と	共	同	し	て
ラ	ン	ナ	ー	向	け	コ	ミ	ュ	ニ	テ	ィ	施	設	を	開	設	す	る	。
更	衣	室	・	シ	ャ	ワ	ー	・	貸	ロ	ッ	カ	ー	・	談	話	ス	ペ	ー
ス	を	設	置	し	、	銭	湯	割	引	券	を	配	布	し	、	ラ	ン	ニ	ン
グ	用	品	を	販	売	す	る	。	ラ	ン	ナ	ー	達	の	利	便	性	が	向
上	す	る	と	と	も	に	、	銭	湯	の	混	雑	解	消	に	つ	な	が	る。

【解説】

●解答導出の根拠

（設問2）も新規事業に関する設問であり、地域資源との共同事業を提案しなければならない。B社と銭湯双方に有益な事業プランを記述することが求められる。

（設問1）同様、設問文の制約条件を整理すると、①顧客の拡大、②自社へのロイヤルティ（愛顧）を高める、③商店街の裏通りにある銭湯との共同事業、④サービス事業、となっている。以上の制約条件を念頭におき、与件文からヒントになりそうな箇所を抽出する。

与件文には「ランナー達の悩みは、着替えとシャワーであるが、商店街の裏通りにある銭湯がランナー達のニーズに応えている。」「ランナー達がこの銭湯を利用することが増えるにつれ、銭湯が非常に混み合ってきている。」「この銭湯は昔から人気があり、高齢者を中心に数多くの人々が利用してきた。」とある。

銭湯がランナー達のニーズを解決してきたが、ランナーの利用者が増加したことにより、高齢者を中心とした既存顧客が、以前のようにゆったりとした気分で銭湯を利用できなくなっていると考えられる。

「夕方になると銭湯が社交場となって、グループ同士で近隣の居酒屋へ出掛けていく者たちも多い。」このことから銭湯に多くのランナーが滞留し、混雑の原因になっていることが推測できる。

新規事業により、銭湯でのランナーの滞留をなくし、混雑を緩和することで、既存顧客にいままで通りゆったりとした気分で利用してもらうことが、銭湯の課題と考えられる。

一方、「B社は、本店裏にかつて倉庫と駐車場であった土地を保有しており」とある。B社の土地と銭湯の運営ノウハウという強みを活かし、ランナー達の着替えとシャワー、憩いの場というニーズを満たすことができる施設を提供することは、銭湯の課題を解決し、B社の遊休地活用にもつなげることができるため、新規事業の一つの方向性と考えられる。コミュニティ施設は、③商店街の裏通りにある銭湯との共同事業、④サービス事業、という設問の制約条件も満たしている。

制約条件の、①顧客の拡大、②自社へのロイヤルティ（愛顧）を高めるための具体案を検討する。

ランナーのニーズを満たすためには、更衣室とシャワー、貸しロッカー、談話スペースの提供が考えられる。シャワーは、“素早く汗を流したい”というランナーのニーズを満たすことができる。談話スペースは、ランナーの社交場として活用してもらうことで、銭湯の混雑緩和に貢献できる。談話スペースでランニング用品の販売を行えば、既存事業の売り上げ向上も期待できる。これらの具体案は、いずれもランナーの利便性が向上するものであり、口コミが醸成され、顧客拡大と自社へのロイヤルティ向上が期待できると考えられる。

与件から倉庫と駐車場であった土地が、どれほどの広さのものかは定かではないが、大規模な設備でなければ、コミュニティ施設の開設は可能と考えられる。

コミュニティ施設の開設により、銭湯の顧客が減少する可能性がある。銭湯割引券を配布することで、ゆったりとした気分で湯船に浸かりたいランナーのニーズを満たし、客数の適正化を図ることができる。

入浴料金は「物価統制令」の対象であり、銭湯割引券の発行が難しいとの指摘が予想される。「物価統制令」とは、第二次世界大戦後の物価高騰にあたり、物価の安定を確保し、社会経済秩序の維持と国民生活の安定を図ることを目的として、昭和21年3月3日に施行された法令である。現在でも有効に機能する法令だが、段階的に基準が緩和され、平成21年現在では、公衆浴場の入浴料金のみが統制対象となっている。立法の趣旨は「物価高騰の抑制」であり、同法令第3条は、上限価格を定めたものと解釈できる。

「浴場業の振興指針」（厚生労働省告示第70号：平成17年3月10日）にある、「サービスの見直し及びメニューの開発」の項目を一部抜粋する。「利用者が満足できるよう、付加価値を創出するためのサービスの見直しに努めることが必要である。例えば、敬老の日、母の日、子供の日等の無料優待制度、菖蒲湯、柚子湯、ハーブ湯、薬湯等のサービス、冷水や麦茶の無料サービス、優待制度付きのプリペイドカード、回数券、家族券の発行、個人のプライバシー保護を考慮した番台のロビー化、ビール、ジュース等多様な飲み物等の提供、BGMの放送等自由な発想で新たなサービスの開発が期待される。」

割引を活用した事例として、東京都足立区内の53の銭湯では、子育ての場として銭湯の活用を促すために、小学生向けの割引キャンペーンを実施している。また福岡市内の銭湯では、厳しい市場環境を打破するために、毎月22日は「夫婦の日」として、夫婦で来場した客の入浴料を2人で500円にする割引サービスを実施し、10月10日は入浴料を一般300円、小学生以下は無料に割り引くサービスを提供している。

以上から、銭湯割引券については、実施可能と判断できる。

●解答作成の手順

ランナーのニーズと銭湯の問題点について検討し、これらを解決する新規事業の仮説を立てる。次に、立てた仮説を設問の制約条件と照らし合わせ、仮説に無理はないかを検証する。最後に、仮説に具体性を持たせるため、与件文のキーワードを引用し具体策を提示する。与件文のキーワードを引用することで、具体性が高くなる。与件文のキーワードを最大限活用するよう心掛けてほしい。

第3問（設問2）の解答設計図

	目標字数	内容	使用予定キーワード
第1文	40字	結論	遊休地の活用 銭湯と共同 ランナー向けコミュニティ施設を開設
第2文	50字	具体例	更衣室・シャワー・貸しロッカー・談話スペースの設置 銭湯割引券の配布・ランニング用品の販売
第3文	30字	効果	ランナー達の利便性が向上 銭湯の混雑解消につながる
合計	120字		

第4問（配点30点）

【解答】

	①	電	子	掲	示	板	を	通	じ	、	市	内	の	草	野	球	、	バ	レ
ー	ボ	ー	ル	、	フ	ッ	ト	サ	ル	リ	ー	グ	の	試	合	の	マ	ッ	チ
ン	グ	情	報	を	提	供	し	、	地	域	内	の	人	々	と	の	交	流	を
緊	密	化	す	る	。	②	全	国	の	マ	ラ	ソ	ン	の	開	催	情	報	、
ラ	ン	ナ	ー	へ	の	各	種	ア	ド	バ	イ	ス	、	全	国	の	ラ	ン	ナ
ー	ズ	ブ	ロ	グ	へ	の	リ	ン	ク	な	ど	、	マ	ラ	ソ	ン	関	連	情
報	を	ホ	ー	ム	ペ	ー	ジ	に	掲	載	し	、	地	域	外	の	人	々	と
の	交	流	を	活	発	化	す	る	。										

【解説】

●解答導出の根拠

インターネットを活用した、地域内外の人々とのコミュニケーション強化策についての出題である。いくら自社のPRを記述しても得点につながらないので留意してほしい。

B社のインターネットの活用状況について確認する。与件文より、B社は地元スポーツの試合結果をホームページ上に掲載していることがわかる。設問文に「自社のPRだけではなく」との記述があるため、すでに自社PRを行っている、もしくは設問に問われていないが自社PRを行う予定であることが推測できる。

B社は、バレーボールリーグの事務局設置や試合会場手配などのボランティア活動を行っている。つまり、社会貢献のマーケティングを実践しているのである。その結果、地域内の人々とのコミュニケーションが促進し、ユニフォームや用品の安定受注につながっている。

B社は、地域内の人々とのコミュニケーションを構築しているにもかかわらず、インターネットを活用した「双方向のコミュニケーション」は行っていない。したがって、SC内の競合店との差別化を図って売り上げを回復するためにも、B社の強みを活かし、地域内外の人々とのインターネットを通じたコミュニケーション戦略で、ユニフォームや用品の受注拡大につなげることが必要である。

近年、知り合いの輪を広げることを主目的としたWebサービスとして、SNS（ソーシャル・ネットワーキングサービス）が注目されている。日本では、mixi（ミクシィ）やFacebookが有名である。SNSには、電子掲示板の機能や他者とのリンク機能が組み込まれているため、SNSをキーワードとして解答を設計してもよい。ただし、単に「SNSを活用する」と記述するのではなく、SNSのどのような機能をどのように活用するのかを具体的に述べる必要がある。

① 地域内の人々をメインとしたコミュニケーション

現在、B社本店では、市内の草野球リーグやママさんバレーボールリーグの事務局が置かれ、試合会場の手配などをボランティアで引き受けている。フットサル人気の高まりで、市内でリーグ戦ができるほどチーム数が増えている。

電子掲示板を設けて、草野球リーグ、ママさんバレーボールリーグ、フットサルリーグ、といったスポーツリーグの事務局として、リーグ戦のマッチングの場を提供することが考えられる。具体的には、市内で行うリーグ戦や大会の情報、練習試合の対戦相手募集（対戦相手は地域内に限らない）、チームに入りたい人やチームからのメンバー募集、などのマッチング情報が考えられる。その結果、地域内の人々同士のコミュニケーションを深めることができる。

② 地域外の人々をメインとしたコミュニケーション

商工会議所で企画している「市民マラソン」の特徴として、市民だけではなく、全国から集まるランナーも対象としている。ホームページでマラソン関連情報を発信し、市民を含めた全国のランナーとのコミュニケーションを構築することが考えられる。B社のホームページが、マラソン大会をサポートするサイトとして認知されれば、全国のランナーからのランニンググッズの受注につながる。

ホームページを認知してもらい、全国のランナーに頻繁に閲覧してもらうためには、全国各地のマラソン大会の開催情報が必要である。初心者向けのマラソン大会、家族で参加できるマラソン大会、上級者向けの本格的なマラソン大会、高齢者にやさしい大会、などが検索できれば視聴者の利便性が一段と向上する。

ランナーへのアドバイスも必要である。ランニングの基礎知識やトレーニング方法、大会の申込み方法、あると便利なランニンググッズ、痙攣や脱水症状といったトラブルが起きた時の対処方法、などの情報提供が考えられる。

さらに、ランナー同士が情報交換できる場を提供することも必要である。ランナー個人が開設しているブログへリンクできれば、ランナー達のグループ作りのきっかけになるとともに、B社のホームページの存在を口コミで広めることができる。

月刊『ランナーズ』の調べによれば、マラソンブームの拡大に伴い、平均完走時間が延びており、スポーツ店や周辺業界にとって商機が拡大している。東京マラソンの制限時間延長の影響で、各地の大会で制限時間延長が広がっている。2008年度、完走時間5時間以上が全体の32.5%と、2004年度比4.6%増加している。マラソンの参加者を男女別にみると、米国は男女比率が6：4と拮抗しているが、日本ではまだ8：2に留まっている。制限時間の緩和は、女性ランナーの参加を促進し、参加者の底辺拡大につながる可能性が高い。

●解答作成の手順

150字と長文のため、①地域内の人々を中心にしたコミュニケーションの構築、②地域外の人々を中心にしたコミュニケーションの構築、の2つの切り口を意識しながら、電子掲示板やインターネットを軸に具体的対策を述べる。

第4問の解答設計図

	目標字数	内容	使用予定キーワード
第1文	70字	地域内の人々をメインとしたコミュニケーション	電子掲示板、草野球・バレーボール・フットサルリーグ、市内で行われる試合のマッチング情報提供
第2文	80字	地域外の人々をメインとしたコミュニケーション	ホームページ、全国のマラソン開催情報・ランナーへのアドバイス・ランナーズブログへのリンク→マラソン関連情報の発信
合計	150字		

〈 参考文献＆ホームページ 〉

『速修テキスト 3 企業経営理論』 竹永亮 平岡哲幸 柳沢隆 岩瀬敦智編著 山口正浩監修　早稲田出版
『中小企業診断士　2次試験対策講座テキスト　診断助言事例』 TBC受験研究会
『経営戦略論』 石井淳蔵 加護野忠男 奥村昭博 野中郁次郎 著　有斐閣
川越市　ホームページ
松崎スポーツ川越店　ホームページ
西日本新聞　ホームページ
東京新聞　ホームページ
日経産業新聞　2009年11月10日付け　1面　“Data Focus”

事例の分析

本事例は、ダイニング用テーブル、チェア、スツールなどを主力にする木製家具製造業のC社が、見込生産における過大な製品在庫と製品の欠品をなくそうとするものである。さらに、有力販売先の一つである大手インテリア用品小売チェーンから、OEM製品の受注を可能にするため、受注生産におけるオペレーション面での改善も行おうとしている。

平成18年度以降、事例Ⅲでは企業戦略面での出題が多かったが、平成21年度はオペレーション面を重視した出題となった。

本事例の中心となる概念は全体最適である。C社では、ボトルネック工程である部品機械加工工程において、段取り作業回数を減らし、稼働率を上げるために、生産ロットサイズが月販売予測数を上回る状態になっている。さらに販売予測情報が適宜修正されないため、過大な製品在庫と欠品が生じている。生産ロットサイズが過大であるためロット待ちも発生し、そのためリードタイムも半月〜1カ月半と長くなっている。ボトルネック工程の「単なる」稼働率を向上させるのではなく、「売れるものだけ、ボトルネック工程を通過させる」ことにより、「必要なものを、必要な時期に、必要な分量だけ生産する」JIT（ジャストインタイム）生産を実現し、全体最適を図ることが重要である。

解答にあたっては、設問間の流れに注目し、設問間の解答を切り分けることが重要となる。

これらの観点から、各設問の要旨をまとめると次のようになる。

第1問

低迷する木製家具業界にあって、C社が安定した業績を維持している理由を説明する。C社の強みがどこにあるのかを、C社の経営戦略と照らし合わせながら解答する（C社の強み、ドメインの確認）。

第2問（設問1）

過大な製品在庫と製品の欠品が生じている理由を、生産計画面、生産統制面から考え説明する（C社の弱みの確認）。

第2問（設問2）

（設問1）で説明した製品の在庫問題を解決するために、「生産面」でどのような対策を実施したらよいかを具体的に説明する（弱みの対策）。

第3問（設問1）

OEM製品取引の「C社にとってのメリット」を、与件情報を重視しつつ説明する（機会の確認）。

第3問（設問2）

C社のOEM事業推進において考えられる「課題」と「対応策」を検討する（機会を捉えるために、課題への対応策を検討する）。

第4問

見込生産と受注生産の違いを、重視すべき情報と管理ポイントを意識しつつ、簡潔に説明する（機会を捉えるために、第2問、第3問で明らかにした課題に対処する際の留意点を明確にする）。

【参考】

国内の木工業界は、与件にもあるように製造小売型（SPA）の大型小売店の売り上げが比較的好調であり、C社にとっては脅威となっている。C社は過大な製品在庫と「納品まで1カ月以上待ってくれる顧客」に支えられ、弱みが顕在化していない。しかし、業績が好調な今のうちに内部構造を変革する必要がある。C社の強みを再認識し、弱みを克服するために工程管理を強化することが必要である。

以上のことを考慮して事業ドメインを策定する。なお、C社は今後大手インテリア用品小売チェーンから打診されているOEM製品の取引を始める予定である。したがって、現在のC社の事業ドメインと今後のC社の事業ドメインとを考える必要がある。

＜現在のC社の事業ドメイン＞

顧客（Customer）　：幼い子供を持つ20～30歳代の若い主婦層。
機能（Function）　：塗料や接着材に有害物質が含まれていない、健康・安全志向の製品。
技術（Technology）：有力販売先に設けた展示スペースでライフスタイルの提案を行う。

＜今後のC社の事業ドメイン＞

顧客（Customer）　：幼い子供を持つ20～30歳代の若い主婦層。
機能（Function）　：塗料や接着材に有害物質が含まれていない、健康・安全志向の製品。
技術（Technology）：有力販売先に設けた展示スペースでライフスタイルの提案を行う。OEM取引を通じ、有力販売先の一つである大手インテリア用品小売チェーンからも消費者の嗜好、要望に関する情報を収集し、製品アイテムを売れ筋に絞り込む。

SWOT分析

S	W
●全国の小売店約300社に直接販売している ●販売先の約80%は、主にインテリア用品・生活用品を取り扱う小売店である ●販売実績が大きな有力販売先では、C社製品を中心に生活空間を演出する展示スペースを設けている ●塗料や接着材に有害物質が含まれておらず、消費者の健康、安全志向にマッチした製品である ●平均販売価格が比較的高額にもかかわらず、幼い子供を持つ若い主婦層に受け入れられている ●近年の低迷する木製家具業界にあって、C社の年商は約18億円前後で推移している ●新製品開発のコンセプトがしっかりとしている ●各営業担当者が、販売先の小売店から消費者の嗜好、要望などの情報を入手し、製品開発・設計部門に提案している ●新製品開発に積極的である ●自社ブランド製品は170アイテムある ●幸いにも、欠品により注文がキャンセルされる確率は低い	●製品の中には、出荷頻度および出荷数量が極端に少ない製品も見られる ●生産計画作成後は、営業部門との定期的な情報交換は行われていない ●生産ロットサイズは営業部門の月販売予測数をどの製品も上回っている ●製品在庫は全体で月平均出荷量の2倍以上常に存在し、少しずつ増加している ●製品によっては欠品が発生し、販売先に即納できないこともしばしば生じている ●毎月後半に営業部門から欠品している製品の追加生産依頼があり、生産が不安定になる ●製造部門の責任者は生産計画の変更、それに伴う調整作業に追われている ●第1工程の部品切断加工工程より後の工程の作業指示は行っていない ●生産着手から完了までのリードタイムは最短で半月、最長のものでは1カ月半となっている ●製品在庫が不足していると、納品までに1カ月以上顧客を待たせる事態も時には発生している
O	**T**
●消費者に対してライフスタイルの提案を積極的に展開しているインテリア用品・生活用品を扱う小売店の売り上げは比較的好調である ●大手インテリア用品小売チェーンから、OEM製品の取引打診がある ●OEM製品の取引においては、先方から製品アイデアの供給を受けることができる ●OEM製品受注が現実のものになると、年間で約1割程度の売り上げ増が見込める ●大手インテリア用品小売チェーンのOEM製品では、受注生産で一括納品である	●家具専門の中小小売店では総じて売り上げが低迷している ●OEM製品は受注後の納期回答・順守が必要である ●製造小売型（SPA）の大型小売店の売り上げが比較的好調である

解答例と解説

第1問（配点10点）

【 解答 】

	製	品	コ	ン	セ	プ	ト	を	定	め	、	消	費	者	の	嗜	好	、	要
望	を	営	業	が	収	集	し	、	積	極	的	な	新	製	品	開	発	と	小
売	店	へ	の	直	接	販	売	を	し	て	い	る	。	具	体	的	に	は	、
幼	い	子	供	を	持	つ	若	い	主	婦	層	に	向	け	た	健	康	、	安
全	志	向	の	製	品	を	作	り	、	有	力	販	売	先	に	設	け	た	展
示	ス	ペ	ー	ス	で	ラ	イ	フ	ス	タ	イ	ル	を	提	案	し	て	い	る。

【 解説 】

●解答導出の根拠

与件情報を分析すると、【 C社の概要 】および【 新製品開発と製品アイテム 】の部分に、C社の強み(S)と機会(O)が多く記述されている。それに対して、【 生産の現状 】の部分には、弱み(W)の記述が多い。

こうした与件情報の構造を確認したうえで、強みを120字以内でまとめることになるが、SWOT分析からわかるように、C社の強みは多数あるため、集約が難しい。SWOT分析の要素が多いために集約が難しい場合は、事業ドメインを強く意識して優先順位を考えるとよい。解答例も、結論先行＋事業ドメインで記述している。

●解答作成の手順

SWOT分析によると、強みは10項目以上にわたる。これを120字でまとめるため、今回は事業ドメインの観点から集約を行っている。なぜ事業ドメインかというと、経営戦略策定フローにおいて、SWOT分析は事業ドメインを策定するために行うからである。事業ドメインと照らし合わせた結果、強みとして当てはまらない要素があれば、その要素は以降の設問で解決すべき問題である可能性が高くなる。

本事例の場合は、現在の事業ドメインが、そのままC社の強みとなる。一方、OEM事業を行うにあたり補強すべき要素が、第2問、第3問で解決すべき弱みとなる。

なお、C社の強みと考えられる要素の中で、解答例に盛り込んでいないものについて、理由を説明する。

①全国の小売店に直接販売している。

- 卸を通さず利益率が高い？→与件には明確な記述がない。

②年商18億円前後で推移している。

→C社の強みから生じる「結果」なので、解答ではより本質的な強みを優先すべきである。

③自社ブランド製品が170アイテムある。

→アイテム数が多いことは、弱みにもなり得る。特にC社では、製品在庫の問題を解決するために、当面はアイテム数を絞り込む方向性になる。

④欠品により注文がキャンセルされる確率は低い。

→現時点での強みではあるが、成長性の観点からは甘んじてはいけない。

以上の内容から、事業ドメインに補足情報を加え、結論先行型で記述したものが、上掲の解答例になる。

●参考

C社の強みは、マーケティング・ミックスに基づいても集約できる。

C社のマーケティング・ミックス（4P）

Product（製品）	●健康、安全志向の製品である。
Price（価格）	●比較的高額にもかかわらず幼い子供を持つ若い主婦層に受け入れられている。
Place（販売チャネル）	●全国の小売店への直接販売により、消費者の声が届きやすい。 ●販売先の80％は、売り上げが比較的好調なライフスタイル提案型の小売店である。
Promotion（販売促進）	●販売先の小売店でショールームへの展示およびカタログ販売をしている。

C社にはマーケティング面での問題がないため、強みの集約にあたり4Pに基づいてもよい。ただし、本事例は生産・技術に関する事例であるため、第2問以降では生産工程にも注目している。解答の一貫性を高めるためには、上位概念である事業ドメインに基づいたほうが、より望ましい。

第2問（配点40点）

（設問1）

【解答】

	①	ボ	ト	ル	ネ	ッ	ク	エ	程	の	稼	働	率	を	優	先	し	た	ロ
ッ	ト	サ	イ	ズ	の	た	め	生	産	量	が	過	大	で	あ	る	。	②	生
産	計	画	作	成	後	に	営	業	と	の	情	報	交	換	を	し	な	い	た
め	納	品	時	の	過	不	足	が	大	き	い	。	③	製	品	ア	イ	テ	ム
の	絞	り	込	み	が	足	り	な	い	た	め	無	駄	な	在	庫	が	多	い。

【解説】

●解答導出の根拠

第2問と第3問は共に配点が40点であり、本事例の核となる問題である。

C社は見込生産かつロット生産を行っている。したがって、各々の生産形態に適した管理上の留意点を中心に考察するとよい。

「見込生産の管理上の留意点」

- 予測精度を上げる効果が期待できる予測方式を採用し、需要変動への適応度を向上させるために生産期間を短縮し、需要変動へ柔軟に対応する。

「ロット生産の管理上の留意点」

- 仕掛在庫、工程の遊休、段取り時間を最小化するロットサイズ、仕事の投入順序を設定する。
- 迅速な余力把握と余力調整を行い、工程の遊休を最小化する。
- 段取り時間を短縮するため、段取り作業の改善にも重点を置く。

これらの留意点とC社の現状を比較し、製品の在庫問題に直結する理由を抽出したものが、解答になる。

なお、与件文には「生産ロットサイズは部品機械加工工程の1日で加工可能な数量にて決定」とあり、一日に一品目しか加工していないとも読み取れる。C社の製品は170アイテムだが、一日に1アイテムしか加工しないとすると、30日フル稼働でも30アイテムしか加工できないことになる。実際には加工後に組立てや塗装・仕上げで複数の製品に枝分かれすることで、製造可能なアイテム数はさらに増えるが、今後のC社には、小ロット化で製造可能なアイテム数を増やすこと、アイテム数を絞り込み管理対象を削減することの両面での対策が必要である。

●解答作成の手順

「過大な製品在庫」と「欠品」が生じている理由が問われている。まずは順を追って真因を考えてみよう。

「過大な製品在庫」と「欠品」が生じている。

↓ なぜ？

「生産数量」と「販売数量」が一致していない。

↓ なぜ？

「販売予測数量が正しくない」もしくは「生産数が正しくない」

↓ なぜ？

「営業が正しい情報をつかんでいない」
「正しい情報が生産現場に伝わっていない」
「ボトルネック工程の稼働率が優先され、月販売数量以上の生産となっている」
「製品アイテムの絞り込みが足りないため、販売数量が少ないものについても大ロットで生産している」
「170アイテムあるにもかかわらず、生産できるアイテム数が限定される」

となる。これらを見込生産とロット生産の管理上の留意点と照らし合わせ、整合性を確認したうえでまとめると、解答例になる。

なお、解答の構成を「過大な製品在庫が生じる理由」と「欠品が生じる理由」とに分けることができれば理想的である。しかし、C社では両方に共通の原因があるため、どちらか一方だけの原因として記述することは難しい。そこで、解答例では分けていない。

（設問2）

【解答】

	①	ボ	ト	ル	ネ	ッ	ク	工	程	で	段	取	改	善	を	行	い	、	ロ
ッ	ト	サ	イ	ズ	を	月	販	売	予	測	数	に	近	づ	け	る	。	②	製
販	会	議	を	開	き	、	月	販	売	予	測	数	の	修	正	情	報	を	共
有	し	て	毎	月	後	半	に	生	じ	て	い	る	追	加	生	産	依	頼	の
頻	度	を	低	減	す	る	。	③	新	製	品	開	発	時	に	ア	イ	デ	ア
を	選	別	し	て	製	品	化	す	る	ア	イ	テ	ム	数	を	減	ら	す	。

【解説】

●解答導出の根拠

（設問1）で述べた「管理上の留意点」をC社の現状と在庫問題に絞り、実現可能で具体的な提案にしたものが解答例になる。ここでは「生産面」という縛りがあるため、そこに注意しなければならない。日本規格協会の『生産管理用語辞典』によると、「生産」とは「生産要素である素材など低い価値の経済財を投入して、より高い価値の財に変換する行為または活動」である。生産活動で重要なことは、モノづくりにおける価値の変換過程（モノづくりのプロセス）に注目することなので、「販売量を増やして在庫を減らす」など、結果への対処を重視した解答は不適切である。そのことに注意しつつ、（設問1）であげた「理由」への対策を解答する。

なお、ロットサイズを小さくすることは、過大な在庫を削減する効果だけではなく、ロット待ちを減らし、生産着手から生産完了までの製造リードタイムを短縮する効果がある。設問では過大な製品在庫と欠品だけが問われているが、C社では製造リードタイムを短くすることも課題である。製造リードタイムが短くなれば、補充期間が短くなるので安全在庫量を減らすことができる。木工業界は生産リードタイムの短縮に力を入れており、1週間以内で進めている企業が多い。

解答作成にあたっては、「トヨタ生産方式」「TOC（制約条件の理論）」「グループ・テクノロジー」の面からも検証を行った。詳細は、後述の●参考にて紹介する。

●解答作成の手順

（設問1）の解答の①から③について対策を検討してみる。

①ボトルネック工程の稼働率を優先したロットサイズのため、生産量が過大である。

↓ 対策としては？

ロットサイズを月販売予測数に近づける（小ロット化）。

↓ そのために必要なことは？

段取り改善を行い、段取り時間を短縮して稼働率を維持する。

②生産計画作成後に営業と情報交換をしないため、納品時の過不足が大きい。

↓ 対策としては？

製販会議を開き、月販売予測数の修正情報を共有する。

③製品アイテムの絞り込みが足りないため無駄な在庫が多い。

↓ そのためには？

新製品開発時にアイデアを選別して製品化するアイテム数を減らす。

↓ そのためには？

ＯＥＭ発注企業の提案を活用する（第３問で活用する）

これらを（設問1）であげた管理上の留意点と照らし合わせて考える。

●見込生産の管理上の留意点

- 予測精度を上げ、需要変動への適応度を向上させるために生産期間を短縮し、需要変動へ柔軟に対応する。

→ 予測精度を上げる代わりに、情報共有の頻度を上げ、適宜修正する。
　 ロットサイズを小さくすることで、リードタイムを短縮する。
　 製品アイテムを絞り込むことで、需要予測の対象数を減らす。

●ロット生産の管理上の留意点

- 仕掛在庫、工程の遊休、段取り時間を最小化するロットサイズ、仕事の投入順序を設定する。
- 段取り時間を短縮するため、段取り作業の改善にも重点を置く。

→ 段取り改善を行い、ロットサイズを月販売予測数に近づける。

となるため、管理上の留意点とも整合性がとれている。

●参考

本事例の本質は全体最適なので、「トヨタ生産方式」や「TOC（制約条件の理論）」も参考になる。また在庫削減の観点からは、多品種少量生産に量産的効果を与えるグループ・テクノロジー（GT）についても検討の余地がある。今回の解答例にはこの理論は直接用いていないが、解答を導出した後に、解答の方向性が間違っていないかどうかを確認するために役立つので紹介しておく。

「トヨタ生産方式」

トヨタ生産方式は、徹底したムダの排除を基本思想に持ち、原価低減のための改善活動が中心となった、生産性向上を目指す生産方式である。

基本概念として、①ジャストインタイム生産、②自働化があり、次の7つのムダを徹底的に排除する。

(a) 作り過ぎのムダ：不必要なものを不必要なときに作る。
(b) 手待ちのムダ：前工程待ちや監視作業。
(c) 運搬のムダ：モノの移動や積み替え。
(d) 加工そのもののムダ：不要な工程や不要な作業が必要なごとく存在する。
(e) 在庫のムダ：モノが停滞している状態や保管、工程間の仕掛り。
(f) 動作のムダ：不必要な動き、付加価値のない動き、遅速な動き。
(g) 不良を作るムダ：手直しや返品など生産性を下げる材料・加工の不良。

C社に当てはめると、次の面で問題があることがわかる。

(a) 作り過ぎのムダ：生産ロットが月販売予測数よりも多い。
(e) 在庫のムダ：加工待ち、製品在庫のムダがある。

よって、解答の方向性として、これらが改善されることが必要である。

また、改善提案にあたっては、新たに次のムダが生じないように考慮する必要がある。

(b) 手待ちのムダ：ロットサイズをボトルネック工程に合わせているということは、それ以外の工程では手待ちが発生していると予想される。C社では、部品切断加工以外の工程で現場対応をしているが、各工程が手待ち時間に対して稼働率を重視する考えをとっているならば「作り過ぎのムダ」をさらに増やしていることになる。
(c) 運搬のムダ：後述のグループ・テクノロジーを検討した場合、保管場所から作業場までの運搬のムダが生じる可能性がある。

「TOC」

イスラエルの物理学者エリヤフ・ゴールドラット博士により提唱されたTheory of Constrains（制約条件の理論）の略称である。日本には、2001年に出版（翻訳）された「ザ・ゴール」の中で紹介され、TOCに関する書籍が複数出版されている。

TOCの考えは、「部分最適から全体最適へ」であり、「工場の生産性は、ボトルネック工程の能力以上には絶対に向上しない」という前提に立って、ボトルネック工程に合わせた生産を実践し、利益の最大化を目指す。TOCにおける5段階プロセスを、C社の事例に適用して考察してみる。

TOCにおいては、生産改善を次の5ステップで実行する。

(1) 制約条件（ボトルネック工程）を見つける。
(2) 制約条件を徹底的に活用する。
(3) 非ネック工程をネック工程に従属させる。
(4) 制約条件の能力を向上させる。
(5) 惰性に注意しながら(1)に戻る。

C社において、(1)は部品機械加工工程と特定されているため、(2)〜(4)への対応が課題となる。各々の段階における対応策を考えてみる。

(2) 制約条件を徹底的に活用する。

不必要な部品を制約条件に送らないことが重要である。「売れる見込みがない製品」でボトルネック工程の能力を浪費させることはムダである。つまり、この観点からも「ロットサイズを月販売予測数に近づける」ことが重要である。また、ロットサイズを小さくすると段取り替えが増える。段取り替えに伴うボトルネック工程の停止を最小化するためには、「段取り改善」が必要である。

(3) 非ネック工程をネック工程に従属させる。

ボトルネック工程以外の生産量を増加させても、仕掛在庫が増えるだけで、生産量は増加しない。したがって、非ネック工程はネック工程に従属させる必要があり、ネック工程、非ネック工程共に「製造責任者からの作業指示」が必要である（第3問（設問2）で解答）。

(4) 制約条件の能力を向上させる。

C社では、部品機械加工の一部を外注工場に依存している。C社のコア・コンピタンスに影響を及ぼさないのであれば、部品機械加工の外注比率を増やすことも有効である。ただし、解答に盛り込むには与件情報が少ないことから優先順位が下がるため、採用は見送った。

「グループ・テクノロジー（GT）」

多品種の部品をその形状、寸法、素材、工程などの類似性に基づいて分類し、多品種少量生産に大量生産的効果を与える管理手法である。C社においては、「使用する木材の品種違い、塗装の色違い」がアイテム数を多くしていることの一因である。したがって、GTにより、加工部品の集約を検討する余地がある。

GTにより類似性の高い製品を一まとめにし、ボトルネック工程である部品機械加工工程を「共通の半製品とし、段取り替えが不要な同一ロットとして加工」することを考えてみる。木材の品種については、「途中で変更」することは不可能であるため、GTによりまとめることは不可能である。塗装の色違いについては、組立て工程までは共通の半製品とし、塗装・仕上げ工程において別々の塗装を施せば対応できそうである。しかし、与件からは「色違いが原因で在庫/欠品が生じている」という記述はないため、まとめる必然性はない。また、現在でも「色違いは塗装工程で対応」している可能性がある。C社の製品である木製家具は、仮に「塗装待ち」の仕掛品で保管するとなると、「運搬のムダ」も生じる可能性がある。GTそのものは有効な手段であるが、与件情報が少ないことと、アイテム数そのものを絞り込むことのほうが本質的な対策になるため、解答例を優先した。

第3問（配点40点）

（設問1）

【解答】

①	O	E	M	先	か	ら	製	品	ア	イ	デ	ア	の	提	供	が	受	け	ら
れ	る	た	め	消	費	者	ニ	ー	ズ	に	合	っ	た	製	品	を	開	発	し
や	す	く	な	る	。	②	受	注	生	産	で	一	括	納	品	の	た	め	在
庫	リ	ス	ク	と	売	り	上	げ	変	動	リ	ス	ク	を	低	減	で	き	る。

【解説】

●解答導出の根拠

OEM製造企業側の一般的なメリットには、①委託企業の販売ルートを活用できる、②売り上げ規模が確保できる、③生産量の増大により生産設備の稼働率が向上するとともに規模の経済性や経験効果による原価低減が期待できる、④受託製品に関してノウハウが蓄積される、などがある。また、与件情報には、⑤「C社製品を中心に生活空間を演出する展示スペースを設けている」大手インテリア用品小売チェーンから製品アイデアの提供を受けて製品化する、⑥年間で約1割程度の売り上げ増が見込める、⑦OEM製品は一括納品である、とある。これらの情報を総合的に判断し解答を作成する。

●**解答作成の手順**

解答へ盛り込める可能性があるメリットは多いが、解答字数は80字以内なので、与件情報を重要度に応じて集約する必要がある。すぐにわかることは、「約1割の売り上げ増」と「一括納品で在庫リスクが少ない」ことである。しかし、もう一歩踏み込んでみると、「先方から製品アイデアの提供を受けて」とある。このことは何を意味するのであろうか。

OEMの発注企業はアイデアに自信があるからアイデアを提供するのである。C社も各営業担当者がそれぞれ担当する販売先の小売店から消費者の情報を入手して製品開発・設計部門に提案しているが、その中には出荷頻度および出荷数量が極端に少ない製品もある。こうしたC社固有の状況を考慮すれば、OEMの発注企業からアイデアの提供を受け、その販売動向を分析することによりC社の製品開発力が高まることが、真のメリットである。

また、C社は見込生産を行う中で、市場の不確実性に対して大ロット生産や製品在庫の緩衝機能で対応してきた。しかし、OEM製品は受注生産で一括納品するため、不確実性が低減する。これらを優先順位が高いものからまとめると、解答例になる。

なお、過去には①平成13年度・事例Ⅲ・第3問、②平成15年度・事例Ⅱ・第2問、でOEMのメリット・デメリット等を問うている。平成21年度では、事例Ⅳでも OEM生産を受託している企業が出題されているため、OEMについては、科目横断的な認識を持って復習しておこう。

（設問2）

【**解答**】

	受	注	後	の	納	期	回	答	の	迅	速	化	と	納	期	順	守	が	課
題	で	あ	る	。	そ	の	た	め	に	、	①	納	期	基	準	の	生	産	計
画	に	基	づ	い	て	作	業	指	示	を	行	い	、	進	度	を	見	え	る
化	し	て	情	報	収	集	し	、	余	力	も	管	理	す	る	。	②	全	工
程	に	対	し	て	製	造	責	任	者	が	作	業	指	示	を	行	い	、	進
度	状	況	に	応	じ	て	仕	事	の	投	入	順	序	も	指	示	す	る	。

【**解説**】

●**解答導出の根拠**

OEMは、完成品外注の一つである。したがって、広義の外注管理と捉えてC社が順守すべき項目をあげるとよい。生産活動における重点管理ポイントは、「品質(Q)」「コスト(C)」「納期(D)」である。しかし、与件情報からはC社の品質上の問題点は読み取れない。コストについても「比較的高額でも消費者に受け入れられている製品」であることから、委託側の企業からコストに関して厳しい要求があるとは読み取れない。すると、問題点になるのは与件の最後に記述がある「納期」である。

C社は現在、見込生産で完成品在庫を持つことで納期に対応しているが、受注生産で一括納品のOEM製品においては、納期回答の迅速化と納期順守が課題となる。2006年版中小企業白書においても、「下請受注企業が10年前に比べ強く感じるようになった発注元のニーズ」として、品質・コストと並んで「極めて短い納期への対応」や「納期の順守」があげられている。そこで、納期に関するニーズに対応する体制を構築することが必要である。

●**解答作成の手順**

C社が受託する予定のOEM生産は受注生産である。また、一括納品することから個別生産に近い管理が必要になる。外注管理の面では、納期に関するニーズが高いことが読み取れた。そこで、今度はC社の立場で管理上の留意点を確認してみる。

●受注生産における管理上の留意点の中で、C社に当てはまるもの。
- 受注量と生産能力の差を吸収するため、負荷計画、順序付け、応援体制、多能工化などを常に見直す。
- 日常の進度管理を十分に行い、納期の順守に努める。

である。

●個別生産における管理上の留意点の中で、C社に当てはまるもの。
- 納期設定の適正化、納期の確保、操業度の向上。
- 品目ごとの基準日程の作成と受注状況の把握、負荷と能力の把握により正確な納期見積りを行う。
- 契約した納期に遅れないように、常に生産期間の短縮や段取り替え時間を短縮化する。
- 進度管理の徹底による納期の確保、余力管理の徹底による操業度の向上を図る。
- 各工程の能力を経済的に活用し、かつ納期を順守できる手順計画、日程計画を組み、操業度の安定化を図る。

以上をまとめると、「納期回答の迅速化」のためには、「品目ごとの基準日程を作成」し、「負荷と能力の把握による余力管理」が重要である。また、「納期順守」のためには、「順序付けと進度管理」が重要である。進度管理を行うためには、製造責任者が作業指示を行わないと、進度が適切かどうかは判断できない。また、見込生産の場合は数量で進度管理を行えるが、受注生産の場合は作業指示の内容をガントチャート等で「見える化」しないと、進度管理を行うことが難しい。

生産計画を組むにあたっては、生産着手日を基準に生産計画を組む方法（フォワードスケジューリング）と納期を基準に工程順序とは逆方向に生産計画を組む方法（バックワードスケジューリング）がある。一般にフォワードスケジューリングは稼働率向上に有効性が高く、バックワードスケジューリングは納期順守に有効性が高い。ここでは納期の精度向上のため、バックワードスケジューリングを提案する。これらをまとめたものが解答例になる。

第4問（配点10点）

【解答】

見	込	生	産	で	は	需	要	予	測	情	報	の	精	度	向	上	と	在	庫
数	量	の	管	理	に	よ	り	生	産	数	量	を	決	定	す	る	。	受	注
生	産	で	は	工	程	余	力	と	標	準	リ	ー	ド	タ	イ	ム	情	報	で
納	期	を	予	定	し	、	進	度	を	管	理	し	て	納	期	を	守	る	。

【解説】

●解答導出の根拠

「C社の見込生産と受注生産の違い」を解答する問題であるため、一般論に基づきつつ、C社の現状に合わせて重視すべき要素を選んで記述する。

第2問では見込生産における問題点を解答した。第3問ではOEM事業推進における課題と対応策を解答した。第2問と第3問の総括となるのが、第4問であるため、一貫性を持った解答を作成すべきである。

●解答作成の手順

C社の見込生産の問題点である第2問の内容と、OEM事業推進における第3問の対応策を、各々40字前後にまとめて解答する。

C社が見込生産において対応すべき策は、①ロットサイズを月販売予測数に近づける、②製販会議を開き、月販売予測数の修正情報を共有する、③製品アイテムを絞り込む、とした。①、②から「重視すべき情報」を選ぶと「月販売予測数とその修正」になり、一般的な言葉に直すと、「需要予測情報の精度向上」になる。③も、製品アイテムを絞り込むことが、需要予測情報の精度向上に貢献する。

「管理ポイント」は「在庫数量」である。工程管理の水準が高い場合は、需要量と生産量の差を吸収するために製品在庫を持つが、C社では過大な製品在庫および製品の欠品が生じているため、まずは製品在庫の過不足に応じて生産数量を決定する必要がある。なお、C社において適正在庫が常に確保される状態になったら、次に目指すことは、需要予測に基づいた生産数量の決定である。

C社のOEM事業推進において考えられる課題は、納期回答の迅速化と納期順守であった。このうち、第一段階にあたる納期回答の迅速化に対して「重視すべき情報」は、迅速な納期回答を実現させる情報であるため、「工程余力」と「標準リードタイム情報」となる。「管理ポイント」は、「納期の順守」およびそのための「日々の進度管理」である。これらから、「進度を管理して納期を守る」となる。

以上をまとめて80字以内に調整すると、解答例になる。

〈 参考文献 〉

『速修テキスト 4 運営管理』 鳥島朗広 谷口克己 岩瀬敦智 松崎研一編著 山口正浩監修　早稲田出版
『中小企業診断士　2次試験対策講座テキスト　診断助言事例』 TBC受験研究会
『2006年版中小企業白書』 中小企業庁編　ぎょうせい
『生産管理用語辞典』 社団法人日本経営工学会編　日本規格協会
『在庫ゼロ　リードタイム半減 TOC プロジェクト』 村上聡 石田忠由著　中経出版
『在庫が減る！利益が上がる！会社が変わる！』 村上聡 石田忠由著　中経出版

事例の分析

本事例は、資本金1億円、総資産約50億円、売上高約56億円、従業員80人の、ファッション性の高いスポーツウエアの製造および販売を行う企業の経営分析、期待値の算出、損益分岐点分析、為替予約とオプションに関して出題されている。

財務・会計に関する事例では、結果である数値の変化に惑わされずに、制約条件に基づき因果関係を的確に把握することが必要である。

まず、財務・会計に関する事例で頻出かつ、解答する際に必要な「因果関係」、「経営分析」について解説する。

【因果関係の理解】

因果関係とは、「原因」とそれによって生ずる「結果」との関係である。「原因」とは、ある物事を引き起こすもとである。「結果」とは、「原因」によって生み出されたものである。

財務・会計に関する事例において、経営分析指標の選択や各設問の解答には、因果関係をしっかりと把握してから選択・解答する必要がある。因果関係の「結果」部分は、財務諸表である貸借対照表や損益計算書に現れている場合が多い。これは数値の読み取りや分析により顕在化する。また「原因」部分は、問題の与件文章にある場合が多い。

特に、第1問では因果関係を把握したうえで、適切な経営指標をあげ、経営指標値を計算し、原因を記述しないと合格点の獲得が困難になる。

【経営分析の定義】

「経営分析」は、21年度も本試験で出題された。まず、解答する際に「経営分析」と「財務諸表分析」の違いに留意してほしい。

日本経営分析学会の大家である青木茂男氏の『要説　経営分析』(森山書店)によると、経営分析の定義は次のとおりである。「経営分析とは、企業活動を貨幣金額で表現した財務諸表と貨幣金額では表現できない非財務資料を用いて収益性と流動性(支払能力)を判断することであり、それをもって意思決定に役立てることである」。そのため、財務諸表以外に、与件文章にある、人、物、金、情報に関する内容も考慮し解答する必要がある。

解答例と解説

第1問 (配点40点)

【解答】

(a)	売上高対売上総利益率									(b)	25.08%								
(c)	国	内	自	社	工	場	の	生	産	に	よ	る	高	い	縫	製	加	工	技	術
	を	持	ち	、	高	品	質	・	高	機	能	な	製	品	の	O	E	M	供	給
	と	、	自	社	ブ	ラ	ン	ド	の	海	外	輸	出	を	手	が	け	て	い	る。

(a)	有形固定資産回転率									(b)	2.62回									
(c)	本	社	が	中	核	都	市	の	駅	前	に	立	地	し	て	い	る	に	も	か
	か	わ	ら	ず	、	賃	借	を	考	慮	せ	ず	に	、	事	業	の	拡	大	に
	伴	い	、	隣	地	の	中	古	不	動	産	を	買	い	増	し	し	て	い	る。

(a)	負債比率									(b)	291.26%									
(c)	経	営	者	が	自	社	事	業	の	売	上	高	の	変	動	リ	ス	ク	を	認
	識	し	て	い	る	に	も	か	か	わ	ら	ず	、	長	期	借	入	金	を	中
	心	に	本	社	社	屋	の	買	い	増	し	資	金	を	調	達	し	て	い	る。

【解説】

●解答導出の根拠と手順

財務・会計に関する事例は、時間との戦いになる。第1問の経営分析を解答する際には、次のフローに従うと効率的である。

財務・会計に関する事例　解答作成フロー

【(1) 問題文の制約条件の把握】
- ●平成20年度の財務諸表を用いて経営分析を行う
- ●長所・短所のうち重要と思われるものを3つ取り上げる
- ●根拠を最も的確に示す経営指標を各々1つだけあげる
- ●小数第3位を四捨五入する
- ●原因をこれまでの経営状況に照らして60字以内で説明する

⇩　⇩

【(2-a) 定性分析】
- ●Meritの把握
- ●Demeritの把握
- ●問題文の情報
- ●他の問題との関連

【(2-b) 定量分析】
- ●財務諸表の数値
- ●収益性分析の結果
- ●安全性分析の結果
- ●その他の数値データ

⇩　⇩

【(3) 因果関係分析】
- ●定性分析のMeritと定量分析の経営指標の選択
- ●定性分析のDemeritと定量分析の経営指標の選択

⇩　⇧

【(4) 試験委員の視点の確認】
- □経営者は問題点を認識しているか否か
- □因果関係を把握して本質的な問題点を記述できているか否か
- □他の設問との一貫性がとれているか否か

⇩

【(5) 字数に合わせた解答の記述スキル】
- □「〜について説明せよ」「〜を挙げよ」など出題者の指示に合わせた文章の作成
- □与件の文章のまとめ方やキーワードの使い方

(1) 問題文の制約条件の把握

出題者（＝採点者）は、短期間のうちに5千枚以上の答案を採点するため、記述式の国家試験では、採点の都合上、問題文中に出題者が望む解答になるような制約条件が記してある。この制約条件を外れると自己満足な解答となり、得点となりにくい。そこで、事例問題では採点者志向の解答作成のため、制約条件をしっかりと把握する必要がある。

第1問の制約条件は、下記のとおりである。

- 平成20年度の財務諸表を用いて経営分析を行う
- 長所・短所のうち重要と思われるものを３つ取り上げる
- 根拠を最も的確に示す経営指標を各々１つだけあげる
- 小数第３位を四捨五入する
- 原因をこれまでの経営状況に照らして60字以内で説明する

(2-a) 定性分析

制約条件の長所・短所について制約条件に基づき定性分析を行う。財務・会計に関する事例の第1問において、事例Ⅰ～事例Ⅲのようにドメイン策定までの取組みに時間をかけることは、試験時間の80分という制約条件から考えると困難である。そこで、解答作成の際には、経営分析の煩雑化による時間の浪費を防ぐために、SWOT分析のSとOをメリット（M：Merit）、WとTをデメリット（D：Demerit）の2つに大別して分析する。

さらに、MとDのそれぞれを下記のように分類する。

●M（Merit）の分類基準：

A………将来の収益増加や費用削減の可能性がある

B………過去からの取組みで、現在の財務諸表には、収益増加や費用削減の結果が反映されている

●D（Demerit）の分類基準：

A………現在または将来の自社の意思決定により回避・克服可能

B………過去の意思決定による影響

C………外部環境（経済環境・法規制など）の変動のため回避・克服不可能

Merit分析

M	与件文章	分類
1	高い縫製加工技術による自社製品に定評を有する	B
2	国内大手のY社より有名ブランド品のOEM生産を受託している	B
3	日本製の高品質・高機能が消費者に支持されている	B
4	海外での生産は行っていない	B
5	自社ブランドを立ち上げ、最近では米国等への海外輸出も手がけている	B
6	先進国だけでなくアジア諸国でも順調に売上高を伸ばしている	B
7	駅前の再開発事業も進んでおり、本社付近も一体開発される可能性がある	A
8	本社を売却した場合、18億円の手取りのキャッシュフローが得られる	A
9	本社の管理業務の一部のアウトソーシングにより、販売費及び一般管理費を３億円削減することが可能である	A

Demerit分析

D	与件文章	分類
1	経済状況に伴う売上高の変動リスク	C
2	スポーツウエアの売上高はもともと景気変動の影響を受けやすい	C
3	経済のグローバル化に伴う影響	C
4	本社は事業の拡大に伴って手狭になったため隣地の中古不動産を買い増ししてきた	B
5	本社社屋の一部は老朽化しており、建て替えも検討しなければならない時期を迎えている	A

定性分析シート（MD分析シート）による分析（まとめ）

M (Merit)	分類	D (Demerit)	分類
1. 高い縫製加工技術による自社製品に定評	B	1. 経済状況に伴う売上高の変動リスク	C
2. 国内大手のY社より有名ブランド品のOEM生産を受託している	B	2. スポーツウエアの売上高はもともと景気変動の影響を受けやすい	C
3. 日本製の高品質・高機能が消費者に支持	B	3. 経済のグローバル化に伴う影響	C
4. 海外での生産は行っていない	B	4. 本社は事業の拡大に伴って手狭になったため隣地の中古不動産を買い増ししてきた	B
5. 自社ブランドを立ち上げ、最近では米国等への海外輸出も手がけている	B	5. 本社社屋の一部は老朽化しており、建て替えも検討しなければならない時期	A
6. 先進国だけでなくアジア諸国でも順調に売上高を伸ばしている	B		
7. 駅前の再開発事業も進んでおり、本社付近も一体開発される可能性がある	A		
8. 本社を売却した場合、18億円の手取りのキャッシュフローが得られる	A		
9. 本社の管理業務の一部のアウトソーシングにより、販売費及び一般管理費を3億円削減することが可能である	A		

(2-b) 定量分析

定量分析では、収益性分析と安全性分析を行うとともに、財務諸表の数値にも着目する。本問は同業他社との競合比較分析のため、同業他社の分析結果を考慮して指標を選択する。

次のシートでは、同業他社よりも経営分析の結果が優れている場合には○を、劣っている場合には×を付している。なお、収益性分析は、総資本経常利益率から分解すると解答しやすい。

収益性分析基本指標シート

	主要経営指標	比較	D社	同業他社
①	総資本経常利益率＝経常利益÷総資本×100 (%)	○	5.41	2.12
②	売上高対総利益率＝売上総利益÷売上高×100 (%)	○	25.08	20.92
③	売上高対営業利益率＝営業利益÷売上高×100 (%)	○	8.48	3.99

④	売上高対経常利益率＝経常利益÷売上高×100 (%)	○	4.83	1.81
⑤	総資本回転率＝売上高÷総資本 (回)	×	1.12	1.18
⑥	売上債権回転率＝売上高÷売上債権 (回)	○	5.84	5.20
⑦	棚卸資産回転率＝売上高÷棚卸資産 (回)	○	7.11	6.03
⑧	固定資産回転率＝売上高÷固定資産 (回)	×	2.38	3.07
⑨	有形固定資産回転率＝売上高÷有形固定資産 (回)	×	2.62	4.53
⑩	売上高対売上原価比率＝売上原価÷売上高×100 (%)	○	74.92	79.08
⑪	売上高対販売費及び一般管理費比率 ＝販売費及び一般管理費÷売上高×100 (%)	○	16.59	16.93
⑫	売上高対営業外費用比率＝営業外費用÷売上高×100 (%)	×	3.71	2.42

安全性分析基本指標シート

	主要経営指標	比較	D社	同業他社
①	流動比率＝流動資産÷流動負債×100 (%)	×	137.20	144.22
②	当座比率＝当座資産÷流動負債×100 (%)	○	90.04	88.39
③	固定比率＝固定資産÷自己資本×100 (%)	×	183.68	129.95
④	固定長期適合率＝固定資産÷ (固定負債＋自己資本) ×100 (%)	×	76.55	66.91
⑤	自己資本比率＝自己資本÷総資本×100 (%)	×	25.56	29.45
⑥	負債比率＝負債合計÷自己資本×100 (%)	×	291.26	239.54

(3) 因果関係分析と (4) 試験委員の視点の確認

因果関係分析では、定量分析である財務諸表分析と定性分析のMD分析との整合性を確認する。第1問の制約条件である長所・短所が生じた原因を、便宜上、「表面的な原因」と「本質的な原因」に分解して、出題者が求める「本質的な原因」が記述できているかを確認する。

因果関係分析の際には、下記の試験委員の視点の確認も考慮しながら解答する必要がある。

- □経営者は問題点を認識しているか否か
- □因果関係を把握して本質的な問題点を記述できているか否か
- □他の設問との一貫性がとれているか否か

因果関係分析：長所

結果		表面的な原因		本質的な原因
売上高対売上総利益率	⇒	M2. 国内大手のY社より有名ブランド品のOEM生産を受託 M3. 日本製の高品質・高機能が消費者に支持 M4. 海外での生産は行っていない M5. 自社ブランドを立ち上げ、最近では米国等への海外輸出も手がけている M6. 先進国だけでなくアジア諸国でも順調に売上高を伸ばしている ★ 売上高が同業他社よりも高い ★ 売上総利益が同業他社よりも高い	⇒	M1. 高い縫製加工技術による自社製品に定評

財務諸表分析は、過去の結果である貸借対照表・損益計算書、キャッシュフロー計算書を分析するため、MD分析シートのM（Merit）のうち、実現していない与件文章は使用しない。

MD分析シートではM（Merit）のうち判断のBを採用する。M（Merit）の1～6の与件文章を、表面的な原因と本質的な原因に分類する。また、財務諸表の数値も考慮する。上記では★が該当する。

結果の経営指標は問題文の制約条件である「根拠を最も的確に示す経営指標」と「収益性分析基本指標シート」から、本質的な原因が数値に反映される「売上高対売上総利益率」を選択した。経営指標の表現は「売上高総利益率」でもよい。

因果関係分析：短所①

結果		表面的な原因		本質的な原因
有形固定資産回転率	⇒	D4. 本社は事業の拡大に伴って手狭になったため隣地の中古不動産を買い増ししてきた ★ 土地が同業他社よりも多い ★ 建物・機械装置が同業他社よりも多い ★ その他有形固定資産が同業他社よりも多い	⇒	賃借を考慮せずに事業の拡大に伴い、中古不動産を買い増ししている

過去の出題傾向を分析すると、短所の本質的な原因が導き出せないときには、「(4) 試験委員の視点の確認との整合性」を考慮し、経営者の認識などの与件文章のヒントを活用することが必要である。制約条件にも「原因をこれまでの経営状況に照らして」とあるため、再度与件文章を確認したい。

短所の因果関係分析の際には、MD分析シートのD（Demerit）や財務諸表の数値以外から「経営者は問題点を認識しているか否か」を考慮する必要がある。

経営者が問題点を認識していなければ、単純に短所として分類される。与件文章にある経営者の意思決定情報や検討事項は、単純にMD分析シートのD（Demerit）に分類されない場合があるため、与件文章の確認が必要である。

与件文章を確認すると、問題1ページの上から20行目に、「本社（土地及び建物）を平成21年度期首に売却してオフィスを賃借する」とある。オフィスを賃借するという選択肢があったにもかかわらず、事業の拡大に伴い、隣地の中古不動産を買い増ししていることがわかる。

上記の表面的な原因と合わせて解釈すると、「賃借」という選択肢があったにもかかわらず考慮していなかったことが本質的な原因とわかる。

結果の経営指標は問題文の制約条件である「根拠を最も的確に示す経営指標」と「収益性分析基本指標シート」から、本質的な原因が数値に反映される「有形固定資産回転率」を選択した。

因果関係分析：短所②

結果		表面的な原因		本質的な原因
負債比率が高い	⇒	D1. 経済状況に伴う売上高の変動リスク D2. スポーツウエアの売上高はもともと景気変動の影響を受けやすい D3. 経済のグローバル化に伴う影響 ★ 長期借入金が同業他社よりも多い ★ その他固定負債が同業他社よりも多い	⇒	経営者が売上高の変動リスクを認識しているにもかかわらず、長期借入金を中心とした資金調達を実施

短所の因果関係分析の際には、MD分析シートのD（Demerit）や財務諸表の数値以外から「経営者は問題点を認識しているか否か」を考慮する必要がある。

問題1ページの上から21行目に「本社を売却した場合、18億円の手取りのキャッシュフローが得られるので、これを全額負債の返済に充当する」という文章が見つかる。

また、1ページの上から9行目に「売上高の変動リスクが経営の課題として繰り返し議論されている」とあり、D社の取締役はリスクの高さを認識しているにもかかわらず、長期借入金を中心に本社社屋の買い増し資金を調達していたことになる。

上記の表面的な原因と合わせて解釈すると、「売上高の変動リスクを認識」しているにもかかわらず、「長期借入金を中心に資金調達を実施」していたことが本質的な原因とわかる。

結果の経営指標は問題文の制約条件である「根拠を最も的確に示す経営指標」と「安全性分析基本指標シート」から、本質的な原因が数値に反映される「負債比率」を選択した。

(5) 字数に合わせた解答の記述スキル

制約条件に「原因をこれまでの経営状況に照らして60字以内で説明」とあるため、なるべく空欄は作らず58文字以上は記述したい。ここで、「説明」の意味を再度確認して解答を仕上げてほしい。広辞苑によると「記述が事実の確認にとどまるのに対して、事物が『何故かくあるか』の根拠を示すもの。科学的研究では、事物を因果法則によって把握すること」とある。D社が、なぜ現在の経営指標分析の結果になってしまったのかを説明できているか確認してほしい。また、解答のまとめ方は、本問の解答を参照しながら確認してほしい。

第2問（配点20点）

【解答】

（設問1）

−0.19%

（設問2）

	税	引	前	自	己	資	本	利	益	率	の	バ	ラ	ツ	キ	は	小	さ	く
な	る	。	理	由	は	①	負	債	の	返	済	に	よ	っ	て	総	資	本	が
圧	縮	さ	れ	、	景	気	変	動	に	よ	る	営	業	利	益	額	の	振	れ
幅	が	小	さ	く	な	る	た	め	、	②	固	定	資	産	の	売	却	益	に
よ	っ	て	自	己	資	本	が	増	強	さ	れ	る	た	め	、	で	あ	る	。

【別解】

税引前自己資本利益率のバラツキは小さくなる。本社の売却および負債の返済により総資本が圧縮され、景気の変動による営業利益額の振れ幅が小さくなるためである。なお支払利息額の減少は、バラツキには影響しない。(100字)

【解説】

(設問1)

●解答導出の根拠

本社(土地及び建物)を売却しない場合の、平成21年度の税引前自己資本利益率の期待値を求める問題である。

ここでいう「税引前自己資本利益率」とは、税引前当期純利益を自己資本で除した値のことである。設問に「支払利息以外の営業外損益および特別損益はゼロと仮定して」とあるため、税引前当期純利益は「営業利益－支払利息」で求めることができる。

また、営業利益は「期首の総資本×総資本営業利益率」で求める。これは、設問に「D社の平成20年度の期首の投下総資本は4,907百万円であり、それに対する平成20年度の総資本営業利益率は9.7%であった。」とあるためである。すると、営業利益は「4,907百万円×9.7%≒476百万円」となり、損益計算書における平成20年度の営業利益額に一致する。つまり、平成21年度の営業利益を予想するためには、平成21年度の期首総資本(平成20年度の期末総資本)である5,012百万円に総資本営業利益率9.7%を乗じて求めることになる。

支払利息は、負債総額3,731百万円に平均資本コスト4.9%を乗じて求める。

以上をまとめると、次の式になる。

税引前自己資本利益率＝税引前当期純利益÷自己資本
税引前当期純利益＝営業利益－支払利息
営業利益＝総資本×総資本営業利益率
支払利息＝負債総額×負債の平均資本コスト

まず、景気が前年並みのとき、景気が減速するときのそれぞれについて、税引前自己資本利益率を求める。

- 景気が前年並みのとき(総資本営業利益率 9.7%)

営業利益＝5,012百万円×9.7%＝486.164百万円
支払利息＝3,731百万円×4.9%＝182.819百万円
税引前当期純利益＝486.164百万円－182.819百万円＝303.345百万円
税引前自己資本利益率＝303.345百万円÷1,281百万円
＝0.236803…≒23.680%

- 景気が減速するとき(総資本営業利益率 －2.5%)

営業利益＝5,012百万円×(－2.5%)＝－125.3百万円
支払利息＝3,731百万円×4.9%＝182.819百万円
税引前当期純利益＝－125.3百万円－182.819百万円
＝－308.119百万円
税引前自己資本利益率＝－308.119百万円÷1,281百万円
＝－0.240530…≒－24.053%

次に、税引前自己資本利益率の期待値を求める。景気が前年並みとなる、もしくは景気が減速するそれぞれの生起確率は1/2であるため、期待値は、次のとおりとなる。

税引前自己資本利益率の期待値
＝23.680％×0.5＋（－24.053％）×0.5
＝－0.1865≒－0.19％

（設問2）

●解答導出の根拠

本社（土地及び建物）を売却した場合に、景気変動による税引前自己資本利益率のバラツキがどのように変化するかを説明する問題である。バラツキの「変化」を考察するためには、本社（土地及び建物）を売却しない場合との比較で述べる必要がある。

本社（土地及び建物）を売却すると18億円のキャッシュフローが得られ、その全額は負債の返済に充当される。すなわち、D社の負債総額および総資本が減少することは明らかである。

ここで問題となるのは、固定資産売却益がいくら発生するかという点である。与件には「本社社屋の減価償却後の簿価は7億円である。」との一文があるが、この「本社社屋」が「本社（土地及び建物）」と同じものを指しているのか判断ができない。もし「本社社屋」と「本社（土地及び建物）」とが異なるものだとすると、固定資産売却益の算出には「本社土地」の簿価に関する情報が必要である。貸借対照表には1,034百万円の土地が計上されているが、与件には本社とは別に郊外に自社工場を保有している旨の記述があるため、この全額が本社土地であると断定することはできない。

そこで以下では、「本社社屋」と「本社（土地及び建物）」は同じものと考えて計算を進める。すなわち、簿価7億円の本社（土地及び建物。以下「本社」と略す）を18億円で売却し、11億円の固定資産売却益が自己資本（利益剰余金）に積み増されることになる。

まず、本社を売却した場合の、税引前自己資本利益率およびその期待値を（設問1）と同じ式によって求める。計算にあたっては、本社の売却によって総資本（資産総額）、負債総額、自己資本のそれぞれが変化している点に注意が必要である。

（資産の部）売却による固定資産の減少
資産総額＝5,012百万円－700百万円＝4,312百万円

（負債の部）負債の返済
負債総額＝3,731百万円－1,800百万円＝1,931百万円

（純資産の部）固定資産売却益による利益剰余金の増加
自己資本＝1,281百万円＋1,100百万円＝2,381百万円

• 景気が前年並みのとき（総資本営業利益率 9.7％）

営業利益＝4,312百万円×9.7％＝418.264百万円
支払利息＝1,931百万円×4.9％＝94.619百万円
税引前当期純利益＝418.264百万円－94.619百万円＝323.645百万円
税引前自己資本利益率＝323.645百万円÷2,381百万円
＝0.135928…≒13.593％

• 景気が減速するとき（総資本営業利益率 −2.5%）

営業利益＝4,312百万円×（−2.5%）＝−107.8百万円
支払利息＝1,931百万円×4.9%＝94.619百万円
税引前当期純利益＝−107.8百万円−94.619百万円＝−202.419百万円
税引前自己資本利益率＝−202.419百万円÷2,381百万円
＝−0.085014…≒−8.501%

税引前自己資本利益率の期待値＝13.593%× 0.5＋（−8.501%）×0.5
＝2.546≒2.55%

設問は、税引前自己資本利益率の期待値の変化を問うているのではなく、バラツキの変化を問うている。そこで、本社を売却しない場合と売却した場合のそれぞれについて、景気の変動による標準偏差を求めて検討する。

【 本社を売却しない場合 】
（税引前自己資本利益率の期待値：−0.19%）

景気	生起確率	税引前 自己資本利益率	偏差	偏差の２乗 ×生起確率
前年並み	50%	23.68%	23.87%	284.81 $(\%)^2$
減速	50%	−24.05%	−23.87%	284.81 $(\%)^2$

分散＝（偏差の２乗×生起確率）の合計＝569.62 $(\%)^2$
標準偏差＝$\sqrt{分散}$ ≒23.87%

【 本社を売却する場合 】
（税引前自己資本利益率の期待値：2.55%）

景気	生起確率	税引前 自己資本利益率	偏差	偏差の２乗 ×生起確率
前年並み	50%	13.59%	11.05%	61.02 $(\%)^2$
減速	50%	−8.50%	−11.05%	61.02 $(\%)^2$

分散＝（偏差の２乗×生起確率）の合計＝122.04 $(\%)^2$
標準偏差＝$\sqrt{分散}$ ≒11.05%

※表記の都合上、小数第３位を四捨五入し、小数第２位まで表示しているが、計算過程での四捨五入はしていない。そのため、表記の値をそのまま計算しても計算結果は異なる。

以上から、本社を売却する場合は、本社を売却しない場合と比べ、税引前自己資本利益率の標準偏差（バラツキ）は小さくなっていることがわかる。

なお、設問文にある「支払利息以外の営業外損益および特別損益はゼロと仮定して」という条件に基づき、税引前当期純利益の計算では固定資産売却益11億円を加算していない。計算過程は省くが、固定資産売却

益11億円が特別利益として税引前当期純利益を押し上げたとしても、標準偏差は同じく11.05％となるため、バラツキが小さくなるという結論は変わらない。

●解答作成の手順

まず、「税引前自己資本利益率のバラツキは小さくなる。」と結論先行で述べる。

なお、標準偏差については、本社を売却する場合の計算において、「本社社屋」と「本社（土地及び建物）」が同じものであるという仮定に基づいている。仮定の下では標準偏差の値を断定できないため、解答中に値は記していない。

次に、税引前自己資本利益率のバラツキが小さくなった理由を述べる。税引前自己資本利益率は「税引前当期純利益÷自己資本」であるから、そのバラツキが小さくなる要因としては、次の2つが考えられる。

①景気変動による税引前当期純利益の振れ幅が小さくなる
②自己資本が大きくなる

本問において、税引前当期純利益は「営業利益－支払利息」であり、営業利益は「総資本×総資本営業利益率」であるから、本社の売却によって総資本が減少すれば、景気変動による営業利益額の振れ幅（変動幅）は小さくなる。支払利息は「負債総額×負債の平均資本コスト」であるから、景気変動による金額の変動はない。

自己資本については、本社の売却によって固定資産売却益が発生した場合、繰越利益剰余金等として純資産の部に積み増されることとなる。分母である自己資本の値が大きくなると、税引前当期純利益の振れ幅は相対的に小さくなるため、結果として税引前自己資本利益率のバラツキを小さくする要因となる。

【 別解 】

本解では、「本社社屋」と「本社（土地及び建物）」が同じものであるという推測の下での分析および解答作成を進めた。しかし、簿価7億円の本社を18億円で売却しながら、特別利益（固定資産売却益）をゼロと仮定して計算を進めることには違和感もあるだろう。

そこで以下では、「本社社屋」と「本社（土地及び建物）」とは異なるものと考えた場合の分析を示す。すなわち、簿価18億円分の本社（土地及び建物）を18億円で売却し、固定資産売却益は発生しないと考えるのである。

この場合、売却する「本社（土地及び建物）」の簿価が18億円で、本社社屋の簿価が7億円とすると、残る本社土地の簿価は11億円ということになる。しかし貸借対照表には、1,034百万円（10億3,400万円）の土地しか計上されていない。郊外に自社工場を持っていることも併せて考えると、本社の土地の簿価が11億円あるとは考えられないため、「簿価18億円分の本社（土地及び建物）を売却」というシナリオには無理がある。そこで、【 別解 】とした。

●解答導出の根拠

まず、本社を売却した場合の、税引前自己資本利益率およびその期待値を（設問1）と同じ式によって求める。計算にあたっては、本社の売却および負債の返済によって総資本（資産総額）および負債総額が変化している点に注意が必要である。

（資産の部）売却による固定資産の減少
資産総額＝5,012百万円－1,800百万円＝3,212百万円

（負債の部）負債の返済
負債総額＝3,731百万円－1,800百万円＝1,931百万円

● 景気が前年並みのとき（総資本営業利益率 9.7%）

営業利益＝3,212百万円×9.7%＝311.564百万円
支払利息＝1,931百万円×4.9%＝94.619百万円
税引前当期純利益＝311.564百万円－94.619百万円＝216.945百万円
税引前自己資本利益率＝216.945百万円÷1,281百万円
＝0.169355…≒16.936%

● 景気が減速するとき（総資本営業利益率 －2.5%）

営業利益＝3,212百万円×（－2.5%）＝－80.3百万円
支払利息＝1,931百万円×4.9%＝94.619百万円
税引前当期純利益＝－80.3百万円－94.619百万円＝－174.919百万円
税引前自己資本利益率＝－174.919百万円÷1,281百万円
＝－0.136548…≒－13.655%

税引前自己資本利益率の期待値＝16.936%×0.5＋（－13.655%）×0.5
＝1.6405≒1.64%

次に、本社を売却しない場合と売却した場合のそれぞれについて、景気の変動による標準偏差を求める。

【 本社を売却しない場合 】
（税引前自己資本利益率の期待値：－0.19%）

景気	生起確率	税引前 自己資本利益率	偏差	偏差の2乗 ×生起確率
前年並み	50%	23.68%	23.87%	284.81 $(\%)^2$
減速	50%	－24.05%	－23.87%	284.81 $(\%)^2$

分散＝（偏差の2乗×生起確率）の合計＝569.62 $(\%)^2$
標準偏差＝$\sqrt{分散}$ ≒23.87%

【 本社を売却する場合 】
（税引前自己資本利益率の期待値：1.64%）

景気	生起確率	税引前 自己資本利益率	偏差	偏差の2乗 ×生起確率
前年並み	50%	16.94%	15.30%	116.97 $(\%)^2$
減速	50%	－13.65%	－15.30%	116.97 $(\%)^2$

分散＝（偏差の2乗×生起確率）の合計＝233.94 $(\%)^2$
標準偏差＝$\sqrt{分散}$ ≒15.30%

※表記の都合上、小数第3位を四捨五入し、小数第2位まで表示しているが、計算過程での四捨五入はして

いない。そのため、表記の値をそのまま計算しても計算結果は異なる。

以上から、「簿価18億円分の本社（土地及び建物）を18億円で売却する」と考える場合でも、本社を売却しない場合と比べて、税引前自己資本利益率の標準偏差（バラツキ）は小さくなる。

●解答作成の手順

「税引前自己資本利益率のバラツキは小さくなる。」と結論先行で述べる点は変わらない。しかし、税引前自己資本利益率のバラツキが小さくなる2つの理由のうち、「自己資本が増強されるため」をここであげることはできない（固定資産売却益が発生しないと、自己資本は増強されない）。そこで答案では、①固定資産の売却により営業利益の振れ幅は小さくなる、②支払利息額は景気変動の影響を受けない、の2点を述べ、営業利益の振れ幅の縮小が税引前自己資本利益率のバラツキを小さくすることを述べている。

第3問（配点20点）

【解答】

（設問1）

(a)	5,105百万円

(b)	－330百万円

（設問2）

(a)	4,472百万円

		固	定	費	の	削	減	に	よ	っ	て	、	営	業	レ	バ	レ	ッ	ジ	は
	小	さ	く	な	る	。	景	気	の	減	速	に	よ	り	、	売	上	高	が	損
(b)	益	分	岐	点	売	上	高	に	近	づ	く	と	営	業	レ	バ	レ	ッ	ジ	は
	大	き	く	な	っ	て	し	ま	う	が	、	平	成	21	年	度	に	つ	い	て
	は	、	景	気	が	減	速	し	て	も	経	常	黒	字	を	維	持	で	き	る。

【解説】

（設問1）

●解答導出の根拠

損益分岐点分析の問題である。D社の平成20年度の損益分岐点売上高と、平成21年度の予想経常利益が問われている。

まず(a)欄、平成20年度の損益分岐点売上高を求める。与件にある平成20年度の損益計算書と、設問文にある次の条件から、固変分解を行う。

① 経常利益ベースでの損益分岐点分析を行う。
② 平成20年度の売上原価に占める固定費は1,598百万円である。
③ 販売費及び一般管理費、営業外損益はすべて固定費とする。

平成20年度の損益計算書

（単位：百万円）

売上高	5,611
売上原価	4,204
（うち変動費）	(2,606)
（うち固定費）	(1,598)
売上総利益	1,407
販売費及び一般管理費	931
営業利益	476
営業外収益	3
営業外費用	208
経常利益	271

変動費＝売上原価のうち変動費部分＝2,606百万円

固定費＝売上原価のうち固定費部分＋販売費及び一般管理費

＋（営業外費用－営業外収益）

＝1,598百万円＋931百万円＋（208百万円－3百万円）

＝2,734百万円

$$損益分岐点売上高=\frac{固定費}{限界利益率}$$

$$=\frac{固定費}{1-変動費率}$$

$$=\frac{固定費}{1-\frac{変動費}{売上高}}$$

$$=\frac{2{,}734百万円}{1-\frac{2{,}606百万円}{5{,}611百万円}}$$

$$=5{,}104.98\cdots 百万円$$

$$\fallingdotseq 5{,}105百万円$$

次に(b)欄、平成21年度の予想経常利益を求める。計算にあたっては、前述の条件②③に加え、次の条件を加味する。

④ 本社は売却しない。

⑤ 本社を売却しない場合の平成21年度の固定費および営業外損益は、平成20年度と同額とする。

⑥ 平成21年度の売上高は、平成20年度より20％減少する。

平成21年度の売上高＝平成20年度の売上高×（1－0.2）

＝5,611百万円×0.8

＝4,488.8百万円

平成21年度の売上原価のうち変動費部分
=平成21年度の売上高×変動費率

$$=4{,}488.8百万円\times\frac{2{,}606百万円}{5{,}611百万円}$$

=2,084.8百万円

平成21年度の売上原価のうち固定費部分、販売費及び一般管理費、営業外収益および営業外費用は、平成20年度と同額である。

平成21年度の予想損益計算書（本社を売却しない場合）

（単位：百万円）

売上高	4,488.8
売上原価	3,682.8
（うち変動費）	(2,084.8)
（うち固定費）	(1,598)
売上総利益	806
販売費及び一般管理費	931
営業利益	−125
営業外収益	3
営業外費用	208
経常利益	−330

（設問2）

●解答導出の根拠

本社を売却した場合の損益分岐点売上高、および本社を売却した結果の営業レバレッジの変化について問う問題である。

まずは、(a)欄の損益分岐点売上高から計算する。与件および設問文から、本社の売却は、D社の費用構造に以下の影響を与える。

- オフィス賃借料の発生　＋45百万円（4,500万円）
- 管理業務委託費の発生　＋60百万円（6,000万円）
- 販売費及び一般管理費の削減　−300百万円（3億円）
- 支払利息の減少　−144百万円
  （18億円×金利8%＝1.44億円）

以上の3点を、（設問1）で求めた予想損益計算書に加味すればよい。万円、百万円、億円とそれぞれ単位が異なっている点に注意して計算する。

販売費及び一般管理費
＝931百万円＋45百万円＋60百万円−300百万円
＝736百万円

営業外費用（支払利息）＝208百万円－144百万円＝64百万円

平成21年度の予想損益計算書（本社を売却する場合）

（単位：百万円）

売上高	4,488.8
売上原価	3,682.8
（うち変動費）	(2,084.8)
（うち固定費）	(1,598)
売上総利益	806
販売費及び一般管理費	736
営業利益	70
営業外収益	3
営業外費用	64
経常利益	9

変動費＝売上原価のうち変動費部分＝2,084.8百万円

固定費＝売上原価のうち固定費部分＋販売費及び一般管理費
　　　＋（営業外費用－営業外収益）
　　＝1,598百万円＋736百万円＋（64百万円－3百万円）
　　＝2,395百万円

$$損益分岐点売上高=\frac{固定費}{1-\dfrac{変動費}{売上高}}=\frac{2{,}395百万円}{1-\dfrac{2{,}084.8百万円}{4{,}488.8百万円}}=4{,}471.99\cdots百万円\fallingdotseq 4{,}472百万円$$

次に、(b)欄の営業レバレッジについて検討する。営業レバレッジとは、売上高に対する営業利益の弾力性を示す指標である。レバレッジ（leverage）とは「てこ」の意味で、営業レバレッジの値が大きいと、売上高の変化率が、営業利益の変化率に大きく影響することになる。式で表すと、次のようになる。

$$営業レバレッジ=\frac{\dfrac{\Delta 営業利益}{営業利益}}{\dfrac{\Delta 売上高}{売上高}}$$

この式は、以下のように変形できる。

$$営業レバレッジ=\frac{\Delta 営業利益}{営業利益}\div\frac{\Delta 売上高}{売上高}=\frac{\Delta 営業利益}{\Delta 売上高}\div\frac{営業利益}{売上高}$$

$$= \frac{\text{限界利益}}{\text{売上高}} \div \frac{\text{営業利益}}{\text{売上高}}$$

$$= \frac{\text{限界利益}}{\text{営業利益}}$$

$$= \frac{\text{売上高}-\text{変動費}}{\text{売上高}-(\text{変動費}+\text{固定費})}$$

営業レバレッジは「限界利益÷営業利益」で求められるものであり、値を求めるためには費用構造と売上高を定める必要がある。具体的には、「本社を売却したときの費用構造で、売上高が△△△万円のときに営業レバレッジは○○○となる」あるいは「本社を売却しないときの費用構造で、売上高が▲▲▲万円のときに営業レバレッジは×××となる」という結果で値を示すことになる。

さて、（設問2）の設問文からは、平成21年度の景気がどうなるか、すなわち売上高が平成20年度並みか、平成20年度より20％減少するのかを断定することができない。売上高が定まらないならば、営業レバレッジの値は決まらないので、値を用いて大小を論ずることはできない。そのため解答では、本社の売却によって営業レバレッジが全体的にどう変化するのかを述べるしかない。

本社を売却しない場合、本社を売却した場合、それぞれの営業レバレッジの推移を表したのが、次のグラフである。なお、営業レバレッジの計算にあたっては、設問に「経常利益ベースでの損益分岐点分析によるシミュレーション」とあるため、「限界利益÷経常利益」で求めている。

売上高と営業レバレッジの関係

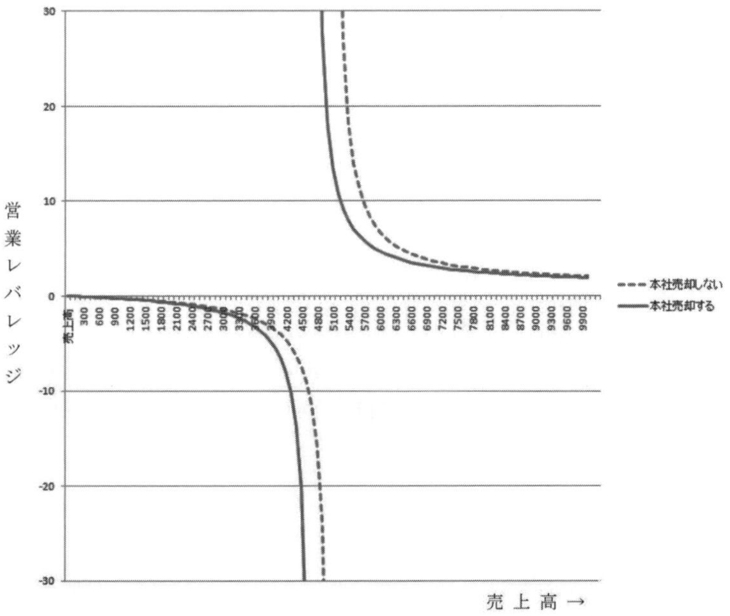

売上高が損益分岐点売上高を下回ると、経常利益がマイナスとなるため、営業レバレッジの値もマイナスとなる。また売上高が損益分岐点売上高に等しいとき、分母の経常利益がゼロとなるため、営業レバレッジの値は不定となる。

このグラフからは、本社の売却によって固定費が削減されると損益分岐点売上高が下がると同時に、営業レバレッジの値もほぼすべての区間において小さくなっていることがわかる。

ただし、本試験会場でグラフを描くのは非現実的である。現実的な方法で解答するためには、次の3つの知識を使うことになる。

①営業レバレッジ効果（営業レバレッジの絶対値）は、損益分岐点売上高に対して売上高の距離が近いほど大きくなる。

②利益域で考えた場合、損益分岐点売上高が変わらない場合は、売上高が小さいほど営業レバレッジは大きくなる。

③利益域で考えた場合、売上高が変わらない場合は、損益分岐点売上高が大きいほど営業レバレッジは大きくなる。

本設問の設定では、変動費率は変わらず、固定費は削減されることになる。つまり、費用構造の良化により損益分岐点売上高は小さくなるので、費用構造の観点からは「営業レバレッジは小さくなる」と言える。一方、設問文からは、売上高が維持できると仮定するのか、売上高が減少すると仮定するのかは判別できない。そのため、営業レバレッジの値を解答に記すことはできない。

本設問では営業レバレッジの変化以外に、D社の業績についても問うている。そこで、損益分岐点分析の観点から、売上高が減少することを仮定しても経常黒字が維持できることを述べるべきである。

●解答作成の手順

まず、「固定費の削減によって、営業レバレッジは小さくなる。」と結論先行で述べる。

設問には「その変化がD社の業績にどのような影響を与えるかを、財務・会計の観点から～説明せよ。」との指示もあるため、固定費の削減によって、景気が減速した場合であってもD社は平成21年度の経常黒字を維持できる、という具体的な効果を提示している。

第4問（配点20点）

【解答】

（設問1）

－140万円

（設問2）

	各	期	末	に	1	ド	ル	を	権	利	行	使	価	格	10	0	円	で	売	る
(a)	こ	と	が	で	き	る	、	ド	ル	・	プ	ッ	ト	・	オ	プ	シ	ョ	ン	を
	購	入	す	べ	き	で	あ	る	。											

		オ	プ	シ	ョ	ン	の	権	利	行	使	に	よ	っ	て	損	失	の	発	生
	が	予	見	さ	れ	る	場	合	に	は	、	権	利	放	棄	す	る	こ	と	で
(b)	損	失	を	オ	プ	シ	ョ	ン	料	以	内	に	抑	え	ら	れ	る	た	め	、
	為	替	予	約	よ	り	も	有	利	で	あ	る	。	し	か	し	、	権	利	行
	使	す	る	場	合	で	も	オ	プ	シ	ョ	ン	料	の	負	担	が	生	じ	る。

【解説】

為替リスクと、そのリスクをヘッジ（回避）するための為替予約およびオプション取引に関する出題である。

●解答導出の根拠

（設問1）

為替予約を行った場合の損益を求める問題である。

D社は、平成21年度上期分として、1ドル100円で500万ドルの為替予約（ドルの売り建て）を行っている。これは、平成21年度上期末に、500万ドルを5億円（500万ドル×100円）で売る義務を負っていることになる。

しかし、実際の売上高は430万ドルにとどまったため、70万ドルが不足する。上記の義務を果たすために、D社は市場から70万ドルを調達しなければならない。上期末の為替のスポットレート（その時点での為替レート）は102円であるため、D社は1ドル当たり102円で調達し、100円で売らなければならないことになる。

よって、この場合のD社の為替による損益は次のとおりとなる。

D社の為替による損失

＝(500万ドル－430万ドル)×(100円/ドル－102円/ドル)

＝70万ドル×(－2円/ドル)

＝－140万円

(設問2)

通貨オプションを用いて為替リスクをヘッジする方法、およびその長所と短所を問う問題である。

まず(a)欄は、D社が利用すべきオプションの内容を問うている。設問には「どのようなオプションを用いるべきか」とあるので、少なくとも①「プット・オプション」か「コール・オプション」か、②そのオプションを「売る」のか「買う」のか、の2点を述べなければならない。

D社は手元にドルを持ち、それを1ドル100円で決済（売却）したいのであるから、「(ドルを売る)プット・オプション」を「買う」のが適切である。これによりD社は、上期末の為替のスポットレートにかかわらず、「1ドルを100円で売る権利」を得る。

次に(b)欄であるが、為替予約が「義務」であるのに対し、オプションは「権利（選択権）」である。すなわち「1ドルを100円で売る権利」を行使しないことが許されており、その場合の損失はオプション料（オプションを買う際に支払った費用）以内に抑えることができる。

具体例で考えよう。D社は「1ドルを100円で売る権利」（ドル・プット・オプション）の購入にあたって、1ドル当たり10円のオプション料を支払っていたとする。平成21年度上期末の為替のスポットレートが1ドル80円（権利行使価格と比較して20円の円高・ドル安）であったとすると、「1ドルを100円で売る権利」を行使したほうがよい。それによりD社には1ドル当たり100円が手に入り、オプションを購入していない場合と比べて20円の得となるが、オプション料の10円を支払っているため、利益は10円となる。ドルの価値が下がれば下がるほど（円高・ドル安が進むほど）、利益の額は大きくなる。

では、上期末のスポットレートが1ドル120円（権利行使価格と比較して20円の円安・ドル高）の場合はどうか。市場で売却すれば1ドル120円となるので、D社は権利を行使しない。D社は1ドル当たり120円を手にするが、オプション料を10円支払っているため、手元に残るのは110円となる。オプションを購入しなかった（1ドル当たり120円が手に入った）場合と比べて10円の損となるが、ドルの価値がいくら上がっても（円安・ドル高が進んでも）、損失はオプション料分の10円を超えることはない。

為替予約とオプションの比較

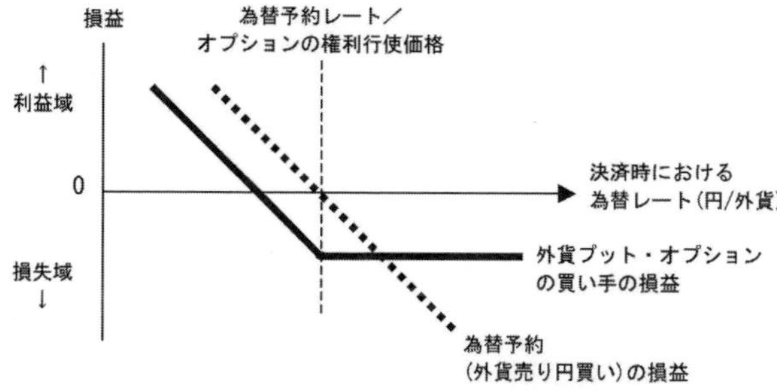

為替予約の場合、損失が際限なく拡大するリスクがあるが
オプションの場合、損失はオプション料以内に限定される。

D社は通貨オプションを利用することによって、損失が際限なく拡大するというリスクをヘッジできることがわかる。

●解答作成の手順

(設問2) の(a)欄は、先述のように①「プット・オプション」か「コール・オプション」か、②そのオプションを「売る」のか「買う」のか、を明確に説明しなければならない。①と②の内容を盛り込んで解答を設計しても解答字数に余裕があったため、決済時期および権利行使価格についても明記した。

なお、今回のケースでは、各期末に確実に決済さえできれば、ヨーロピアン・オプション、アメリカン・オプションのどちらでもかまわない。

(b)欄では、権利行使によって損失の発生が予見される場合には、権利放棄することで損失をオプション料以内に抑えられるという、オプション固有の長所を最初に説明した。短所についても、オプション固有のものを述べたほうが為替予約との違いが明確になるため、オプション料の負担が常に生じることについて説明した。

〈 参考文献 〉

『速修テキスト 2 財務・会計』 鳥島朗広 渡邉義一 加藤匠編著 山口正浩監修　早稲田出版
『中小企業診断士　2次試験対策講座テキスト　診断助言事例』 TBC受験研究会
『危ない企業の見分け方(製造業編)』 山口正浩著　創己塾出版
『要説　経営分析』 青木茂男著　森山書店
『原価計算六訂版』 岡本清著　国元書房
『企業財務のための金融工学』 葛山康典著　朝倉書店
『管理会計の基礎』 大塚宗春 辻正雄共著　税務経理協会
『財務管理と診断』 菊井高明 竹本達広著　同友館

付　録

試験問題解答用紙

平成19年度	Ⅰ	Ⅱ	Ⅲ	Ⅳ
平成20年度	Ⅰ	Ⅱ	Ⅲ	Ⅳ
平成21年度	Ⅰ	Ⅱ	Ⅲ	Ⅳ

平成19年度　解答用紙　中小企業の診断及び助言に関する実務の事例Ⅰ

第1問（配点10点）

第2問（配点15点）

第3問（配点15点）

第4問（配点45点）

（設問1）

（設問2）

（設問3）

第5問（配点15点）

第1問（配点20点）

（設問1）

（設問2）

第2問（配点30点）

第3問（配点30点）

（設問1）

（設問2）

第4問（配点20点）

（設問1）

（設問2）

平成19年度　解答用紙　中小企業の診断及び助言に関する実務の事例Ⅲ

第1問（配点20点）

(a)欄

①

②

(b)欄

①

②

第2問（配点20点）

第3問（配点20点）

第4問（配点20点）

第5問（配点20点）

平成19年度　解答用紙　中小企業の診断及び助言に関する実務の事例Ⅳ

第1問（配点25点）

①

(a)		(b)	
(c)			

②

(a)		(b)	
(c)			

③

(a)		(b)	
(c)			

第2問（配点25点）

（設問1）

(a)		(b)	

（設問2）

第3問（配点25点）

（設問1）

（設問2）

第4問（配点25点）

（設問1）

（設問2）

平成20年度　解答用紙　中小企業の診断及び助言に関する実務の事例Ⅰ

第1問（配点20点）

第2問（配点20点）

第3問（配点20点）

第4問（配点20点）

第5問（配点20点）

成功すると思う　・　失敗すると思う

第1問（配点10点）

第2問（配点20点）

第3問（配点20点）

第4問（配点20点）

（設問1）

（設問2）

第5問（配点30点）

第1問（配点20点）

(a)欄

(b)欄

第2問（配点30点）

（設問1）

（設問2）

第3問（配点25点）

第4問（配点25点）

平成20年度　解答用紙　中小企業の診断及び助言に関する実務の事例Ⅳ

第1問（配点30点）

①

(a)		(b)	
(c)			

②

(a)		(b)	
(c)			

③

(a)		(b)	
(c)			

第2問（配点25点）

（設問1）

（設問2）

第3問（配点25点）

（設問1）

(a)	
(b)	

（設問2）

第4問（配点20点）

（設問1）

（設問2）

中小企業の診断及び助言に関する実務の事例Ⅰ

第1問（配点20点）

第2問（配点20点）

第3問（配点20点）

第4問（配点20点）

第5問（配点20点）

第1問（配点20点）

第2問（配点10点）

第3問（配点40点）

（設問1）

(設問2)

第4問(配点30点)

平成21年度　解答用紙　中小企業の診断及び助言に関する実務の事例Ⅲ

第1問（配点10点）

第2問（配点40点）

（設問1）

（設問2）

第3問（配点40点）

（設問1）

（設問2）

第4問（配点10点）

平成21年度　解答用紙　中小企業の診断及び助言に関する実務の事例Ⅳ

第1問（配点40点）

①

(a)		(b)	
(c)			

②

(a)		(b)	
(c)			

③

(a)		(b)	
(c)			

第2問（配点20点）

（設問1）

（設問2）

第3問（配点20点）

（設問1）

(a)

(b)

（設問2）

(a)

(b)

第4問（配点20点）

（設問1）

（設問2）

(a)

(b)

編著者紹介

竹永　亮（たけなが　まこと）

㈱経営教育総合研究所代表取締役主任研究員、中小企業診断士、経営学修士（MBA）、中小企業診断士の法定研修（理論政策更新研修）講師、元・早稲田大学大学院アジア太平洋研究科委嘱講師、NTTデータ・ユニバーシティ委嘱講師、TBC受験研究会主任講師。
オークネット・ビジネス・アカデミー、常陽銀行ビジネスアカデミーを主宰。ダスキン全直営店長研修、主な著書に「新・会社法入門　ここから読む→こう覚える」、「新・知的財産法入門　ここから読む→こう覚える」（以上、同友館）、「ダイレクト・マーケティング」、「プロダクト・マーケティング」、「コミュニケーション・マーケティング」、「戦略的マーケティング」（以上、同文舘出版）など多数。

鳥島　朗広（とりしま　あきひろ）

㈱経営教育総合研究所主任研究員、TBC受験研究会主任講師、鳥島経営事務所代表、中小企業診断士、経営工学修士（MOT）、ITコーディネータ、中小企業診断士法定研修（理論政策更新研修）講師。
財務・会計、生産管理、経営情報システムを専門分野とし、企業内の管理部門と現場部門との連携強化およびIT化に多数の実績を持つ。中小企業診断士の受験対策では、個別指導から上場企業・金融機関まで幅広いニーズに応えており、「2次試験を常に意識したストレート合格法」に基づく受験指導で合格者を輩出している。
主な著書に、『クイックマスター　財務・会計（ファイナンス）』『同　運営管理（生産管理）』（同友館）、『財務・会計【選択／記述】セレクト問題集』（同友館）など。

監修者紹介

山口　正浩（やまぐち　まさひろ）

㈱経営教育総合研究所 代表取締役社長、㈱早稲田出版 代表取締役社長、TBC受験研究会（㈱TBC）代表取締役社長、経営学修士（MBA）、中小企業診断士の法定研修（経済産業大臣登録）講師、流通科学大学非常勤講師、産業能率大学兼任教員、中小企業診断士。

24歳で中小企業診断士試験に合格後、常に業界の第一線で活躍。昨年12月のNHK（Eテレ）の「資格☆はばたく」では、中小企業診断士の代表講師＆コンサルタントとして選抜され、4週間にわたる番組の司会進行役の講師とNHK出版のテキスト作成に携わる。

従業員1名から従業員10,000名以上の企業でコンサルティングや研修を担当し、負債3億円、欠損金1億円の企業を5年間で黒字企業へ事業再生した実績を持つ。日本政策金融公庫、日本たばこ産業株式会社などで教鞭をふるい、東日本銀行（東日本倶楽部経営塾）では、経営者へ実践的な財務会計の研修を行う。

主な著書は「マーケティング・ベーシック・セレクション・シリーズ」（全12巻）同文館出版、販売士検定関連の書籍は「販売士3級完全攻略テキスト＆問題集」ナツメ社など9冊、年度改訂の書籍を含めると250冊以上の監修・著書があり、日経MJ新聞「マーケティング・スキル（いまさら聞けない経営指標）毎週金曜日 全30回」や月刊誌数誌「商業界」「近代セールス」の連載も持つ。近年、若手コンサルタントのキャリアアップに注力し、執筆指導のほか、プレゼンテーション実践会を主催している。

TBC中小企業診断士試験シリーズ

速修　2次過去問題集 Ⅲ 平成19～21年度

2013年5月1日　初版第1刷発行

編 著 者……竹永 亮／鳥島朗広
監 修 者……山口正浩
発 行 者……山口正浩
発 行 所……株式会社 早稲田出版
〒101-0061 東京都千代田区三崎町3-6-12 KDX神田三崎町ビル7階
TEL：03-5226-1123　FAX：03-5212-1144
http://www.waseda-pub.com/
デザイン……株式会社北の丸インスティチュート
印刷・製本……ベクトル印刷株式会社

ISBN 978-4-89827-426-2 C0030

中小企業診断士講座のご案内

教室講座

中小企業診断士の専門校として30年以上の実績があるTBC受験研究会の教室に通学して学習する講座です。コンサルタントとしても活躍している講師が親身になって合格をサポートします。合格を目指す受講生同士でモチベーションを高め合いながら学習できます。

講座の特徴

1. テキストや答案練習の疑問点をすぐ質問でき、すぐ解決できます
2. 忙しい人でも安心の質問フォロー制度と欠席フォロー制度があります
3. コンサルタントとして活躍している講師の実践的な講義が聴けます
4. 講師による個別カウンセリング制度で、学習上の悩みを個別相談できます
5. 本試験の出題を予想したオリジナル答案練習で合格を狙います

通信講座

多忙でなかなか学習時間が確保できない方や、ご自宅で自由に学習したい方のための講座です。通信講座の受講生が視聴しやすいように、講義DVDは教室講座のライブ撮影ではなく、主任講師により通信講座生専用に"別撮り"で収録しています。

講座の特徴

1. 受講生専用のHPからいつでもメールで質問できます
2. 定期的に教材が送られてくるため、学習のペースメーカーになります
3. 業界初の担任制の通信講座で孤独な受験勉強をフォローします
4. 通信講座の受講生のために収録された講座は講師とマンツーマンで学習を進めている感覚です

ライティング講座

本科講座で中小企業診断士に合格すると、経営教育総合研究所が主催するライティング講座にご参加いただけます。一般的なライティングスクールでは学ぶことができない、士業のキャリアアップにつながる執筆スキルと校正技術、出版社との上手なつきあい方などを講義します。

中小企業診断士
合格

書籍の正誤についてのお問い合わせ

万一、誤りと疑われる解説がございましたら、お手数ですが下記の方法にてご確認いただきますよう、お願いいたします。

書籍の正誤のお問い合わせ以外の書籍内容に関する解説や受験指導等は、一切行っておりません。そのようなお問い合わせにつきましては、お答え致しかねます。あらかじめご了承ください。

【1】書籍HPによる正誤表の確認

早稲田出版HP内の「書籍に関する正誤表」コーナーにて、正誤表をご確認ください。

URL:http://www.waseda-pub.com/seigohyou/seigohyou.html

【2】書籍の正誤についてのお問い合わせ方法

上記、「書籍に関する正誤表」コーナーに正誤表がない場合、あるいは該当箇所が記載されていない場合には、書籍名、発行年月日、お客様のお名前、ご連絡先を明記の上、下記の方法でお問い合わせください。
お問い合わせの解答までに１週間前後を要する場合もございます。あらかじめご了承ください。

●FAXによるお問い合わせ

FAX番号：**03-5212-1144**

●e-mailによるお問い合わせ

お問い合わせアドレス：**infowaseda@waseda-pub.com**

**お電話でのお問い合わせは、お受けできません。
あらかじめ、ご了承ください。**